榎本淳一 編

古代中国・日本における学術と支配

同成社

序

本書は、工学院大学総合研究所の平成二十二年度プロジェクト研究に採択された「古代東アジアにおける学術と支配制度に関する研究」（研究代表＝榎本淳一、研究期間＝平成二十二〜二十四年度）の研究成果報告書として刊行されるものである。

古代日本は中国・朝鮮諸国から学術・文化を摂取することにより発展したことは、周知の事実である。しかし、中国の学術・文化がどのように生成され、それがどのようにして日本に流入し、日本にどのような影響を及ぼしたかという問題については、まだまだ実証的な研究が少なく、またその全体を見通す研究も殆ど無い状況である。本研究では、古代東アジアにおける学術書の生成・伝播・影響の実態を明らかにし、さらに学術と支配制度との関連性について全体的な見通しを得ることを目的とした。しかしながら、概観的な叙述を意図するものではなく、あくまでも当該研究の基礎となる実証的な検討・考察を行うことを企図した。

具体的には、以下の三つを研究課題とした。

（一）古代東アジアにおける学術書（特に中国における儒学・史学）の生成と政治支配との関係を明らかにする。

（二）中国・朝鮮から、古代日本に学術書がどのように流入したかを政治支配・国際関係との関連から解明し、そのメカニズムを明らかにする。

（三）古代日本に流入した学術書がどのように受容されたか、また日本古代の学術の展開や政治・支配制度に与えた影響について明らかにする。

本書の構成は二部構成となっているが、第一部「中国における史書の成立と展開」は課題の（一）に対応し、第二部「日本における学術の受容と展開」は課題の（二）（三）に対応するものである。

学術と支配制度との関わりから、古代における中国・朝鮮・日本三国の関係を捉え直そうとしたこの試みが、古代東アジアの総体的な歴史像の構築に些かでも貢献できればと願うものである。

榎本淳一

目次

序

第一部　中国における史書の成立と展開

『漢書』「董仲舒伝」における董仲舒像について……小林春樹　3
班固の「國史改作」と『漢書』成立をめぐる問題について……塚本剛　21
『帝王略論』の正統観……会田大輔　47
―南北朝の皇帝評価を中心に―
『漢書』をめぐる読書行為と読者共同体……柿沼陽平　75
―顔師古注以後を中心に―
唐宋における『後漢書』の合綴と合刻について……小林岳　103
―李賢『後漢書注』に劉昭『集注後漢』八志を補うこと―

第二部　日本における学術の受容と展開

『日本国見在書目録』に見える梁代の書籍について……榎本淳一　129

五―七世紀における学術の流通と南朝文化圏……河内　春人　151
『日本国見在書目録』刑法家と『律附釈』
―律受容の一断面―……吉永　匡史　177
『世俗諺文』注文の構成について
―『蒙求』を媒介とする施注を巡って―……濱田　寛　201
平安貴族子弟の寺院生活と初等教育
―藤原為房一家の書状を中心に―……野田有紀子　225
跋

第一部　中国における史書の成立と展開

『漢書』「董仲舒伝」における董仲舒像について

小林春樹

はじめに

「董仲舒伝」(1)にみえる下掲の記載を有力な根拠として、董仲舒を以て「儒教の国教化」(もしくは「儒学の漢学化」(2))実現に関する最大の功労者として称揚することがほぼ定説化していることは周知のことである。(3)

武帝初めて立ち、魏其、武安侯 相と為りて儒を隆んにす。仲舒 対冊するに及び(4)、孔氏を推明し、百家を抑黜す。学校の官を立て、州郡、茂材・孝廉を挙ぐるは、皆な仲舒より之を発す。(5)

これに対して福井重雅は、『漢書』の董仲舒関係記事と、本伝に引用された長大な「天人三策」(もしくは「賢良対策」(6))に対して徹底的、かつ内面的な史料批判を加えて、それらの諸史料にもとづいて形成された董仲舒像が全くの虚構にすぎないことを論証したが、その見解が現在、広く学界に認められつつあることも周知といってよい。(7)

筆者は福井の所説に全面的に左袒する立場にあるが、福井が批判の対象としなかった『漢書』の董仲舒像に関する理解、すなわち彼を、儒学全体を国教、もしくは官学の地位に高めた儒学史上最大の功労者とみなす理解については、それが『漢書』が抱懐していた真の董仲舒像とは齟齬する謬見であると考える者でもある。

本稿はそのような疑義にもとづいて、「董仲舒伝」を中心として再検討を加え、第一に、同書の董仲舒像に関する筆者の理解を提示することを直接の目的とするとともに、第二には、別稿において、『漢書』が董仲舒に託した「役割」を解明するための基本的視座を得ることを最終的な目的とした予備的論考である。

一　「董仲舒伝」の董仲舒観――「天人三策」の第一策を中心として――

本節では、上述のように福井によってその虚構性がほぼ論証し尽くされたといってよい「董仲舒伝」をあらためてとりあげ、そこに描かれた彼の像を確認する。『漢書』の編者が種々の作為を加えてまでして構築したその像（正確にいえば虚像）こそ、却って『漢書』独自の董仲舒理解を端的に示していると考えるからである。

さて、「董仲舒伝」はその冒頭において、「少《わか》くして春秋を治め、孝景の時、博士と為る。……武帝即位し、賢良文学の士を挙ぐること前後百数、而して仲舒、賢良を以て対策す(8)」と記し、彼が『春秋』学者として景帝の博士となるとともに、武帝の時には賢良に察挙されて対策文を奉ったことを述べたうえで、武帝の諮問を記した制策と、それに対する董仲舒の解答を記した（とされる）対策とを一対とした、第一から第三に至る長文の対策史料、すなわち上述の「天人三策」を引用している。

したがって本節では、第一策の制策と対策(9)を始めとして、以下逐次、第三策に至るまでその内容を確認することによって『漢書』本伝に記された董仲舒像を、彼の思想を中心として明らかにしていく。

まず、第一策の冒頭に記された武帝の制策を示す。

制して曰く、……災異の変、何に縁りて起く。……何をか脩め、何をか飾れば膏露降り、百穀登《みの》り、徳　四海を潤し、沢　屮木に臻《いた》り、三光全く、寒暑平らかに、天の祜《さいはい》いを受け、鬼神の霊を享け、徳沢洋溢して方外に施虖し、群生に延及せん。[10]

引き続いて行う議論を先取りすることになるが、当該の制策の内容を約言するならばそれは、「災異思想」とその前提となる「天人相関思想」、そして災異とは対照的な性格を有する瑞祥を重視する「瑞祥思想」、さらには、やはり以下において紹介する「陰陽思想」などにもとづいて、種々の災異が発生する原因と、それを消伏して瑞祥を招来するための方法を諮問した制策であるが、それを承けて奉られた董仲舒の第一の対策文は、冒頭においてつぎのように述べて、以下における議論を支える基本的主張と、彼自身の思想の基幹を為す思惟を総論的に開陳している。[11]

臣謹んで春秋の中《こころ》を案ずるに、前世已行の事を視して、以て天人相与の際の甚だ畏る可きを観すなり。国家将に失道の敗有らんとすれば、而ち天は乃ち先づ災害を出だして以て之れを譴告し、自ら省みるを知らざれば、又た怪異を出して以て之れを警懼し、尚ほ変を知らざれば、而ち傷敗乃ち至る。此れを以て天心の人君を仁愛して其の乱を止めんことを欲するを見はすなり。……事は彊勉に在るのみ。……彊勉して道を行へば則ち徳起りて大いに功有り。[12]

ここに提示された董仲舒の議論と、それを支える諸思想を箇条的に約言すれば下記のようになる。

第一：『春秋』は、過去の史実を実例として挙げることによって「天人相与」、すなわち人間の代表である人君の行い、とくに施政と、天が降す禍福とが密接な相関関係を有しているという、畏怖するべき真理を示している。[13]

第二：すなわち、人君とその国家が将に正道を失おうとすれば天は先ず「災害」を降して譴告し、自省しない場合はさらに深刻な異変である「怪異」を発生させ、それでもなお「災異」、すなわち災害や怪異を降した天の意図を理解しなければ「傷敗」、すなわち人君とその国家の滅亡を現実のものとする。[14]

第三：しかしながらそのように天が再三にわたって人君にその統治の乱れについて警告を発するということは、天が人君を愛していることを示すものでもある。

第四：それゆえに人君たる者はそのような天の仁愛にこたえるためにも、また災異を消伏して瑞祥を招来するためにも彊勉、つまり努め励んで道を行い、徳治を行なうという人為的努力を行わなければならない。またそうすることが瑞祥を招き寄せて「天の祜いを受け、鬼神の霊を享け、群生に延及」せしめる捷径でもある。

以上からも知られるように、「董仲舒伝」に記された彼のものとされる思想の特色は以下の三点に要約して理解し得るものであった。すなわち第一に、経典については『春秋』とその記載を最も重視していること、第二には、「天」と「人」、とりわけ「人」の代表である人君とは、後者の施政の善悪等を中心として密接不可分な相関関係を切り結んでいると考える「天人相関思想」、両者を結びつける紐帯として重要な役割を演ずるものとして、「災異」を重視する「災異思想」をその根幹に据えたものであったこと、第三に、それ故に善政や正道の履行を人君にもとめるものであったこと。以上である。

「董仲舒伝」の実質的冒頭に掲げられた「天人三策」の第一策によって判明する彼の思想の要点は以上のとおりであるが、それに加えて、「董仲舒伝」自体には明文がみいだされないものの、万物を生成する根元的存在として、また、「天」の意思にもとづいて実際に災異や瑞祥を惹起せしめるという重要な機能を有する存在として「陰陽」二気を想定してそれを重視する「陰陽思想」もまた董仲舒の思想において、上掲の「天人相関思想」、「災異思想」、「瑞祥思想」とならんで看過し得ない意義を有している。「董仲舒伝」をめぐる本稿の以下の考察を明確にするために、その概略についてここで紹介しておきたい。

董仲舒と「陰陽思想」との関係については「五行志」の序文と「眭両夏侯京翼李伝」の賛にそれぞれ、

漢興るに、秦の滅学の後を承く。景武の世、董仲舒 公羊春秋を治め、始めて陰陽を推して儒者の宗と為る。(15)

漢興り、陰陽を推して災異を言ふ者は、孝武の時には董仲舒有り。(16)

と記されており、それら二つの史料によって、董仲舒が治めた『春秋』が、「陰陽」の原理、作用等を推察することによって、直接的には災異など[17]の発生原因を明かにするとともに、より根源的には災異などを媒介、もしくは紐帯として分かちがたく結びつけられた天と人との関係を探求する『春秋』「公羊伝」であったことが追加的に確認される。また、陰陽が災異などを惹起する機序については第一策において具体的事例を解釈した彼の文言のなかに、

　徳教を廃して刑罰に任じ、刑罰中らざれば則ち邪気を生ず。……則ち陰陽繆盭《びゅうれい》す[18]。……此れ災異の縁りて起く
る所なり[19]。

と論じられていて、それが、陰陽の「繆盭」、すなわち不調和に起因することが指摘されている。

以上のような陰陽と、それが災異との関係については自明と考えられたがゆえに「董仲舒伝」では敢えて体系的に論じられなかったものと推測される。しかしながら董仲舒の思想と学問が、『春秋』「公羊伝」を基本的経典とし、天人相関思想、災異思想と瑞祥思想とならんで、「陰陽思想」を基本理念とし、「天」と「人」との関係、とくに人君の施政こそこの世の安定と混乱を決定する根本的要因であると考える、「特殊漢代的」とも言うべき儒学であったことは本稿、さらにはそれを基礎として行われるであろう別稿における今後の考察にとって重要な意義を有することになる。ここに、『漢書』から三つの史料を引用して敢えて確認した所以である。

話題を「董仲舒伝」に戻そう。

「天人三策」中の第一策に関するこれまでの検討によって確認された董仲舒の思想の特色は、それが天人相関思想、災異思想、瑞祥思想、そして陰陽思想を基本理念としたものであった点に求められたが、それに続く部分においても同様の事実が確認されるのであろうか。引き続いて原文によって逐次的に確認してみる。

［1］臣謹んで春秋の一元の意を案ずるに、一は万物の従りて始まる所なり、元は辞の所謂大なるものなり。一

を謂ひて元と為すは、始めの大なるを視して元めを正さんと欲すればなり。……故に人君為るものは、心を正して以て朝廷を正し、朝廷を正して以て百官を正し、百官を正して以て万民を正し、万民を正して以て四方を正す。四方正しければ、……邪気有ること亡し。……是を以て陰陽調ひて風雨に時あり、群生和して万民殖《そだ》つ、五穀孰りて屮木茂り、天地の間は潤沢を被りて大ひに豊美にして……諸福の物、致す可きの祥、畢く至らざるは莫し。[20]

『春秋』の僖公元年の条がその初年を「元年」と記しているのは「公羊伝」が説くように、即位初年の「一年」が、万物が始まる「元」と同様に人君にとっても重要だからである。[21] したがって「天」に則るべき人君の統治もその原点である心を正すことから始めて、それを朝廷、百官、万民に遠心的に及ぼして人為全体を正し、そのことによって邪気を消滅させて陰陽を調和させれば［それに対して天が］種々の瑞祥を降してくれるというのである。

右の議論が、上文において確認した『春秋』「公羊伝」に根拠をもつ天人相関思想、陰陽思想、災異思想、瑞祥思想を基本的理念としたそれと同様のものであることはみやすい事実であろう。

［2］今 陛下貴ばれて天子と為る。……行 高くして恩厚く、知 明にして意 美《うる》はしく、民を愛して士を好むは、誼主と謂ふべし。然り而して天地未だ応じて美祥の至る者莫きは何ぞや。凡そ教化立たずして万民正しからざればなり。……古への王者は此れに明るく、是の故に南面して天下を治むるに、教化を以て大務と為さざるは莫し。太学を立てて以て国を教へ、庠序を設けて以て邑を化す、……教化行はれて習俗美なり。……今政に臨んで治を願うこと七十余歳、退きて更めて化するに如かず、更めて化すれば則ち善く治まり、善く治まれば則ち災害は日に去り、福禄日に来らん。[22]

定説において儒学の一尊を実現するうえできわめて重要な役割を果たした施策とみなされるとともに、董仲舒自身にとっても大きな功績として高く評価されている太学を主とする学校制度と、それによる教化の実施の主張が記されている史料であり、そのように理解することがむしろ自然であるかのように思われる一文である。しかしながらこれまでの小稿における検討の結果、つまり董仲舒の思想が天人相関思想、災異思想、瑞祥思想等にもとづく漢代的儒教ともいうべきものであったという理解を前提としたうえでそこに提示されている

［太学等における教化→習俗の美化→統治の安定→災害、すなわち災異の消滅と福禄、すなわち瑞祥の到来］

というプランを検討するならば、太学等における教化はあくまでも「手段」であり、真の目的は統治の安定、およびそれと表裏をなす災異の消伏と瑞祥の招来であったことが確認されることになる。なお、そのような解釈が正しいとするならば、当該の史料は、董仲舒の思想に関する小稿の理解の妥当性を担保する一方において、「儒学の官学化」のメルクマールとしての大学等の設置を提案した史料としての重要性は大幅にそれを損ずることになる。

以上において縷述した私見に大過がないとするならば「董仲舒伝」はその第一策を中心とした史料において、董仲舒を単なる儒学者として評価しているのではなく、『春秋』公羊学を治め、それが重視する天人相関思想以下の諸思想を信奉しつつ、具体的には人君による統治の是非を論じた儒学者、すなわちあくまでも漢代的な儒学者として理解する視点から彼を評価していたことが闡明されることになる。

そのような理解が正鵠を射たものであるかどうかを確認することを含めて、引き続いて第二策以下についての検討をすすめていこう。

二　「董仲舒伝」の董仲舒観―「天人三策」の第二策を中心として―

さて第二策は、第一策を「異」として高く評価した武帝が下した制策、すなわち、―第一に、陰陽の錯謬と悪気の充塞を重大問題とみなし、第二に、その具体的原因を人事における賢と不肖の渾殽に求めて、第三には、それらの問

題状況によって引き起こされている黎民の困苦を救うための方策として「特起の士」、すなわち特別に秀でた人材の登用をその解決策として提案した制策—に対して奉られた対策文であるとされる。したがって第一策と同様にまず武帝の制策を示し、続けて対策を挙げてその議論の内容を俯瞰してみよう。

天子 其の対を覧て焉《これ》を異とし、乃ち復た之に冊して曰く制して曰く、…今 陰陽錯繆し、氛気 充塞し、群生の遂ぐるもの寡く、黎民も未だ済《と》げず、廉恥 貿乱し、賢不肖も渾殽し、未だ其の真を得ず。故に特起の士を詳延するは意に庶幾《ちか》からんか、と。(23)

仲舒対へて曰く、……未だ獲ると云はざるは、士 素より厲《はげ》まざればなり。夫れ素より士を養はずして賢を求めんと欲するは、譬へば猶ほ玉を琢かずして文采を求むるがごとし。故より士を養ふに太学より大なるは莫く、太学は賢士の関はる所なり。臣願はくは陛下太学を興し、明師を置き、以て天下の士を養ひ、数しば考問して以て其の材を尽さば、則ち英俊は宜く得可し。今の郡守県令は、民の師帥、流を承けて化を宣べしむる所なり。故に師帥賢ならざれば、則ち主徳は宣べられず、恩沢は流れず。今吏は既に下を教訓すること亡く、或は主上の法を承用せずして百姓を暴虐す。……是を以て陰陽は錯繆し、氛気は充塞して、群生遂ぐるもの寡く、黎民は未だ済はれず。皆 長吏の不明、此に至らしむるなり。……臣愚以為らく、諸列侯、郡主、二千石をして各〻其の吏民の賢なる者を択び、歳ごとに各おの二人を貢せしめ、以て宿衛に給し、且つ以て大臣の能を観、貢ずる所 賢なる者には賞有り、貢ずる所 不肖なる者には罰有り。夫れ是くの如くすれば諸侯、吏二千石は、皆な心を求賢に尽し、天下の士は得て官使す可きなり。……則ち廉恥は路を殊にし、賢不肖は処を異にせん、と。(24)

制策に示された武帝の諮問に対する解答にあたる第二策の議論をまず要約するならばそれは以下のような提案として理解されよう。

武帝の努力が結実せず、また陰陽が調和しないで氛気、すなわち悪気が充満して群生や万民が救われないのは、武帝の手足となって善政を実現するべき郡県の長官が不肖であるためである。そのような状況を解決する要諦は、第一に、太学とその教官を設置して養士に務めることであり、第二には、大臣や郡県の長官に賢者を推薦させ、かつ被推薦者の賢愚に鑑みて、推薦者に賞罰を加えて彼らの考課を行うことにある。太学における養士と賢人登用、さらには郡県の長官の黜陟によって賢と不肖の別が闡明され、賢人による統治が実現されれば陰陽が調和して武帝の真意が実現されて統治は安定するであろう。[25]

第二策の論旨を以上のように理解できるとすれば、そこに展開されている議論について注目されることも基本的に、上述した第一策、特にその最後に記された提案に準じるものであり、それはつぎの三点に要約されることになる。

第一：制策においては天人相関思想と陰陽思想にもとづいて、人事の混乱に由来する陰陽の不調和と、それに起因するとされた人民や万物の苦難の解決策として人材の登用が提案されていること。

第二：そのような制策に対する解答として奉られた対策で提案されている太学制度が教化ではなく、孝廉制度とならぶ養士のための制度として提言されていること、しかも第一策の場合と同様に、それらがともにその実現によって民生や統治を安定、およびそれと不可分の関係を有する陰陽の調和と災異の消伏、瑞祥の招来の「手段」として提案されたものであること。換言すれば、第二策における太学制度や孝廉制度実施の主張と要求の目的も、第一策のそれらと同様にそれによって儒学の一尊を実現することを主目的としたものではなく、あくまでも統治の安定、およびそれと表裏する性格を有する陰陽の調和、災異の除去、瑞祥の招来を実現するための「手段」とみなされているに過ぎないこと。

以上のような理解が正しいとすれば、第二策の対策文に示された董仲舒の目的も、第一策のそれに準じて、現実の統治の安定と、それによってもたらされるであろう陰陽の調和、災異の消伏、そして瑞祥の招来であったこと、その一方において太学制度の設置や孝廉制度による賢人の登用はあくまでもそのための「手段」にすぎなかったこと、言い換えるならばここでも所謂儒学の官学化が独立した目的としては想定されていなかったことが再確認されることになる。

三　「董仲舒伝」の董仲舒観―「天人三策」の第三策を中心として―

「天人三策」の最後にあたる第三策が奉られるきっかけとなった武帝の制策は下掲のように、武帝が「天人三策」において「天人の応」、すなわち天と人の間に存在する密接な相関関係について諮問した目的が、天の事象と古えの史実を以て、それぞれ人君の施政を中心とした当代の人間界の事象に対する鑑戒を得ることにあったことをあらためて指摘して、忌憚なくそれらについて論ずることを再度求めた諮問である。

冊して曰く、蓋し聞く、善く天を言ふは必ず人に徴有り、善く古を言ふは必ず今に験有ればなり。故に朕　天人の応に問ひを垂れ、上は唐虞を嘉し、下は桀紂を悼む。……今　子大夫は陰陽の造化する所以に明らかに、先聖の道業を習ふ。然り而して文采未だ極まらず。……子大夫其れ茂《つと》めて之れを明かにせよ、と。[26]

そのような制策に対して奉った第三策において董仲舒はその冒頭において以下のように論じているが、それに籠められた真意をも斟酌して解釈するならば、彼の主張は、孔子が天人、古今に鑑みて熟考して『春秋』に記録した災害や怪異、すなわち「災異」と、それらを招来した要因である人君の行為や施政とを、いわば「反面教師」として正しい政治を行うべきである、というに尽きるであろう。

孔子、春秋を作るに、上は之れを天道に揆《はか》り、下はこれを人情に質《ただ》し、之れを古へに参《はか》り、之れを今に考ふ。故に春秋の譏る所は災害の加へらるる所なり。春秋の悪む所は、怪異の施さるる所なり。[27]

そのうえで第三策では、第一に、古えに存在した、民を教化する役割を担った「教訓の官」が廃止されて存在しないことを以て、民が財利に走って罪に陥る元凶とみなしてここでも教化の必要性を強調するとともに、第二には、堯舜の善政も、桀紂の暴政も、ともに日々の行動の積み重ねによってもたらされたものであることを例証として武帝に「積善」と徳治の実践をすすめ、第三としては、高位高官に在る者がひたすら政務に励んで民と利を争わないことが民生の安定にとって重要であることを主張している(28)。

第三策の議論は以上のとおりであり、それは、基本的にはそれまでの主張を再論したものといえるが、ここではその最後に記されて「天人三策」全体の結語の役割を担うとともに、古来、董仲舒が儒学の「官学化」を実現せしめた、儒教史上最大の功労者であることの明証として人口に膾炙している史料を引用するとともに、その解釈に関する私見を示しておく。

春秋の一統を大《たっと》ぶは、天地の常経、古今の通誼なればなり。今師は道を異にし、人は論を異にし、百家は方を殊にし、指意同じからず。是を以て上は以て一統を持するなく、法制は数《しば》しば変り、下は守る所を知らず。臣愚以為らく、諸〻の六芸の科、孔子の術に在らざる者は、皆な其の道を絶ちて並び進むこと勿らしめば、邪辟の説は滅息せん。然る後に統紀は一にして法度は明らかに、民は従ふ所を知る可し、と(29)。

この一文を「天人三策」というテキストと切り離して独立のものとして卒然と読めば、『春秋』「公羊伝」の「隠公元年春正月」の伝文、すなわち「何ぞ王の正月と言ふ。一統を大べばなり(30)」を論拠として、武帝による統一を天地の常道、古今の通義として絶対化するとともに、その阻害要因となっている思想的分裂を収束させるために「六芸の科、孔子の術」、つまり儒学以外の諸学や諸思想を滅息せしめることを求めた文言であると理解されることになる。これは当然のことといえる。

しかしながら、本節で縷々確認してきたように「董仲舒伝」が彼の思想として認めて詳述していたものは、

［一］『春秋』「公羊伝」を経典の筆頭とし、
［二］そこに示された天人相関思想、災異思想、瑞祥思想、そして陰陽思想などを基本的な思想、理念としたうえで、
［三］太学等の教育制度の設立とそれによる士の養成、孝廉察挙などの人材登用制度などを具体的「手段」として
［四］災異を消伏し、人君とその国の統治と民生の安定をと瑞祥を招来とを最終的な目的とする、
という、現在一般に想起される儒学とは一線を画した特色を有する、いわば特殊漢代的とも称するべき儒学であった。
したがって当該の一文もこの事実をふまえつつ、「天人三策」という「テキスト」の文脈に沿って読み解かれるべきであり、たとえば文中にみえる「六芸の科、孔子の術に在らざる者は、皆な其の道を絶ちて並び進むこと勿らしめ」という文言についても、『春秋』「公羊伝」とそれに基礎をおく上記のような「儒学」の一尊を求めたものとして、漢代史という歴史の場において理解され解釈されるべきであって、定説のようにそれをもって直ちに「儒学の官学化」の提唱やその実現が為されたことの明証とすることについては慎重であるべきであると考える。

ちなみにそのような主張もしくは理解の妥当性については、「天人三策」の引用を終えた「董仲舒伝」の末尾付近にみえる、つぎのような二つの史料を以て傍証とすることができよう。すなわちその史料とは、対策を終えた董仲舒が、武帝の兄で、驕慢で勇を好んだとされる江都王劉易の宰相に任じられたことに関連して、「春秋の災異の変を以て、陰陽の錯行する所以を推して」易王自身と江都国をみごとに御したこと、しかしながら、前一三五（武帝建元六）年の二月と四月に相次いで発生した長陵の高園便殿と遼東郡の高帝廟の火災に関する上奏文の草稿に起因する筆禍事件に遭って以後、災異については一切言及しなくなったことの二つの事実を記した記事である。[31]

仲舒　国を治むるに、春秋の災異の変を以て陰陽の錯行する所以を推す。故に求を雨むるに、諸陽を閉し、諸陰を縦《はな》ち、其の雨を止むるには是れに反す。之れを一国に行ひて、未だ嘗て欲する所を得ずんばあらず。[32]是れに先だち遼東の高廟、長陵の高園殿に災あり。仲舒 家に居りて其の意を推して説き、屮槀未だ上《たてま》つらざるに、主父

偃 仲舒を候し、私かに見て、之を嫉み、其の書を竊みて焉を奏す。上召して諸儒に視す。仲舒の弟子呂歩舒 其の師の書なるを知らず、以て大愚と為す。是に於いて仲舒を吏に下し、死に当るも、詔して之れを赦す。仲舒遂に敢へて復た災異を言はず[33]。

以上みられるように、「董仲舒伝」は、「天人三策」の引用とそれにもとづく彼の思想と為人の叙述から始めて、その末文、つまり上引の二つの史料に至るまで、一貫して彼を『春秋』「公羊伝」を治めた災異学者として描きとおしているのである。

この事実を重視するならば、『漢書』「董仲舒伝」の董仲舒像は、通説が前提としているような一般的な意味における儒学者ではなく、『春秋』「公羊伝」を最重要の経典とし、天人相関思想、災異思想、陰陽思想等の諸理念にもとづいて世界を理解する特殊漢代的な儒学を治めた学者としてのそれであったことになる。

それと同時に、本節の最後に引用した二つの史料の内容を正しく理解するならば、『漢書』の「董仲舒像」は、対策によって自説を展開したものの、結局、実際の職歴においては江都国という諸侯王国の相に任じられたのみの人物であり[34]、しかも、とりわけその抱懐する災異思想のゆえに危うく死刑になりかけ、それ以後は災異に関して一切言及し行わなくなったという、いわば挫折した儒学者としてのそれであったといわなければならなくなるのである。

おわりに

以上、「董仲舒伝」における董仲舒像について、定説とは異なる私見を提出してみた。

幸いにもそれが正しいとするならば『漢書』「董仲舒伝」が描出しているその像は、縷述したように『春秋』「公羊伝」を主な経典とし、天人相関思想等を基本理念とした漢代的特色を有した特殊な儒学の代表者ではあったものの、官僚としても思想家としても必ずしも恵まれた一生を送った人物としてのそれではなく、むしろ挫折した一人の人間としてのそれであったことになる。

ちなみにそのような董仲舒像が、『史記』の「儒林伝」にみえる董仲舒の伝記に記された彼の像と基本的に同様のものであることについては、当該の史料に関する福井の正鵠を射た要約に鑑みることによって明かになる。すなわち福井によれば『史記』の董仲舒像は、「陰陽・災異を基調とする特異な公羊学の学者として知られていたに過ぎ」ず、「その官歴は孝景の時、博士と為って以来、武帝の初年に江都王の国相に就任したが、中ごろ廃せられて中大夫と為っている」とともに、「高祖廟などの火災に言及して筆禍事件を惹起したあげく、死刑を宣告されてあやうく赦免されたり」、「当時の実力者公孫弘に嫉視されて中央政界から排斥されるなど、およそ不遇な一政治家として終始した」人物としてのそれであったとされるが[35]、そのような董仲舒の姿が、小稿の結論として得られた『漢書』「董仲舒伝」の描く董仲舒像と基本的に同様のものであることは明らかであろう。

それでは『漢書』「董仲舒伝」は何故に、『史記』と同工異曲とさえ言い得る董仲舒像を描くために、『史記』に数倍する字数を費やしたのであろうか。またそのような「量的」拡大の背後には如何なる「質的」変化が内在しているのか。さらには、『漢書』と『史記』の董仲舒像、およびそれを叙述した意図との間にはどのような相違が存在するのか。

さらには、筆者がこれまで論じてきた『漢書』の著作意図、すなわち前漢の滅亡を必然、不可避の史実としたうえで、それを再興した光武帝と、その結果建国された後漢王朝こそ真の聖王であり神聖王朝であるとして賞賛し、翼賛することが『漢書』全篇の叙述目的であったとみなす見解[36]と如何に有機的に関連するのか。

それらの疑問に対する解答を得ることを次稿の課題として、そのための基礎的考察としての役割を担った小稿の考察を終えることにする。

註

（1）以下、本稿では『漢書』所載の史料はその篇名のみを記す

（2）儒教の国教化、および儒学の官学化については福井重雅『漢代儒教の史的研究―儒教の官学化をめぐる定説の再検討―』（汲古書院、二〇〇五年）を参照。なお、小稿では「儒学の漢学化」と表記する。

（3）そのような理解の一例として、狩野直樹『中国哲学史』（岩波書店、一九五三年）の以下のような記述がある「武帝のときに至って、（中略）決定的のことが起こった。賢良文学の士を挙げし中に董仲舒というものあり、対策して学術を論じ、『今、師、道を異にし、人、論を異にし、百家、方を殊にし、指意同じからず。（中略）臣愚以為らく、諸々六芸の科、孔子の術にあらざるものは皆其の道を絶ち、並び進ましむるなくんば、邪辟の説滅息し、然る後、民従ふ所を知らん。』と述べた。（中略）而して武帝は此の説を納れ、建元五年始めて五経博士を置いた。是れ、実に中国にて儒教を以て学術の正派と定めたる始めであって、爾来最近に至るまで変更することがなかったのである。」（同書、二六二頁）

（4）この対策は「天人三策」、もしくは「賢良対策」と呼ばれる。

（5）原文は以下のとおりである。なお本稿では本文には訓読文を記し、原文は注に示す。「武帝初立、魏其、武安侯為相而隆儒矣。及仲舒対冊、推明孔氏、抑黜百家。立学校之官、州郡挙茂材孝廉、皆自仲舒発之。」

（6）本稿では「天人三策」と表記する。

（7）福井によれば、「皆、仲舒より之れを発す」ものとされた「孔氏の推明」、「百家の抑詘」、「学校の官の（設）立」、「茂才、孝廉の（察）挙」、などの事績はすべて他の人々の功績、もしくは董仲舒の事績とするには時期に齟齬を来すものばかりであり、「天人三策」についても、天人相関思想や災異思想にもとづいて徳治や人材の登用を奨励を進言している部分、および「六芸の科、孔子の術に在らざる者は、皆な其の道を絶ち、並びに進ましむること勿れ」という儒学独尊を高らかに提唱している文言のそれぞれに対応する武帝の策問が一切見いだされないという、対策文としての型式に鑑みた場合、その信憑性が根幹から疑われる問題を内包した記録ばかりであることが確認されるという。詳細は同氏、上掲書、第二章「董仲舒の研究」を参照。

（8）少治春秋、孝景時、為博士。……武帝即位、挙賢良文学之士前後百数、而仲舒、以賢良対策。なお、『漢書』巻二七上志七

上「五行」七上には「董仲舒治公羊春秋、始推陰陽、為儒者之宗」と記されていることによれば、「儒者の宗」と称揚された彼の春秋学が陰陽思想を中心とした「公羊学」であったことが判明する。
(9) 以下では第一の制策と対策をあわせて「第一策」、第二のそれらを「第二策」、第三のそれらを「第三策」と称する。
(10) 制曰、……災異之変、何縁而起。……何脩、何飾而膏露降、百穀登、徳潤四海、沢臻屮木、三光全、寒暑平、受天祜、享鬼神霊、徳沢洋溢施虖方外、延及群生。
(11) あくまでも「『董仲舒伝』に描かれた董仲舒は」、という意味であり、以下の叙述についても同様である。
(12) 臣謹案春秋之中、視前世已行之事、以観天人相与之際甚可畏也。国家将有失道之敗、而天乃先出災害以譴告之、不知自省、又出怪異以警懼之、尚不知変、而傷敗乃至。以此見天心之仁愛人君而欲止其乱也。……事在彊勉而已矣。……彊勉行道則徳日起而大有功。
(13) これが「天人相関思想」である。
(14) 同様に「災異思想」である。
(15) 漢興、承秦滅学之後。景武之世、董仲舒治公羊春秋、始推陰陽為儒者宗。(『漢書』志七上)
(16) 漢興、推陰陽言災異者、孝武時有董仲舒。(『漢書』列伝四五)
(17) 災異とは対照的な性格を有する瑞祥の発生の原因とその機序についても陰陽が重要な作用を及ぼしていると考えられた。その事実を踏まえて「災異など」と表記する。以下についても同様である。
(18) 「繆盭」とは、あやまりもとること。
(19) 廃徳教而任刑罰、刑罰不中則生邪気。……則陰陽繆盭。……此災異所縁而起也。(『漢書』列伝二六「董仲舒伝」)
(20) 臣謹案春秋一元之意、一者万物之所従始也、元者辞之所謂大也。謂一為元者、視大始而欲正元也。……故為人君者、正心以正朝廷、正朝廷以正百官、正百官以正万民、正万民以正四方。四方正、……亡有邪気。……是以陰陽調而風雨時、群生和而万民殖、五穀孰而屮木茂、天地之間被潤沢而大豊美……諸福之物可致之祥、莫不畢至。
(21) 『春秋』隠公元年「春王正月」の条の「公羊伝」に「元年者何。君之始年也」とある。
(22) 今陛下貴為天子。……行高而恩厚、知明而意美、愛民而好士、可謂誼主矣。然而天地未応而美祥莫至者何也。凡以教化不立而万民不正也。……古之王者明於此、是故南面而治天下、莫不以教化為大務。立太学以教於国、設庠序以化於邑、……教化行而習俗美也。……今臨政而願治七十余歳矣、不如退而更化、更化則善治、善治則災害日去、福禄日来。

(23) 天子覧其対而異焉、乃復冊之曰、制曰、…今陰陽錯繆、氛気充塞、羣生寡遂、黎民未濟、廉恥貿亂、賢不肖渾殽、未得其真。故詳延特起之士意庶幾乎。

(24) 仲舒対曰、……未云獲者、士素不厲也。夫不素養士而欲求賢、譬猶不琢玉而求文采也。故養士之大者虖太学、太学者賢士之所関也。臣願陛下興太学、置明師、以養天下之士、数考問以尽其材、則英俊宜可得矣。今郡守県令、民之師帥、所使承流而宣化也。故師帥不賢、則主徳不宣、恩沢不流。今吏既亡教訓於下、或不承用主上之法暴虐百姓。……是以陰陽錯繆、氛気充塞、群生寡遂、黎民未済。皆長吏不明、使至於此也。……臣愚以為、使諸列侯、郡主、二千石各択其吏民之賢者、歳貢各二人、以給宿衛、且以観大臣之能、所貢賢者有賞、所貢不肖者有罰。夫如是諸侯、吏二千石、皆尽心於求賢、天下之士可得而官使也。……則廉恥殊路、賢不肖異処矣。

(25) いわゆる「五経博士」を指すものと考えられる。

(26) 冊曰、蓋聞、善言天者必有徴於人、善言古者必有験於今。故朕垂問乎天人之応、上嘉唐虞、下悼桀紂。……今子大夫明於陰陽所以造化、習於先聖之道業、然而文采未極。……今子大夫其茂明之。

(27) 孔子作春秋、上揆之天道、下質諸人情、参之於古、考之於今。故春秋之所譏災害之所加也。春秋之所悪、怪異之所施也。

(28) 原文の引用は省略する。

(29) 春秋大一統者、天地之常経、古今之通誼也。今師異道、人異論、百家殊方、指意不同。是以上亡以持一統、法制数変、下不知所守。臣愚以為、諸不在六芸之科、孔子之術者、皆絶其道勿使並進、邪辟之説滅息。然後統紀可一而法度可明、民知所従矣。

(30) 何言乎王正月。大一統也。

(31) 「武帝紀」に「六年春二月乙未、遼東高廟災、夏四月壬子、高園便殿火」とあることにしたがって「董仲舒伝」に記された日付けをあらためた。

(32) 仲舒治国、以春秋災異之変推陰陽所以錯行。故求雨、閉諸陽、縦諸陰、其止雨反是。行之一国、未嘗不得所欲。

(33) 先是遼東高廟、長陵高園殿災。仲舒居家推説其意、屮稾未上、主父偃候仲舒、私見、嫉之、竊其書而奏焉。上召視諸儒。仲舒弟子呂歩舒不知其師書、以為大愚。於是下仲舒吏、当死、詔赦之。仲舒遂不敢復言災異。

(34) この点、おなじく儒学をおさめて賢良に挙げられて官途についたのち丞相の地位にまで上り詰めた公孫弘とは対照的であるといえる。

(35) 註（2）福井前掲書、二六五～二六六頁。

(36) 拙稿「『漢書』五行志の述作目的」（『福井重雅先生古稀・退職記念論集「東アジアの社会と文化」』（汲古書院、二〇〇七年）、同「『漢書』「外戚伝」の構成について」（『東洋研究』一六八、二〇〇八年）、同「『漢書』「元后伝」・「王莽伝」の構成と述作目的」（『東洋研究』一七二、二〇〇九年）、同「『漢書』「帝紀」の叙述目的―「高帝紀」から「元帝紀」を中心として―」（『東洋研究』一七六、二〇一〇年）同「『漢書』帝紀の正統観・王朝観について―板野長八の理解の再検討―」（『東洋研究』一八〇、二〇一二年）を参照されたい。

班固の「國史改作」と『漢書』成立をめぐる問題について

塚本　剛

はじめに

『漢書』は中国のみならず東アジア全般で古来より読み継がれてきた史書である。いうまでもなく『漢書』は断代史としての最初の正史であり、同じく正史である通史の『史記』とともに史書の双璧に数えられている。しかし『漢書』は難解な文が多く、後漢時代当時からすでに班昭や馬続によって読法の伝授が行われてきた。また、従来より『漢書』という正史にはいくつかの問題点が投げかけられている。それらを整理すれば、大体以下のようになるといえる。

一つは、『漢書』王莽伝の異常な分量[1]であり、それは、本来最も枢要な部分である帝紀のいずれの皇帝の記述よりも大部な分量であるということである。帝紀より臣下の記述である「伝」の方が長いことは異常であり、ましてや王莽は漢王朝から見れば最初こそ輔政の功臣ではあったが、後には伝説を除けば、史上初の禅譲という美名の形式を踏んで、漢王朝より帝位と王朝を簒奪した叛徒に当たり、その異常性は際だつといえる。

二つめは、儒学の国教化の問題に重大に関係する問題[2]である。所謂、「五経博士」設置の問題についてであるが、一般的には（高校世界史のいかなる教科書でもそうであるが）『漢書』の武帝紀にある、武帝の建元五年に五経博士を置く、という記述をもって前漢の武帝時代に早くも儒教の国教化、もしくは儒学の官学化が成立したとする。そしてその立役者となったのが董仲舒であり、『漢書』董仲舒伝には、董仲舒が武帝に対して三度にわたり対策文を奉り、その建言がいれられて儒教が国教化されたことが詳述される。しかし、今までも多くの論者が指摘する通り、この記述には多くの問題があり、歴史的事実とはいいがたいとされている。現在では儒教の国教化は前漢末から後漢時代にかけて成立[3]したものと考えられている。

三つめ以降の問題は、いずれも同じく前漢時代を取り扱っている正史である『史記』には全く確認することができず、班固の『漢書』で初めて表現され、以後の漢王朝の性格を規定することになる歴史観に関わる問題であり、全てが関連し合っているものであるが、以下に掲げる。

まず最初に「漢堯後説」があげられよう。これが三つめの問題であるが、四つめとして「漢火徳説」があげられる。いうまでもなく漢王朝は堯後の王朝として、五行説でいうところの火徳の王朝である。周知の通り、『漢書』は後漢初期に成立し、その記録する内容は同時代のものではなく、いわば後世の編纂物である。これに対して司馬遷の『史記』は、武帝期については、同時代記録といえる。よって少なくとも司馬遷が生きていた武帝期までは、上記のような認識は存在していなかったといえるだろう。

五つめには『漢書』には前漢時代の特に前半には全く主流をなしていなかった『左伝』に依拠したと考えざるを得ない記述が多数含まれることである。

六つめには『漢書』における「図讖」や「緯書」との密接な関わりである。これも『史記』には全く見られない姿勢であり、同一王朝の歴史、それも正統観を扱う正史においてここまで対照的なことはやはり不思議といわざるを得ない。

近年、福井重雅氏(4)は上記六つの問題の内、二つめ以降の問題について総括的にとりあげ、概ね以下のような指摘をされている。

儒教を官学とするように対策文を奉り、儒教の国教化に決定的な役割を果たした董仲舒は、武帝期という同時期を記録するもう一つの正史である『史記』には独立した伝が立てられておらず、儒林列伝に、いわば抱き合わせにされ、その記述もきわめて簡素であり、分量も圧倒的に少なく、対策文を奉り儒教を国教化したという『漢書』でのハイライトは一切確認されず、ただ当時は異端だった災異説を展開し、世に入れられず不遇だったことが記されるのみである。武帝時代には、さしたる活躍も見られなかった董仲舒が、後に災異説が儒教の潮流において主流を占めるにいたり、だんだんとその存在が大きく取り上げられるようになり、前漢末、王莽期、後漢時代と儒教のウェイトが大きくなるに従って、儒教の国教化の立役者として、仮託されるようになったと解釈できる。そして儒教の国教化が、災異説の創始者である董仲舒によって武帝期になされたという虚構が、徐々に醸成され、『漢書』編纂時までに整備されたと考えられる。そして、「漢堯後説」＝「漢火徳説」は班固の同時代的に鑑みてもきわめて異端な思想が、色濃く反映された結果である。これは漢代では一貫して博士官が設置されることのなかった学派＝『左伝』によってのみ証明され、彼はその信奉者である。また、前漢末期から流行した予言＝讖緯、図讖は一貫して「漢堯後説」＝「漢火徳説」を採用しているが、それも『左伝』説によってのみ裏付けられる。そしてその思想的師に当たるのが、劉向、劉歆であり、彼らは、思想的系譜では董仲舒の弟子筋に当たるものであり、彼のきわめて強い影響下にあった。そのためこの思想的系譜をいただく集団においては徐々に董仲舒に儒教国教化の立役者たる位置づけがおかれはじめ、それが定説化し、班固はそれをもとに『漢書』を編纂したのである。

以上が福井氏が主張する重要論点のエッセンスであるが、これによれば、儒教の国教化が、所謂董仲舒の対策文によって建元五年に実現されたという事実は、(渡邉義浩氏(5)も整理されたように)明確に否定することができよう。蓋し卓見というべきである。

しかし、その考察の過程で導き出された『漢書』という正史史料の性格についての論考については検討が必要なように考えられる。福井氏の立論は、要点を抽出していえば、『漢書』という史料は問題があり、使用上には注意を要し、儒教の国教化についての該当記事については特にそれが必要であるとするもので、なぜそのような問題のある史料＝『漢書』が成立したかといえば、その撰者である班固とその原型である『後伝』を著した班彪[6]が、オリジナル思想ではなく董仲舒、劉向、劉歆の思想的系譜を継承したものの、同時代的にもきわめて異端な思想の持ち主であったからであるということになるのである。その異端な思想こそが、「漢堯後説」、「漢火徳説」、「『左伝』」、「圖讖」という要素なのである。これでは班彪、班固の個人的な思想的偏向によって『漢書』が成立したことになってしまう。『漢書』が漢王朝の正統観があらわれるものであることを考え合わせれば、両人の異端思想によって王朝の正統観が成立したことになってしまうのである。同時代的にも異端で認知が受け入れられない思想によって、王朝の正統観が語られるのは不自然きわまりないし、そのような正統観が成立し、広く認識され、支持されるというのも考えがたい。またそのような人物にわざわざ国史を編纂させる理由も積極的には見いだせないように考えられる。

そうしてみると私が先に挙げた問題点のうち、一と三〜六の問題については、依然として疑問が残ることになる。ではどうしてこのように疑義が残る状態になっているのか、それこそが問われねばならず、また それによって『漢書』という史料を使用する際の留意も理解できるはずである。

ここで注意しなければならないのが正史という史料の性格[7]である。正史とは、客観的に「正しい歴史」を記述するものではなく、王朝にとってあるべき「正しい歴史」を書くものなのである。よって正史の記述内容は必ずしも客観的事実を踏まえたものではなく、それどころか、王朝の正統性を表すためにはありとあらゆる手段が講じられていると理解するべきであろう。もっといえばいかに事実としては、正当性があろうとも、国家に都合が悪ければ、その通りに記載されることはないのである。ザインよりゾレルンこそが必要とされているといってよいであろう。よって事実の正当性から論ずるのでは無しに国家の正統性の観点から論ずるべき問題であると考える。

そのような視点で考えた時、問題となってくるのが、班固の『漢書』の編纂姿勢ということに尽きるであろう。そこで班固が父の業をついだときに、「私に國史を改作している」と告発された事件をまずはじめに取り上げたい。

一　「國史改作」検討

『後漢書』巻四〇班彪列伝には、『漢書』の修撰をめぐって、

父彪卒、歸郷里。固以彪所續前史未詳、乃潜精研思、欲就其業。既而有人上書顯宗告固私改作國史者、有詔下郡、収固繋京兆獄、盡取其家書。先是扶風人蘇朗僞言圖讖事、下獄死。固弟超恐固爲郡所覈考、不能自明、乃馳詣闕上書、得召見、具言固所著述意而郡亦上其書。顯宗甚奇之、召詣校書部、除蘭台令史、與前睢陽令陳宋、長陵令尹敏、司隷從事孟異共成世祖本紀。遷爲郎、典校秘書。固又撰功臣、平林、新市、公孫述事、作列傳、載記二十八篇、奏之。帝乃復使終成前所著書。

とあり、班固は告発を受け、獄に下されたことがわかる。これについて福井氏(8)は、多くの論者が、「当時は正規の史官の職にない者が、勝手に歴史を執筆することは禁止されていた」ことを主な理由に挙げていることに対し、「前漢後期以降においてすら、その地位になくして『史記』を続成しようとした人物は劉向以下、跡を絶たない状態にあった。したがって班固が逮捕投獄されたのは、正式な作史の官職になくして私的に國史を改作したという理由からではない。」としている。

福井氏のいうとおり、「その地位になくして『史記』を続成しようとした人物は劉向以下、跡を絶たない状態に

あった。」のは事実である。しかし一方で、「有人上書顯宗告固私改作國史者、有詔下郡」とある以上、逮捕投獄された理由が、「私改作國史」というのも動かないであろう。そうであるならば、この二つの一見相反する要素を矛盾なく理解するにはどうしたらよいのかを考えねばなるまい。「國史」は史官にあらざるものによって続成されている。しかし彼らは班固以外、誰も逮捕投獄されていない。ここで重要なのはやはり「改作」の二文字にあるように考えられる。つまり、「改作」さえしていなければ「國史」の続成は許されていたと考えるべきではないだろうか。

ではどういう状態であると「改作」と判断されてしまうのであろうか。「國史」に関って逮捕投獄など何らかの刑罰を受けた例を検証してみよう。残念ながら漢代には前漢時代、後漢時代を通して、他に類例がないので後世のケースを検討することにする。

『三国志』巻六五呉書韋曜伝には

孫晧即位、封高陵亭侯、遷中書僕射、職省、爲侍中、常領左國史。時所在承指數言端應。晧以問曜、曜答曰之人家篋篋中者耳。又晧欲爲父和作紀、曜執以和不登帝位、宜名爲傳。如是者非一、漸見責怒。曜益憂懼、自陳衰老、求去侍、史二官、乞欲成所造書、以從業別有別付、晧終不聽。時有疾病、醫藥監護、持之愈急。晧毎饗宴、無不竟日、坐席無能否率以七升爲限、雖不悉入口、皆澆灌取盡。曜素飲酒不過二升、初見禮異時、常爲裁減、或密賜茶荈以當酒、至於寵衰、更見偪彊、輒以爲罪。又於酒後使侍臣難折公卿、以嘲弄侵克、發摘私短以爲歡。時有愆過、或誤犯晧諱、輒見収縛、至於誅戮。曜以爲外相毀傷、内長尤恨、使不濟濟、非佳事也、故但示難問經義言論而已。晧以爲不承用詔命、意不忠盡、遂積前後嫌忿、収曜付獄、是歳鳳凰二年也。

とあり、三国時代、呉国の国史編纂に当たっていた韋曜が孫晧により獄に下されたことがわかる。孫晧は傍系より帝位を継承したため、その実父、孫和は皇帝に即位した事実はなかった。本来は「人の後たる者の義」(9)によって礼制上、皇統たる大宗の先代皇帝を父として尊ばねばならないのであるが、人情のおもむくところ、しばしばこういう事態は起こりえた。前漢末、哀帝が傍系から帝位を継承した際[10]、即位していなかった亡き実父、定陶恭王を大宗たる宗廟に祭祀して、共皇廟を京師につくったのと同類の行為といえるだろう。韋曜は「孫和は即位した事実はないから伝と呼ぶべきである」と譲らず、以後、不興を買うようになり、最終的には孫晧により「自分の命令が聴けず、主君に真心を尽くしていない」として捕縛されている。この事件では、直接「國史改作」と告発されたわけではない。また国史の件以外にも捕縛の理由はあったようで、まさに「如是者非一」ではあるものの、ほかの理由は具体的に記述されないことを考えると決定的だったのは、孫和のために本紀を立てなかったことといえよう。その後、この事件は、同伝によれば、

而華覈連上疏救曜曰曜運值千載、特蒙哀識、以其儒學、得與史官、貂蟬内侍、承合天問、聖朝仁篤、愼終追遠、迎髪之際、垂涕敕曜。曜愚惑不達、不能敷宜陛下大舜之美、而拘繫史官、使聖趣不敍、至行不彰、實曜愚蔽當死之罪。然臣慺慺、見曜自少勤學、雖老不倦　探綜墳典、溫故知新、及意所經識古今行事、外吏之中少過曜者。昔李陵爲漢將、軍敗不還而降匈奴、司馬遷不加疾惡、爲陵遊説、漢武帝以遷有良史之才、欲使畢成所撰、忍不加誅、書卒成立、垂之無窮。今曜在吳、亦漢之史遷也。伏見前後付瑞彰著、神指天應、繼出累見、一統之期、庶不復久。事平之後、當然時設制、三王不相因禮、五帝不相沿樂、質文殊塗、損益異體、宜得曜輩依準古義、有所改立。漢氏承秦、則有叔孫通定一代之儀、曜之才學亦漢通之次也。又吳書雖已有頭角、敍贊未述。昔班固作漢書、文辭典雅、後劉珍、劉毅等作漢記、遠不及固、敍傳尤劣。今吳書當垂千載、編次諸史、後之才子論次善惡、非得良才如曜者、實不可使闕不及之書。如臣頑蔽、誠非其人。曜年已七十、餘數無幾、乞赦其一等之罪、爲終身徒、使成書業、永足傳示、垂之百世。謹通進表、叩頭百下。晧不許、遂誅曜、徙其家零陵。

とあり、華覈が再三再四、韋曜のために取りなして、死罪を免じて「國史」である『呉書』を完成させるように嘆願したが、孫晧は聞き入れることはなかったのである。華覈の嘆願が国史の完成のために韋曜を生き延びさせることに

あったのに対し、それに死罪を申しつけたということは、孫晧としてはあくまで韋曜に国史編纂を続行させて完成させることに懸念があり、それを阻止した[11]ということができるであろう。

韋曜が罪に落とされた実質的理由は、「國史」を編纂するに当たって、客観的事実を直筆[12]して王朝ないし、時の皇帝の望む歴史を叙述しなかったこととといえるだろう。そしてそれはこの場合、孫晧にとってあるべき歴史を編纂しなかったということである。すなわち呉の皇帝が指向する正統観に逆らい相容れなかったのである。後世、正史とは新たに興った王朝が旧王朝の歴史を編纂するものとなる。よってその正統観は新たな王朝の正統観によって描かれることになる。よって同時代史＝現代史を同時代の皇帝が実見するということはなくなっていくのであるが、そうしてみると、史官の直筆とは現在の正統観に抵触しない往事＝一般的な過去の歴史事象をあくまでものごとの是非を判断する鏡として提供することに限定されるのではないだろうか。

ここで直ちに想起されるのは、同じく同時代を扱った国史である『史記』についての以下のような不可解な伝承である。代表的なものとして『西京雜記』巻下をあげておくと、

司馬氏本古周佚後也。作景帝本紀、極言其短、及武帝之過。帝怒而削去之。後座擧李陵陵降匈奴、下蠶室。有怨言下獄死。

とあり、司馬遷が直筆して、景帝の短所を極言して武帝の過失にまで言及し、武帝は怒ってその部分を削除させ、後に李陵の事件に連座して蚕室に下され、司馬遷は怨言をはいて獄に下され死んだ、というものである。勿論これは事実ではない。しかしこの史料をただ単にいいかげんな伝承、偽物と断ずるのはたやすいが、もう少し突っ込んでみると、興味深いことに気がつく。まず、嘘というものは本物に似せるからこそ意味をもちうるのである。この伝承がもっともらしく聞こえるための前提には、司馬遷が同時代の皇帝である景帝、武帝の短所を極言したからにはその記述は削除されて当然であるという広く一般化されたコンセンサスが必要となるだろう。しかもその後、ほかの事件で

獄に下され処刑されたところなどはほぼ韋曜の事件と相似形を描くものといってもよいであろう。これらを踏まえれば同時代の正統観に触れる直筆は許されず、またこの認識も広く一般化していたものと考えられるであろう。

ほかに同時代の歴史を直筆して、処刑されたものとして所謂北魏崔浩国史事件がある。

『魏書』巻四八高允伝に

既而勸浩刊所撰國史于石、用垂不朽、欲以彰浩直筆之跡。允聞之、謂著作郎宗欽曰閔湛所營、分寸之間、恐爲崔門萬世之禍。吾徒無類矣。未幾而難作。初、浩之被収也、允直中書省。恭宗使東宮侍郎呉延召允、仍留宿宮内。翌日、恭宗入奏世祖、命允驂乘。至宮門、謂曰入當見至尊、吾自導卿。脫至尊有問、但依吾語。允請曰爲何等事也恭宗曰入自知之。既入見帝。恭宗曰中書侍郎高允自在臣宮、同處累年、小心密愼、臣所委悉。雖與浩同事、然允微賤、制由於浩。請赦其命。世祖召允、謂曰國書皆崔浩作不允對曰太祖記、前著作郎鄧淵所撰。先帝記及今記、臣與浩同作。然浩綜務處多、總裁而已。至於注疏、臣多於浩世祖大怒曰此甚於浩、安有生路恭宗曰天威嚴重、允是小臣、迷亂失次耳。臣向備問、皆云浩作。世祖問如東宮言不允曰臣以不才、謬參著作、犯逆天威、罪應滅族、今已分死、不敢虛妄。殿下以臣侍講日久、哀臣乞命耳。實不問臣、臣無此言。臣以實對、不敢迷亂。世祖謂恭宗曰直哉。此亦人情所難、而能臨死不移、不亦難乎且對君以實、貞臣也。如此言、寧失一有罪、宜宥之。允竟得免。於是召浩前、使人詰浩。浩惶惑不能對。允事事申明、皆有條理。時世祖怒甚、敕允爲詔、自浩已下、僮吏已上百二十八人皆夷五族。允持疑不爲、頻詔催切。允乞更一見、然後爲詔。詔引前、允曰浩之所坐、若更有餘釁、非臣敢知。直以犯觸、罪不至死。世祖怒、命介士執允。恭宗拜請。世祖曰無是人忿朕、當有數千口死矣。浩竟族滅、餘皆身死。

とあるのが事件のあらましである。この事件も崔浩なる史官が国史において直筆したことが太武帝の怒りにふれ、処刑どころか族滅されている。韋曜の時のケースでは一族は遷徙で済んだことを考えれば、かなり重い処罰といえるだろう。

この事件について、陳漢平・陳漢玉氏⑬は「國史事件については、史官が直筆して殺害されることは異民族支配の時に限られるものではなく、太武帝が國史直筆に激怒し崔浩は誅殺されるにいたった」という趣旨の指摘をしている。

また近年、松下憲一氏⑭は陳漢平・陳漢玉氏の論考も踏まえ、法制史の立場でこの事件を検討している。それによれば、「崔浩が『備にして典からず』」として訴えられた國書の内容は、『先帝記』及び『今記』において崔浩が『損益褒貶、折中潤色』した部分に絞られるのである。」としていて、「その結果、國書には國家の得失に關する崔浩の見解が盛り込まれたに違いない。そこには時の皇帝に対する批判も當然含まれる。それが史書の傳統であって、そうすることで人君は行動、擧動を愼むのである。但し、それは將來に対して公開されるもの、現世においては皇帝が見て愼むものであって大衆に公開するものではない。しかし崔浩はそれを石碑に刻んで公開してしまったことで、公然と皇帝を批判している、すなわち大逆不道であるとして碑を讀んだ人々から告發された。崔浩が直筆した國書を石碑に刻んで公開したことが結果的に大逆不道罪に抵触したのであれば、崔浩が族滅された理由も説明がつく。」としている。

ここで言う「大衆に公開」というのは当時の識字率を考えれば、文字通りの大衆ではなく、知識人階級のことと考えられるが、そうだとしても検討の余地は残るといわざるを得ない。まず、虚心に史料を読めば、太武帝が問題にしているのは、「公開」したかしないかに関わらず、その内容であることが理解できる。また国史は一応一般に事実上非公開かそれに近い扱いを受けるものの、『太史公書』や『漢書』の例を見てもわかるとおり、何らかの理由で、それは出回るものであり、公開は免れ得ない。だとすれば、これも太武帝側や北魏王朝の正統観に抵触したために処分の対象となったと見る方が自然ではないだろうか。王朝や皇帝の正統観を脅かす事象はやはり忌避しなければならないのが国史のあり方と見るべきであろう。それは例えば、三国魏の高貴郷公曹髦の死について『三国志』巻四三少帝紀には

五月己丑、高貴鄕公卒、年二十。皇太后令曰吾以不德、遭家不造、昔援立東海王子髦、以爲明帝嗣、見其好書疏文章、冀可成濟、而情性暴戾、日月滋甚。吾數呵責、遂更忿恚、造作醜逆不道之言以誣謗吾、遂隔絕兩宮。其所言道、不可忍聽、非天地所覆載。吾即密有令語大將軍、不可以奉宗廟、恐顚覆社稷、死無面目以見先帝。大將軍以其尚幼、謂當改心爲善、殷勤執據。而此兒忿聽、所行益甚、擧弩遙射吾宮、祝當令中吾項、箭親墮吾前。吾語大將軍、不可不廢之、前後數十。此兒具聞、自知罪重、便圖爲弑虐、賄遺吾左右人、令因吾服藥、密因酖毒、重相設計。事已覺露、直欲因際會擧兵入西宮殺吾、出取大將軍、呼侍中王沈、散騎常侍王業、尚書王經、出懷中黃素詔示之、言今日便當施行。吾之危殆、過于累卵。吾老寡、豈復多惜餘命邪。但傷先帝遺意不遂、社稷顚覆爲痛耳。賴宗廟之靈、沈、業即馳語大將軍、得先嚴警、而此兒便將軍左右雲龍門、雷戰鼓、躬自拔刀、與左右雜衛共入兵陳間、爲前鋒所害。此兒既行悖逆不道、而又自陷大過、重令吾悼心不可言。昔漢昌邑王以罪廢爲庶人、此兒亦宜以民禮葬之、當令內外咸知此兒所行。又尚書王經、凶逆無狀、其收經及家屬皆詣廷尉。

とあり、事実の記述としては「高貴郷公卒、年二十」として、その子細については皇太后の詔で語らせるという方法をとっているものの、司馬昭がその首謀者であることはどこにも明示されないことからも明白であろう。言うまでもなく郭皇太后は司馬氏の傀儡であったので、司馬昭が皇帝を弑虐したと発表するわけはないのである。また『三国志』の撰者陳寿は晋の史官であり、晋の時代に『三国志』の編纂を命じられている。そうであるからこそ、晋王朝やその皇帝の正統観を否定する歴史事象の叙述を避けているのである。それは自らがかつて仕えていた蜀漢の君主を「皇帝」と呼称せず、本紀を立てていないことなどの配慮からもうかがい知ることができる。さて、一方で松下氏は重要な指摘をしているのである。それは「大逆不道であるとして碑を讀んだ人々から告發された」の箇所である。韋曜の事件では皇帝自らが主導して韋曜を獄に下したのであるが、崔浩の事件では石碑に書かれた国書を読んだ人々から告発がなされている。つまり公開されていなければ、王朝や個々の皇帝の正統性を否定しているか、況んやそれが

「大逆不道」に該当するかなどは判断ができようはずがないのである。班固の事件では、班固の国史は未だどこにも提出されていなかったのであるから、それで「國史改作」と告発されたのは極めて奇妙であるといわざるを得ない。一体どういうことなのであろうか。

この問題については後に触れることにして、崔浩の事件でもう一つ松下氏が指摘している重要な論点について先に検討してみたい。それは松下氏が、「圖讖、謗書が皇帝に対する誹謗として族滅に相当する罪とされていたことは、崔浩事件を考えるうえで重要である」と論究されていることである。ここで直ちに想起されるのが、班固の「國史改作」事件での「先是扶風人蘇朗偽言圖讖事、下獄死」の記述であろう。国史と図讖の関係について検討してみたい。福井氏[15]は先に指摘したとおり、「班固が逮捕投獄されたのは、正式な作史の官職になくして私的に國史を改作したという理由からではない。」としたあとで、上記の史料について注意が必要であると断ったうえで、この蘇朗の事跡について知るよしはないが、班超が覈考を危惧して上書したのはこの蘇朗の前例と関係があったのではなかろうかと推論し、班彪『後伝』の記事の片鱗から類推すると、おそらくこのことは班固が執筆中であった史書も同様に図讖的な内容を帯同していたことを暗示するものであろう、とされている。しかし先ほども論究したとおり、図讖が使用されているかどうかは見てみなければわからないことである。班固は告発を受けた段階では自らの史書をどこにも提出していない。また図讖を使用すること自体が、告発、逮捕投獄、それ以上の刑罰に該当するのであれば、今度は、執筆中の史書を含め、「尽くその家書を取る」の状態の後では、何らかの処罰は免れ得ないはずである。しかし実際には、「顯宗は甚だ之を奇とす」として班固を釈放し、直ちに校書郎や蘭台令史に抜擢して、さらには「世祖本紀」をはじめとして当時の「功臣傳」や「列傳載記二十八篇」を撰述させているのである。これについて福井氏自身、「実際に明帝はその草稿に目を通して、それが満足すべき史書、すなわち讖緯の観点から見て、申し分のない内容からなるものと認識したからであったと推測される。」と指摘している。そうしてみると、やはり図讖を使用すること自体が刑罰に該当するというわけではないことが、ますます理解できよう。明帝からみて、すなわち（後）漢王朝から見て満足すればそれは問題ないということなのである。それではこの満足する状態とは何かと言えば、蘇朗の事件の「偽言圖讖事、下獄死」の「偽」にその謎を解く鍵があると考えられる。「偽」だから「下獄死」されたのであるならば逆に言えば「正」であれば問題がないということである。この場合の「正」とは王朝から見た「正統」な緯書の解釈ということになるであろう。そして「偽」とは図讖の漢王朝公認の解釈ではなく新たなる解釈、もしくは別の解釈ということになるであろう。そういえば、崔浩の事件の考察で松下氏は族滅の事例を検証した際、圖讖のことに触れている。『魏書』巻二八劉潔伝に

世祖之征也、潔私謂親人曰若軍出無功、車駕不返者、吾當立樂平王。潔又使右丞張嵩求圖讖、問劉氏應王、繼國家後、我審有名姓否。嵩對曰有姓而無名。窮治款引、捜嵩家、果得讖書。潔與南康公狄鄰及嵩等、皆夷三族、死者百餘人。

とあることより、「太武帝が死亡した場合、楽平王丕を擁立しようと計画していたこと、さらに劉氏が拓跋氏にかわって國家を治めることができるかどうか圖讖に求めさせたことが問われたものである。後にそのことが發覚して取り調べを受け、供述通り張嵩の家から緯書が出たことから、この事件に關係した劉潔・南康公狄鄰・張嵩はみな夷三族とされ死者は百餘人に及んだ。」としている。これも緯書を持っていたことは物的証拠に過ぎず、それ自体よりも、その緯書を利用して新たなる解釈をして新皇帝擁立の正統化を図ったり、新たなる正統観を構築して易姓革命を企んだことが問題となったものであろう。新たなる事象を正統化するには新たなる解釈が必要とされるものである。それは「新たなる」もの故、現状の正統観とは別物となる。これが史料上の所謂「偽」ということになるのであろう。

班固の執筆していた史書は図讖の解釈も含め、後漢王朝の正統観と一致していたのである。だから「國史改作」には該当せず、むしろ国史を続成させるべきものと判断されたのであろう。そうであるからこそ班固は明帝によって抜

擢を受け、国史編纂を任されたと言えるだろう。

さて、これで「國史改作」という嫌疑は、王朝や皇帝の正統観を批判するものであるということが理解できたと考えられる。残る問題はではその正統観と私が「はじめに」で取り上げた諸問題がどう関わるかということである。すなわち、班彪・班固の『漢書』の執筆姿勢と漢王朝の正統観の検証こそが必要となるのである。

二　『漢書』の執筆姿勢

この問題を検証するに当たり、まず、班彪と班固、両者の思想的関係や執筆姿勢を確認しておかねばなるまい。福井氏[16]は、それについて「彪の続ぎし所の前史の未だ詳しからずを以て、乃ち潛精研思して、其の業を就さんと欲す、とあるように、班固は父、彪の遺作の内容や文章を大幅に改編することなく、もっぱら『後伝』の記載事項をより詳述充実することによって、その完成に努力していたことが察知される。その意味から『漢書』は『後伝』の原形をかなり忠実に襲用しつつ、それ自体を独自に改編した史書であると評価してよいであろう。」という見解をとられている。首肯できる意見であろう。ただ、福井氏の見解は「内容や文章」という外面的な、言わば、形式の方に力点が置かれている。それは「原形」という表現を使用していることからも明らかであろう。しかし史料上の「潛精研思して、其の業を就さんと欲す」という点に注目すれば、班固は班彪の内面的な思想や執筆姿勢も継承していたと判断すべきである。

そうであるならば、班彪が語っていることも、班固が語っていることも同じく『漢書』の執筆姿勢として理解することができるであろう。班彪の執筆姿勢[17]は『後漢書』巻四十上班彪列伝に

孝武之世、太史令司馬遷採左氏、國語、刪世本、戰國策、據楚、漢列國時事、上自黄帝、下訖獲麟、作本紀、世

家、列傳、書、表凡百三十篇、而十篇缺焉。遷之所記、從漢元至武以絕、則其功也。至於採經摭傳、分散百家之事、甚多粗略、不如其本、努欲以多聞廣載爲功、論議淺而不篤。其論述學、則崇黄老而薄五經、序貨殖、則輕仁義而羞貧窮、道游俠、則賤守節而貴俗功、此其大敝傷道、所以遇極刑之咎也。然善述序事理、辯而不華、質而不野、文質相稱、蓋良史之才也。誠令遷依五經之法言、同聖人之是非、意亦庶幾矣。夫百家之書、猶可法也。若左氏、國語、世本、戰國策、楚漢春秋、太史公書、今之所以知古、後之所由觀前、聖人之耳目也。司馬遷序帝王則曰本紀、公侯傳国則曰世家、卿士特起則曰列傳。亦進項羽、陳涉而黜淮南、衡山、細意委曲、條列不經。若遷之著作、採獲古今、貫穿經傳、至廣博也。一人之精、文重思煩、故其書刊落不盡、尚有盈辭、多不齊一。若序司馬相如、舉郡縣、著其字、至蕭、曹、陳平之屬、及董仲舒並時之人、不記其字、或縣而不群者、蓋不暇也。今此後篇、慎覈其事、整齊其文、不爲世家、唯紀、傳而已。傳曰、殺史見極、平易正直、春秋之義也。

とあり、班彪が、『史記』を継承し、太初二年以降の歴史を叙述するのと、また『史記』に書いてある歴史を加筆訂正する目的と理由について明確にしている。それによれば、大体以下のようにまとめることができるであろう。

一つは形式面のことであり、列伝や世家に立てられている人物において、ある場合は、本貫の郡県名を挙げていて、ある場合はそうではなかったり、また字が書いてある場合とそうでない場合があるというように体例が統一されていないので、これを改めねばならないというのである。また同様に体例の問題として、本来列伝であるべき項羽が本紀に、陳勝が世家に載せられているのに対して、本来世家であるべき淮南王、衡山王が列伝になっているのは、それらの人物の実質的事跡を考慮してのことであろうが、客観的な形式は整備されていないとして改正するべきであるとしている。[18]これらの史書の形式で特に後漢時代における漢の正統観に関わるものは「項羽本紀」であろう。永遠の漢王朝の高祖が項羽の支配下にあったことを名分からも認めてしまうことになるからである。それからすればこれは許容できなかったに違いない。よってこれらを訂正するというのは班彪からすると至極当然であったろう。

二つめは正に、本質的執筆態勢や思想信条面の問題点である。まず、歴史的事実を叙述するに当たり、広く多くを求めようとして、その典拠に雑多なものが用いられ、適正ではないとしている。また五経を軽んじて黄老道を尊ぶというがごとき状態は儒教を中心に改めねばならず、全編を通じて「春秋の義」を貫いて、編集し直すべきであるとしている。

司馬遷の『史記』の成立が前漢の武帝期頃と考えれば、そのころの支配的な思想は黄老道(19)であったため、司馬遷がいわばその社会通念に則って史書を編纂したのは自然なことといえるだろう。そうであるならば、「儒教」の思想で『史記』を編纂し直し、史書をなさんとした班彪の姿勢も自然なものといえないだろうか。儒教は班彪が史書で描いた前漢時代では、とても国教と呼びうる地位にはなかったことは既に確認したとおりであるが、班彪が執筆した時代には国教と呼んで差し支えない支配的な地位を占めていたからである。確かに前漢時代に儒教が国教であったという客観的事実はない。よって記述内容は「正」ではない。しかし、それをもって編纂時には、広く社会に認知を受け、そのために国教の地位を得ていたといっても過言ではない思想である儒教の正統観を貫徹し、場合によっては客観的事実を曲げて、王朝側から見てあるべき「正」を記述して史書をなしたことを異端とは呼べないであろう。先にも言ったとおり、「正史」とは王朝側から見てあるべき「正統観」を開陳すべきものだからである。ましてや班彪の立場を継承して「國史改作」を疑われた班固の史書は一度没収を受けて、いわば検閲を受けているのである。そのうえで、明帝より「奇」とされ、国史編纂を任されたのであるから、それはその思想性が王朝の正統観と合致していたからこそそのはからいと言え、その意味では、国史は儒教の思想で貫き叙述することこそ、漢の正統観であったといえよう。

「春秋の義」を貫き、五経の思想性＝儒教で編集し直すべきであるという姿勢は班固にしかと継承されていることは以下により明らかである。すなわち、班固の思想、史観を表すものとして『後漢書』巻四〇上班固列伝に、

固以爲漢紹堯運、以建帝業、至於六世、史臣乃追求功德、私作本紀、編於百王之末、厠於秦、項之列、太初以後、闕而不錄、故探撰前記、綴集所聞、以爲漢書。起元高祖、終于孝平王莽之誅、十有二世、二百三十年、綜其行事、傍觀五經、上下洽通、爲春秋考記、表、志、傳凡百篇。固自永平中始受詔、潛精積思二十餘年、至建初中乃成。當世甚重其書、學者莫不諷誦焉。

とあり、ここでは儒教の精神性、それも就中、「春秋の義」を貫いて『史記』を編集し直すという立場のみならず、「漢堯後説」をも披瀝している。「漢堯後説」はこのほかにも『漢書』巻一下高帝紀下には、

贊曰、春秋晉史蔡墨有言陶唐氏既衰、其後有劉累、學擾龍、事孔甲、范氏其後也。而大夫范宣子亦曰、祖自虞以上爲陶唐氏、在夏爲御龍氏、在商爲豕韋氏、在周爲唐杜氏、晉主夏盟爲范氏。范氏爲晉士師、魯文公世奔秦。後歸于晉、其所者爲劉氏。劉向云戰國時劉氏自秦獲於魏。秦滅魏、遷大梁、都于豐、故周市說雍齒曰豐、故梁徙也。是以頌高祖云漢帝本系、出自唐帝。降及于周、在秦作劉。涉魏而東、遂爲豐公。豐公、蓋太上皇父。其遷曰淺、墳墓在豐鮮焉。及高祖即位、置祠祀官、則有秦、晉、梁、荊之巫、世祠天地、綴之以祀、豈不信哉。由是推之、漢承堯運、德祚已盛、斷蛇著符、旗幟上赤、協于火德、自然之應、得天統矣。

とあり、ここでは「漢堯後説」から敷衍して「漢火徳説」までも述べている。また「斷蛇著符」は福井氏[20]がつとに指摘しているとおり、図讖と密接に関連する文言である。そうしてみると「漢堯後説」、「漢火徳説」、「圖讖」とも儒教同様に漢の正統観と一致していたからこそ、記述の訂正を求められなかったり、或いは認められたりしたものと考えられる[21]。図讖については本稿の第一節でも触れ、「班固の執筆していた史書は図讖の解釈も含め、後漢王朝の正統観と一致していたのである。だから「國史改作」には該当せず、むしろ国史を続成させるべきものと判断された」と既に考証してあるが、さらに　小林春樹氏[22]によれば、前漢末から蘭台には多数の緯書が収蔵されたが、その蘭台におけ

る修史事業の基本理念とされたのが図讖であったことが指摘されていることから、漢王朝では王朝の歴史編纂事業で図讖を採用していたといえよう。讖緯、図讖の暦法は一貫して公羊学のものが使用されているということはつとに薮内清氏(23)によって指摘されている。薮内氏の見解によれば、今文である公羊学でなければ、讖緯、図讖の予言は意味を持ち得ないということになるし、板野長八氏、渡邉義浩(24)によればそれを活用して成立した後漢王朝は、理想の孔子王朝の実現が永遠の漢王朝によってなされるという正統性をもった、いわば「聖漢」王朝なのである。

一方で、福井氏(25)によればこの贊の記載は多分に『左伝』に典拠をとっており、そして『左伝』によって「漢堯後説」、「漢火徳説」は成立するという。福井氏はこれを異端な思想であるとするが、渡邉氏(26)は漢の正統化のために『左伝』を論拠に作成された「漢堯後説」、「漢火徳説」を王莽が利用して、新の「土徳説」、「王莽舜後説」を結果として正統化することになったのであり、この王莽に利用されたことが、漢の礼制の根本を規定する優位性を持っていたのにも関わらず、『左伝』の後漢における地位を不利にしたとする。先ほど検討した「圖讖」と漢王朝の正統観との関係を踏まえれば、渡邉氏の解釈こそが妥当といえるだろう。福井氏(27)は「左伝」、「漢堯後説」、「漢火徳説」、ひいては儒教の国教化の問題について、董仲舒、劉向・劉歆父子、班彪・班固父子との間に道統ともいうべき思想的系譜があったとしている。そしてこれを前漢武帝期に儒教国教化が成立したという虚構を捏造したいわば異端思想の持ち主として断ずる。しかし先記の通り、正史とは客観的に正しい歴史事象ではなくして、王朝側から見てあるべき歴史を叙述するものであるということを踏まえれば、「漢堯後説」、「漢火徳説」こそがあるべき歴史であり、それを正統化する典拠である『左伝』は異端ではなく「正」なる存在としてとらえねばならないであろう。そしてなぜそれらが王朝の正統観として採用されるに至ったかを考えれば、これらの思想が一定の勢力を持ち、社会に認知され、漢王朝から見て広く支持されうる魅力ある学説だったからであろう。これらの前提がない突飛なものを持ってきたとしても、長期にわたり安定的に正統性を維持することは難しいと考えられる。『左伝』は前漢末にいたって台頭し流行してきた儒教の潮流である。[28]そうであれば正統化の典拠に採用する時期としても時宜を得ているといえよう。

さて、同様に儒教、「漢堯後説」、「漢火徳説」、「圖讖」による漢王朝を正統化する史料に『漢書』巻百上敍伝上にも

昔在帝堯之禪曰　爾舜、天之暦數在爾躬。舜亦以命禹。曁于稷契、咸佐唐虞、光濟四海、奕世載德、至于湯武、而有天下、雖其遭遇異時、禪代不同、至于應天順民、其揆一也。是故劉氏承堯之祚、氏族之世、著乎春秋。唐據火德、而漢紹之、始起沛澤、則神母夜號、以章赤帝之符。

がある。

これらにより、「はじめに」で取り上げた諸問題を検証し、班彪・班固の『漢書』の執筆姿勢と漢王朝の正統観は一致していることが確認できた。

むすびに

班固の「國史改作」と『漢書』成立をめぐる問題について考察を重ねてきたが、それをまとめると次のようになる。

一　「國史改作」とは当該王朝の正統観を批判し否定する歴史叙述を行うことであり、班固の場合、嫌疑は受けたものの、それには該当せず、むしろ漢王朝の正統観と一致していたことから国史編纂を任された。福井氏[29]は明帝に認められた班固の立場を「班固が自由に國史を改作できる自由を得たとしている。」としているがこれは逆であるということができるであろう。

二　所謂儒教国教化の問題で『漢書』では前漢時代のかなり早い時期に儒教が支配的な思想になり、武帝期には国

教化がなされたように書かれるが、それは「正史」というものは王朝側にとってあるべき歴史を叙述するものであり、客観的に正しい歴史事象を描くものではないからであって、儒教を正統観のよりどころとしている後漢王朝によって「公刊」された『漢書』では至極自然なことである。これによって撰者である班固を異端とすることはできず、むしろ正統といえる。

三

『漢書』に見いだされる「漢堯後説」、「漢火徳説」、「圖讖」はすべて漢王朝を正統化するのに不可欠なものであり、班固によって編纂された『漢書』にはこれらの思想が貫徹している。「漢堯後説」、「漢火徳説」は『左伝』を典拠として、「圖讖」は公羊学を典拠としている。

以上、小論をまとめたわけであるが、課題が一つ残されている。それは「はじめに」であげた最初の問題点である「『漢書』王莽伝の異常な分量」についてである。

また途中で保留にした「なぜ、班固の史書は未だどこにも提出されておらず誰も実見していないのにも関わらず国史を改作したと嫌疑を受け逮捕投獄されたのか」という問題も依然として謎が残る。これについて見通しを述べて本稿を終わりにしたい。

まず、誰も実見していないのにも関わらず、嫌疑を受けるだけでも尋常ではないが、それで逮捕投獄となると、「あいつならやるだろう」という決定的予断があり、それが広範囲に認知されていたことをうかがわせる。

ここで注目すべきは、稲葉氏[30]の「班固が国史を改作しているとして密告されるのも、班氏が王莽政権と深い関係にあったことから嫌疑を招いたとみることができる」という指摘である。さらに稲葉氏は、班彪は終始一貫、王莽を否定していたのではなく、一時王莽の天下を認めていたという事実がある、としている。

また班固が嫌疑を受けた事件では、先に検討したとおり「圖讖」との関係があったことを踏まえれば、安居香山氏[31]の「今日現存する緯書の中には王莽に関連するものが見あたらない」という指摘も重要といえる。班固が許されたのは「圖讖」の解釈が漢王朝の正統観と一致していたからである。もしそうではない別の解釈をとっていたらそれは新解釈として別のものを正統化するわけであるから許されないのである。漢王朝では同じく図讖の予言によって王朝を成立させた王莽の新王朝は絶対に認められない立場にあった。よって図讖の王莽を正統化する予言・解釈（以下煩瑣になるので王莽的解釈と表記する）は許されないのである。そうであるならば稲葉氏の指摘するように王莽政権と深い関係にあった班氏に属する班固は、図讖の王莽的解釈をやっているに違いないと睨まれていたのではないだろうか。図讖の強烈な支持者としては劉向・劉歆父子も存在するが、劉向・劉歆は、『史記』続編[32]も作り、民間にも広く流布した。特に劉歆は王莽政権で枢要な地位を占めたことよりも、王莽を正統化したであろうことは容易に類推される。しかし劉歆は王莽の時代に自殺して死んでいるので、（その父である劉向はそれ以前に亡くなっている）当然、後漢時代に逮捕投獄されることもなかったのである。班彪以前に存在した『史記』の続編十六家の中で、広く通行したのは、やはり劉歆のものと、それから揚雄のものであったという。『史通』巻十二古今正史には

至建武中、司徒掾班彪以爲其言鄙俗、不足以踵前史、又雄、歆褒美僞新、誤後惑衆、不當垂之後代者也。於是採其舊事、旁貫異聞、作後傳六十五篇。

とあり、これを見れば、劉歆、揚雄が「偽新」を賛美していた様子がうかがえる。「偽」は「正」と対になる言葉であることを考えれば、「正」なる漢王朝を正統化せず王莽の新を正統化していたことが、後世に過ちを流し民衆を惑わすものである、と班彪が判断していたと理解することができよう。そうすると、班彪の『後伝』叙述の最終的な目的は王莽の新を正統化する叙述を改めて、漢を正統化するように訂正することにあったといえる。そしてその立場は当然、班固にも継承されたのである。

劉歆の『史記』続編と班固の『漢書』について『西京雜記』巻上の序に

洪家世有劉子駿漢書一百卷。無首尾題目、但以甲乙丙丁、紀其卷數。先公傳云。歆欲撰漢書、編録漢事、未得締

構而亡。故書無宗本、止雑記而已。失前後之次、無事類之辨。好事者、以意次第之、始甲終癸、爲十帙。帙十巻、合爲百巻。洪家具有其書。試以此記、考校班固所作、殆是全取劉書、有小異同耳。併固所不取、不過二萬許言。

とある。『西京雑記』の記述を全面的に信ずるわけにはいかないが、班固の『漢書』と劉歆の『漢書』の関係を暗示するものといえるだろう。稲葉氏[33]によれば班彪以前の劉歆や揚雄の作った王莽の記録は帝紀の形をとっていたとされる。

これらのことを総合的に勘案すれば、以下のような推論が成立しよう。王莽政権との関係が深く、一時王莽の天下すら認めていた班彪は、一転、漢王朝の再興を確信するにいたったため、『後伝』を執筆する上で、早急にその立場を鮮明にする必要があった。すなわち漢王朝を正統とする史書を叙述することにしたのである。そこにはそうすることによって、王莽色を払拭しようとする狙いもあったといえよう。そのためにははじめから全てを叙述するには余りに時間がかかりすぎるので、劉歆の『漢書』を利用してその王莽を正統化した箇所を中心に改訂し、漢王朝を正統化する史書に再編集した。このため王莽伝は、劉歆の『漢書』では帝紀として編纂されていた形式がそのまま残り、列伝の体裁とはおよそ異なるものとして成立した。またその分量も列伝のものとは思えない大部なものとして『漢書』中最大の量を誇ることになった。そしてその執筆姿勢や史書の状態は班固の時にも継承されたのであろう。王莽伝ははじめは王莽の天下を認めていたが、それを後から否定する立場となった班彪・班固父子の中途半端さを反映するのと、又、漢の正統化を急がねばならなかったため急造仕立てにならざるを得なかったという、いわば妥協の産物といえるだろう。つまり王莽伝の異常な分量は恐らく抜本的な再編集が上記の理由でできなかったために正統化に関係する部分以外は残存記録をそのままに利用するという班彪・班固父子による一種の処世術のなれの果てとは考えられないだろうか。しかしそうまでしたが、当時の班氏と王莽政権との親近性は天下に周知されていたため、嫌疑を受け、逮捕投獄されることになった。しかし実際に没収した史書は王朝側からすると意外なことに漢の正統観と一致していたから国史編纂をゆだねることになったのであろう。

この推論は現時点では蓋然性が高いと確信するが、この問題については王莽政権と班氏との親近性からはじめ、さらなるそして詳細な検討を加えねばなるまい。これについてはいずれ別稿を期したい。

註

（1）岡田英弘氏は王莽伝の長さには直接言及しているわけではないが、『漢書』と王莽について「班固が儒家であり、彼にとって王莽は英雄であったからだ。王莽によって儒教が中国の政治の指導原理となった経緯を記述し、王莽の功績を伝えるのが『漢書』の著作の本当の目的だったからである」（岡田英弘『読む年表中国の歴史』WAC、二〇一二年）とする。そうであれば、王莽伝が最も長い説明もつくし、興味深い指摘ではあるが、残念ながら根拠が示されていない。これは儒教の国教化の問題や班固と『漢書』の問題について関わる問題であるので後に触れることにする。

（2）この問題については様々な論者が検討を加え、また批判、再批判を繰り返しているが、近年この問題を取り上げ、整理した論考として、福井重雅『漢代儒教の史的研究』（汲古書院、二〇〇五年）、渡邉義浩編『両漢の儒教と政治権力』（汲古書院、二〇〇五年）などがある。

（3）この問題についても様々な論考があるが近年これを整理した代表的なものとして、渡邉義浩『後漢時代における「儒教国家」の成立』（汲古書院、二〇〇九年）をあげておく。

（4）註（2）福井前掲書参照。

（5）註（2）渡邉編前掲書参照。

（6）以後この論考では煩瑣になるので正確とは言いがたいが班彪も『漢書』の撰者として 扱うことにする。

（7）これについてはいわずもがなのような気もするが、たまにその趣旨を誤解している論者もいるようなのであえて断っておく。これについては渡邉義浩氏も再三指摘されているが、一番最近のものとして、『魏志倭人伝の謎を解く』（中公新書、二〇一二年）をあげておく。

（8）註（2）福井前掲書参照。

（9）「人の後たる者の義」については、藤川正数『漢代における礼学の研究』増訂版（風間書房、一九八五年）参照。

（10）拙著『漢代における皇太后の再検討』（『史叢』第六九号、二〇〇三年）参照。

（11）韋曜伝を見ればはじめは孫晧は彼を手放したくない気持ちを強く表していたが、獄に下してからは、一転して処刑しようとしているのが見て取れる。紆余曲折があったものの、最終的に韋曜の手による国史を拒否し、望まなかったということができるであろう。

また、韋曜の国史が気に入らなければ免官だけに留めるということもあり得ると考える向きもあろうが、華覈らが嘆願していることから見て、生きていればその任は、韋曜しかあり得ないというのが呉の名士たちのコンセンサスであったろう。これと対決するためにも逆に殺さざるを得なかったものと考えられる。なお、孫晧と呉の名士の関係については渡邉義浩『三國政権の構造と「名士」』（汲古書院、二〇〇四年）参照。孫晧と言えば、『三国志演義』の影響もあり、無道の君主として理由なく臣下を罰しているようなイメージがあるが、この史料を見ても分かるとおり、こじつけではあるものの一応、法に託けて、刑罰をなしているのがわかる。気分で臣下を罰するならば、わざわざ宴会を開いてそこでの過失を見つけるという複雑な手続きは必要ないはずである。

（12）史官の直筆については、所謂「董狐の筆」は理想であり、やはり本稿であげた例を総合的に考えれば当該時代の正統観に抵触することは許されなかったと解釈すべきであろう。

（13）陳漢平・陳漢玉「崔浩之誅與民族矛盾何關」（『民族研究』一九八二年五期）。ほかにこの事件を取り扱った代表的なものとして、岡崎文夫『魏晋南北朝通史』（弘文堂書房、一九三二年）、佐藤賢「崔浩誅殺の背景」（『歴史』一〇三輯、二〇〇四年）などがある。

（14）松下憲一「北魏崔浩國史事件」（『東洋史研究』六九―二号、二〇一〇年）。

（15）註（2）福井前掲書参照。

（16）福井重雅『陸賈新語の研究』（汲古書院、二〇〇二年）。

(17) 稲葉一郎『中国史学史の研究』(京都大学出版会、二〇〇六年)、註(2)福井前掲書参照。

(18) これらの理由を班彪は「一人之精、文重思煩、故其書刊落不盡、尚有盈辭、多不齊一」と表現する。これについて福井重雅編『中国古代の歴史家たち』(早稲田大学出版部、二〇〇六年)では「一人の人間の著作であるために、その文章は重複して思考は煩瑣である。そのためその書の煩雑な点を削除してもなお削除し切れない部分があり、またなお余計な文辞もあって統一的でない部分も多い」と訳しているが、この「一人之精」についての解釈は全く逆にとることもできよう。すなわち『三國志』で同じ事件が場所によって違った内容の事実が記載されることに対して、しばしば裴松之が指摘していることに「何人もの撰者がいるならともかく、一人の選者でなしているのに記載が異なるのは奇妙なことである。」とあるのを考えれば、この班彪の場合も、「一人で著作したのに統一的でない」と評しているともとれよう。

(19) 浅野裕一『黄老道の成立と展開』(創文社、一九九二年)。

(20) 註(2)福井前掲書参照。

(21) 註(17)稲葉前掲書によれば、『後伝』の『漢書』に占める比重を推定するのは困難としながらも、「元帝紀、成帝紀、韋賢伝、翟方進伝、元后伝などで、これらの伝は賛のところで班彪の名を出したり、班彪との関係を述べているところから、彼の作であることがわかる。ほかにも匈奴伝上下、金日磾伝、外戚・斑倢伃伝なども彼の手になることが先学によって指摘されている。」としている。そうすると、この『漢書』高帝紀の賛は班固の記述であり、それが後漢王朝により公認されたものであろう。

(22) 小林春樹「後漢時代の蘭台令史について―『漢書』研究序説―」(『東方学』六八、一九八四年)、「後漢時代の東観について―『後漢書』研究序説―」(『史観』一一一、一九八四年)。

(23) 藪内清『中国の天文暦法』(平凡社、一九六九年)。

(24) 板野長八『儒教成立史の研究』(岩波書店、一九九五年)、註(3)渡邉前掲書参照。

(25) 註(2)福井前掲書参照。

(26) 註(3)渡邉前掲書参照。

（27）註（2）福井前掲書参照。
（28）前漢末の『左伝』の興隆については鎌田正『左傳の成立とその展開』（大修館書店、一九六三年）、小倉芳彦『中国古代政治思想研究』（青木書店、一九七〇年）など参照。
（29）註（2）福井前掲書参照。
（30）註（17）稲葉前掲書参照。
（31）安居香山『緯書の基礎的研究』（漢魏文化研究会、一九六六年）。
（32）唐の劉知幾によれば、班彪以前に褚少孫、馮商、劉向、劉歆、衞衡、揚雄、史岑、梁審、肆仁、晋馮、殷粛、金丹、馮衍、韋融、蕭奮、劉詢らの作った続編が行われていたという。（『史通』巻十二古今正史）。
（33）註（17）稲葉前掲書参照。

『帝王略論』の正統観—南北朝の皇帝評価を中心に—

会田大輔

はじめに

南北朝後期の研究を進める際の基本史料は、唐初の六三六年（貞観十）に完成した正史（『周書』・『隋書』・『北斉書』・『梁書』・『陳書』）である。しかし、近年の研究により、正史（特に『周書』）に唐室の意向が反映されていることが明らかとなってきた(1)。筆者も北周前半期（宇文護執政期）について検討し、『周書』の宇文護像に偏向があることを指摘した(2)。南北朝史を研究する際には正史の歴史像を相対化しうる史料が欠かせないのである。そこで注目すべき史料が、六二七年（貞観元）頃に虞世南が撰した『帝王略論』である。『帝王略論』は、三皇五帝から隋文帝までの明君・暗君の事績をそれぞれ「略」で簡潔にまとめた後、公子と先生の問答形式（「論」）を用いて批評した中国通史である。巻一は三皇五帝・夏・殷・周・秦、巻二は前漢・後漢、巻三は三国・両晋、巻四は南朝、巻五は北朝の各皇帝を取り上げている。『帝王略論』は、正史編纂以前に作成されたため、正史と異なる歴史像が窺えるのである(3)。

しかし、『帝王略論』は南宋末・元代に散逸してしまい(4)、清代には諸史料（『長短経』、『通暦』、『史通』、『太平御覧』）の佚文が知られるのみであった。二〇世紀に入り、敦煌で『帝王略論』巻一・二の写本（P二六三六・パリ国立図書館所蔵）が発見され[5]、さらに一九三二年には日本で鎌倉時代後期（十三世紀末〜十四世紀初）に転写された金沢文庫本『帝王略論』（序・巻一・二・四。東洋文庫蔵。金沢本と略。）が発見された[6]。これにより、『帝王略論』の序・巻一・二・四を復元することが可能となった。参考例として本稿末尾に巻四陳高祖武皇帝の略論を掲載する。巻三・五に関しても諸史料の引用から、「論」の復元が可能である。しかし、『帝王略論』全文の録文と校訂は、未だになされていない[7]。これまで筆者は、『帝王略論』を史料として用いるため、全文の校訂を目指し、諸文献から佚文を収集し[8]、唐宋代の利用状況の違いや日本における受容状況について検討してきた[9]。これを踏まえて、『帝王略論』の編纂経緯・内容研究に入っていきたい。

『帝王略論』の編纂目的について、尾崎康氏[10]は、唐朝の天下統一を踏まえて、帝王学のテキストとして編纂されたとする。さらに尾崎氏は、『帝王略論』の史料の来源の一部（巻一は『帝王世紀』、巻二は『漢書』が多い）を明らかにし、虞世南の歴史観についても言及している。瞿林東氏・陳虎氏・李錦繍氏も、太宗を鑑戒するため、虞世南と太宗の歴史議論を踏まえて編纂され、貞観の治に影響を与えたとし、虞世南の歴史観、歴史比較の方法、中唐以後の史学に与えた影響などについて論じている[11]。

しかし、これまでの研究は、『帝王略論』を鑑戒のための史書としてとらえる傾向が強く、南北朝を取り上げた現存最古の通史である点に着目してこなかった。果して南朝系官僚の虞世南は、南北両朝の皇帝に対してどのような評価を下しているのだろうか。また、『帝王略論』の正統観はいかなるものなのだろうか。本稿では『帝王略論』序を分析して編纂経緯を確認した後、南北朝の皇帝評価を比較し、『帝王略論』の正統観に迫りたい。

一　虞世南の経歴

1　陳・隋代の虞世南

まず、虞世南の経歴について確認したい。虞世南（五五八〜六三八：『旧唐書』巻七二と『新唐書』巻一〇二に立伝）は、陳建国の翌年（五五八）、会稽虞氏の虞茘（五〇三〜五六一：『陳書』巻十九に立伝）の次子として生まれた。父の虞茘は、梁武帝期に通直散騎侍郎（正七品）・兼中書舎人[12]（正八品）となり、大著作（正七品）も兼任した。陳では太子中庶子（四品）・領大著作（六品）となり、文帝の顧問役を務めたが、五六一年（天嘉二）に五九歳（年齢は数え）で没した。虞茘没後、虞世南を養育したのは、虞茘の弟の寄（五一〇〜五七九：『陳書』巻十九に立伝）である[13]。後に虞世南は虞寄の後継となった。虞寄は陳で国士博士（四品）・太中大夫（四品）などを歴任した。虞世南の兄の虞世基（?〜六一八：『隋書』巻六七に立伝）は、陳の宰相の徐陵（五〇七〜五八三：『陳書』巻二六に立伝）に高く評価され、その姪を娶り、太子中舎人（五品）・太子中庶子（四品）・散騎常侍（三品）・尚書左丞（四品）を歴任し、陳滅亡を中央官僚として経験した。虞世南は、『玉篇』の撰者の顧野王（五一九〜五八一：『陳書』巻三〇に立伝）に学び、徐陵の文学に傾倒し、智永に王羲之の書を学んだ。陳では、建安王法曹参軍（九品）・西陽王友（六品）となり、五八九年（開皇九）に陳の滅亡を迎えた。このとき、三二歳である。

陳滅亡後、隋に仕えた虞世基・世南兄弟は、「二陸（陸機・陸雲）」に例えられた。虞世基は文帝期に内史舎人（正六品上）となり、楽制・礼制（封禅・五礼）の制定に参加した[14]。煬帝即位後は詔勅の起草を掌る内史侍郎（正四品[15]）となり、煬帝の信任を受けて、「五貴」（虞世基・蘇威・宇文述・裴矩・裴蘊）の一人[16]として政治に参画した。『隋書』巻六七虞世基伝は、煬帝の寵愛と後妻の孫氏の影響で贅沢な生活を送り、煬帝を諫言せず、都合の悪い情報は伝えなかったとする[17]。結局、虞世基は、六一八年（大業十四）三月に宇文化及が煬帝を弑殺した際、煬帝側近であったため殺されてしまった。

一方、虞世南は、晋王広（後の煬帝）が文人を招聘した際に学士となった[18]。煬帝即位後、秘書郎（従五品）となり、類書の『長洲玉鏡』（梁の『華林遍略』を改良）編纂に携わった[19]。また、私撰の類書の『北堂書鈔』一七四巻を編纂した[20]。柳川順子氏によれば、『北堂書鈔』には南斉以降と北朝の文学作品が一篇も採録されておらず、詩よりも賦を重視する傾向にあった。また、希少な文献が豊富な一方、南朝の経学や南斉以降の史書は排除されていた。柳川氏は、虞世南は若年時に徐陵の文体に傾倒したが、陳末の政治的弛緩と宮体詩（「軽豔なる軟派文学」）の流行を踏まえ、反南朝的文学観を形成し、煬帝周辺における南朝的文学の流行に危機感を抱き、典故表現の参考書として『北堂書鈔』を編纂し、文体改革運動を試みたとする[21]。その後、虞世南は新設された起居舎人（従六品）に就任したが、煬帝の意に添わず、起居注は完備しなかった[22]。また、虞世南自身も剛直な性格を忌避され、起居舎人に据え置かれたままだった[23]。虞世南は、質素な生活を続けていたが、兄に対する敬愛の情に変化はなく、『旧唐書』巻七二虞世南伝には、虞世基処刑の際に身代わりを申し出たことが記されている。

2　唐初の虞世南

煬帝と虞世基が殺害された後、虞世南は宇文化及に連れられて北上し、群雄の竇建徳に捕えられて黄門侍郎（正四品）を授けられた。六二一年（武徳四）に李世民が竇建徳を破ると、李世民の幕僚（秦王府参軍→記室参軍[24]）・文学館学士となって十八学士に数えられ、房玄齢とともに文翰起草を担当した。このとき、虞世南は六四歳であった。虞世南が仕えた李世民（生没年五九九〜六四九年、在位六二六〜六四九年）は、唐の初代皇帝李淵の次子である。年少時の李世民は、武勇を重視し、李淵の挙兵後、軍事的に活躍した。しかし、六二一年（武徳四）の山東平定後、文学館を設置して、文人官僚を集めるとともに、徐々に経史の知識を獲得していった[25]。この頃、李世民と皇太子建成は権力闘争を繰り広げており、文化面で後継者にふさわしい姿を見せる必要があったためである[26]。李世民が、六二六年（武徳九）六月の玄武門の変で、皇太子建成を殺害して皇太子となると、虞世南は太子中舎人（従五品上）となり、同年九月の李世民即位後、著作郎（従五品上）兼弘文館学士・秘書少監（従四品上）・秘書監（従三品）を歴任し、六三八年（貞観十二）に八一歳で没した。太宗は不正な手段によって即位したため、諫言を聞き入れる名君を演出する必要があり、その努力を重ねていた[27]。太宗即位時に六九歳に達していた虞世南は、太宗の姿勢を踏まえ、積極的に諫言するようになった。『旧唐書』巻七二虞世南伝には、

太宗重其博識、毎機務之隙、引之談論、共觀經史。世南雖容貌儒愞、若不勝衣、而志性抗烈、毎論及古先帝王爲政得失、必存規諷、多所補益。

太宗、其の博識を重んじ、機務の隙ごとに、之を引きて談論し、共に經史を觀る。世南は容貌儒愞にして、衣に勝えざるがごとしと雖も、志性抗烈にして、古先帝王の爲政得失に論及するごとに、必ず規諷存《あ》り、補益する所多し。

とあり、太宗李世民と「古先帝王爲政得失」について議論するたびに、鑑戒の意を込めていたことが記されている。また、太宗が宮体詩を作った際にも諫言しており、唐朝建国後も南朝的文学表現に否定的であった[28]。

虞世南の経歴をまとめると次のようになる。虞世南は文筆に長けた会稽虞氏に生まれ、三〇代で陳の滅亡に遭い、さらに六〇代で隋の滅亡を煬帝側近として経験した。唐では李世民の幕下に入り、李世民の皇帝即位後は、学識・文才・経験をもとに、名君たらんとする李世民の姿勢を踏まえて積極的に諫言し、李世民と歴史に関する議論も行った。また、陳の滅亡を受けて反南朝的文学観を抱き、唐に仕えた後もその立場をとり続けた。

二　『帝王略論』の編纂

続いて『帝王略論』序を分析し、『帝王略論』の編纂経緯について検討したい。『帝王略論』が編纂された時期は、六二六年（武徳九）九月から六二七年（貞観元）の間[29]、すなわち李世民が権力を掌握した（六月の玄武門の変→九月の皇帝即位）直後である。従来、『帝王略論』は、即位前の李世民との歴史議論の成果を踏まえて、帝王学のテキストとして編纂されたとみなされてきた。しかし、果してそのように理解してよいのだろうか。『帝王略論』序の分析を通じて検討していきたい。

これまで、『帝王略論』序の校訂はなされていない。そこで、序の全文と校訂を内容から判断して三段落に分けて掲載する。底本には金沢文庫本『帝王略論』（以下、金と略）を用い、敦煌本『帝王略論』（以下、敦と略）、［北宋］晏殊撰『類要』で校訂した（以下、類と略）。校訂箇所には番号を振り、録文に続けて校訂内容を示した。形譌と思われる箇所には［ ］を附して本字を示した。異体字は正字に改め、空格は省略し、句読点をほどこした。紙幅の関係で全文の書き下しと語釈は掲載しない。

【録文一】

帝王畧論第一　　太子中舍人弘文舘學士虞世南奉勅撰

臣世南言。臣聞遂古之初、結繩而治、軒轅之世、文學興焉。史官之作、爰自此始。蓋所以書事記言、勸善懲惡。文見裒［褒］[一]貶、義存規戒、歴代之所共遵、百王之所不易。但炎昊之隆、遺文弗紀、唐虞之盛、謨訓存焉。斯寔先代之風烈、帝王之楷範。

曁春秋之世、魯史獨全、夫子因而説經、丘明受而爲傳。沮勸昇黜、歸之王道、亡國復存、亂臣知懼。諒所謂懸諸日月不刊之書。逮梁木既摧、微言已絶、分門競起、疑論並興。公羊殊於穀梁、張夾異於鄒左。共經而爲矛楯、同師踰於楚越。

自爾已來、多歴年載、品藻筆削、世乏人、翰墨繁委、盈於竹素。極慮無以測其涯、窮年不能究其説。燕石周寶、眞僞罕分、走越繁結、雅鄭相舛。旦［且］[二]當世[三]所脩、咸多[四]隱諱。是以王沈有不實[五]之書、孫盛有遼東之本。斯並全身遠害、遂使[六]道爲時屈。又有[七]跡見公文、情協私議。史遷之述[八]漢武、多説妖巫[九]、鄧粲之紀晉元、盛稱家業。陳壽憾於蜀相、沈約讎於宋后。故知良史之難、古今所歎、折裏［衷］[十]平允、未易其才。

【校訂】

一：金は「衰」。文が通じない。文脈から「褒貶」が正しい。「衰」は「褒」の形譌であろう。　二：金は「旦」。文が通じない。文脈から「且」が正しい。「旦」は「且」の形譌であろう。　三：金は「世」、類は「代」。「代」は李世民の避諱。金に従う。　四：金は「多」、類は「存」。　五：金は「實」、類は「寔」。　六：類には「遂使」が無い。　七：類には「有」が無い。　八：金は「逑」、類は「述」。「逑」では文が通じない。文脈から「述」が正しい。類に従う。「逑」は「述」の形譌であろう。　九：金は「巫」、類は「誣」。　十：金は「裏」。文が通じない。金は「裏」の右に「チウ」と訓点をふっている。文脈から「折衷」が正しい。「裏」は「衷」（漢音はチュウ）の形譌であろう。

序の冒頭には「虞世南奉勅撰」とあり、『帝王略論』が太宗の勅命で編纂されたことがわかる。第一段落は、修史の沿革を述べている。まず、文字の登場によって史書が成立し、堯舜の記録が残され、後世の模範となったとする。続いて『春秋』の意義（勧善懲悪・悪臣に対する牽制）と孔子没後の諸学派の乱立に言及する。そして最後に、現在は多くの史書であふれ、玉石混交の状態であるとし、史書の曲筆（王沈）・隠匿（孫盛）・私情（鄧粲）・私怨（司馬遷・陳寿・沈約）の事例を挙げ、優秀な史官（「良史」）は得難いとする。

【録文二】

伏惟陛下稽古則天、膺圖撫運、武功文德、遠肅邇安。猶旦［且］[十一]未明求衣、日昊［昃?・］[十二]思治、屬想大同、凝［擬］[十三]懷至道、欣南風之在詠、庶東戸之可追。以萬機餘暇、留心墳典、鑒往代之興亡、覽前修之得失。乃命有司、刪正四部、研孝［考］[十四]綈素、罔［網］[十五]羅遺逸。翰林册府、大備於茲。以爲乙部之書、其數不少、前後傳記、匇相沿襲、殊塗同歸、分流共貫。孟堅因子長之書、范曄用華嶠之草。虞預・王隱、既曰同文、謝沈・山松、曾無二説。溝洫擬於河渠、恩澤生於佞幸、名異實同、其例非一。亦有弗遵舊體、務存新製、摽益士之殊稱、騁者之奇名。載記始於鄧［劉］[十六]珍、雜録聞於何盛。眩目驚心、誇時動俗、變革徒繁、於義無取。

今宜翦截浮辭、那［刪］[十七]削冗長、畧存簡要、隨而論之。爰命微臣、披文具草。又以衆史爲論、皆一往之談、折［析］[十八]理研機、或有未盡、可設爲賓主、用相啓發。臣謹操觚翰、稟承制旨。但耄及神昏[十九]、聽受多昧、才疏學淺、綴輯不工。徒煩簡牘、懼無足采。繕寫始訖。謹以奏聞。謹言。

【校訂】

十一：金は「旦」。文が通じない。金は「旦」の右に「マタ」と訓点をふっている。「マタ」は「且」の古訓である。文脈から「且」が正しい。「旦」は「且」の形譌である。　十二：金は「昊」とし、その右に「タクスルマデ」と訓点をふっている。「興」の古訓「タクラフ」をさすか。しかし、「未明」と対句であることを踏まえると、「日昃」の方がふさわしい。「昃」の漢音は「ソク」であり、「タク」と誤写しやすい。「昊」は「昃」の形譌の可能性もある。　十三：金は「凝」とし、その右に「シツカ」と訓点をふっている。「シツカ」は「擬」の古訓「シツカニ」をさす。「凝」は「擬」の形譌である。　十四：金は「孝」。文が通じない。文脈から「研考」（研究・考察の意）が正しい。「孝」は「考」の形譌であろう。　十五：金は「罔」。文が通じない。文脈から

「網羅」が正しい。「罔」は「網」の形譌であろう。　十六：金は「鄧」。しかし、鄧珍という史家は文献上に見えない。載記が初めて作られたのは、後漢の『東観漢記』である。『東観漢記』の編纂に劉珍が関与していることから、「鄧」は「劉」の形譌と思われる。　十七：金は「那」。文が通じない。文脈から「刪削」が正しい。「那」は「刪」の形譌であろう。　十八：金は「折」とし、「サタメ」と訓点をふっている。「サタメ」は「折」の古訓である。しかし、「折理」では文が通じない。文脈から「析理」（道理を細かに説き明かす意）が正しい。「折」は「析」の形譌であろう。　十九：金は「昬」、敦：「昏」。「昏」は李世民の避諱。以下も同様。

　第二段落は、『帝王略論』編纂の経緯を述べている。太宗の政治姿勢を称賛した上で、

　萬機の餘暇を以て、心を墳典に留め、往代の興亡を鑒み、前修の得失を覽る。乃ち有司に命じ、四部を刪正し、緗素を研考し、遺逸を網羅せしむ。翰林册府、大いに茲に備わる。

と述べ、太宗が政務の合間を縫って、典籍に関心を寄せ、歴代王朝の興亡・得失を学び、弘文館に大量の文献を収集した[30]ことを記す。続いて前代の史書を踏襲・模倣した史書（『史記』と『漢書』、華嶠と范曄の『後漢書』、虞預と王隠の『晋書』、謝沈と袁山松の『後漢書』など）が多く、採用するに足らない新奇な形式を用いた史書（劉珍『東漢観記』の載記・何法盛『晋中興書』の雑録）もあるとする。それを踏まえた上で、

　今宜しく浮辭を翦截し、冗長を刪削し、畧《ほぼ》簡要を存し、隨いて之を論ずべし。爰に微臣に命じ、文を抜き草を具えしむ。又た衆史の論を爲すこと、皆一往の談にして、析理研機すること、或いは未だ盡さざること有るを以て、設けて賓主を爲り、用て相い啓發すべし。臣謹んで觚翰を操り、制旨を稟承す。

と記し、浮辞・冗長を除いて簡潔な史書を作る必要性を述べ、太宗の命で編纂したことを記し、従来の論纂がありきたりであるため、主客問答体を採用して内容を深めたとする。

【録文二】

有齊國公子、敏而好學、受業於鄒魯之間。歷覽群書、而疑滯滋甚。乃投卷而歎曰「多歧亡羊、古人所戒。博而寡要、亦何爲哉。」聞有知微先生、在乎上國、將往問焉。於是擔簦負笈、造先生之門、躡履垂纓、膝行請見。先生拂席憑几、匡坐而迎之曰「吾子儼然、不遠千里、將何以教之。」公子曰「僕東國之鄙人也。以躬耕之暇、竊覽篇籍、歷觀古今、治亂之主、或年世長遠、或危亡殊滅。興喪之理、爲何所由、豈天意乎、其人事乎。願釋所疑、以袪未寤。」先生曰「大哉、此之問也。請陳其要而吾子自釋焉。

夫人之生也、含靈稟氣、異乎草木、有剛柔之性・喜愠之情、愛惡相攻、是非生矣。群而無主、能無亂乎。乃樹立君長、爲之司牧、爲善則天降之福、禎祥至焉、爲惡則天報之禍、妖孽生焉。猶響之應聲、影之隨形[二〇]、此必然之[二一]理也。所謂禎祥者、非止黃龍・丹鳳・甘露・醴泉。如周獲磻磎之兆、殷感傅巖之夢、是其祥也。所謂妖孽者、非必[二二]鬼哭・山鳴・日鬪・星隕。如周之裒［褒］[二三]姒、曹之孫強、是其孽也。由是観之、天意人事、相參而成。

今[二四]將爲子說治亂之跡・賢愚之[二五]一貫。若夫三皇五帝、上聖[二六]之君、德合天地、明並日月、窮機體睿、微妙玄通。固非凡庸所敢輕議。但略陳其事[二七]、存而不論。曁乎三代、則主有昏明、世有治亂。興亡之運、可得而言。其明者可爲軌範、昏者足爲鑒戒。以其[二八]狂瞽、試[二九]論之。至於守文[三〇]承平、無咎無譽。非之所由者、亦所不談也。」

【校訂】

二〇：金は「形」、敦は「刑」。「刑」では文が通じない。文脈から「形」が正しい。「刑」は「形」の形譌であろう。金に従う。　二一：金は「之」が無い。敦によって補う。　二二：敦は「非必」が無い。しかし、この箇所は対句表現であるので、金が正しい。　二三：金・敦は「裒」。文が通じない。文脈から「褒貶」が正しい。「裒」

は「褒」の形譌であろう。　二四：敦には「今」が無い。　二五：敦には「之」が無い。金には「之」の左に小字で「或本」とある。ここから、「之」の無い写本も存在していたことがわかる。　二六：敦には「上聖」が無い。　二七：金には「事」の下に「明者可爲軌」がある。文が通じない。後に出てくる「其明者可爲軌範」につられた衍字であろう。　二八：金は「其」、敦は「某」。「某」では文が通じない。「某」は「其」の形譌であろう。金に従う。　二九：金は「請試」、敦は「試」。「請試」では文意に合わない。敦に従う。　三〇：金は「父」、敦は「文」。「父」では文が通じない。「父」は「文」の形譌であろう。敦に従う。

第三段落では、斉国公子と知微先生を登場させ、主客問答体を用いて編纂の目的・歴史観を述べている。「斉」は山東・河南をさすことから、斉国公子は、武徳年間に山東を平定し、陝東道大行台尚書令として河南・山東に地盤を築き、北斉系人士を多く登用した(31)李世民を示唆している。

斉国公子は農作業の傍ら歴史を学習していたが、学べば学ぶほど疑問が膨らんだので、知微先生を訪ねて、王朝の興亡は天意か人事か尋ねた。

齊國公子というもの有り、……群書を歴覧して、疑滞滋《ますます》甚し。……公子曰く「……興喪の理、何の由る所爲らん、豈に天意なるか、其れ人事なるか」と。

これに対し、知微先生は人間集団には君主が必要であり、君主が善政を行えば吉兆が現れ、悪政を行えば凶兆が生じるとし、王朝の興亡は天意と人事がまじりあっているとする。

群れて主無くんば、能く亂れること無からんや。乃ち君長を樹立し、之を司牧と爲し、善を爲せば則ち天之に福を降し、禎祥至り、悪を爲せば則ち天之に禍を報い、妖孽生ず。……是に由りて之を觀れば、天意人事、相い參わりて成る。

そして最後に、『帝王略論』の内容について説明し、三皇五帝は「上聖之君」であるので事跡を述べるのみとし、夏殷周以降は、明君と暗君が存在するので「論」を立て、明君を模範とし、暗君を戒めとすると述べる。
三代に曁べば、則ち主に昏明有り、世に治亂有り。興亡の運、得て言うべし。其の明なる者は軌範と爲すべし、昏き者は鑒戒と爲すに足る。

『帝王略論』序の構造をまとめると、「修史の沿革→太宗の政治姿勢・歴史の学習→簡便な史書編纂の必要性→太宗の命で編纂→虞世南の歴史観（天意＋人事）→鑑戒目的」のようになる。序を見ると、皇帝即位後、歴史の学習を本格的に開始した太宗[32]が、政務の間に中国通史を学ぶため、虞世南に簡便な史書編纂を命じた様子が窺える。

従来の研究は、『帝王略論』に虞世南と太宗の歴史議論が反映されているとするが、『旧唐書』虞世南伝や『帝王略論』序には即位前に歴史議論をしたことは記されていない。また、即位以前の太宗の歴史知識も浅かった。むしろ太宗と虞世南は、『帝王略論』が完成し、太宗の歴史知識が深まった後、本格的に歴史議論を行うようになったのではないだろうか。太宗の命を受けた虞世南は中国通史という形をとりながら、皇帝の事跡・評価に特化し、鑑戒の意を強く込めた『帝王略論』を編纂した。太宗の思惑とずれがあるように見えるが、太宗の学習目的は歴代皇帝の事跡を通して鑑戒を得ることにあり[33]、かえって、その意にかなったものと思われる。では、鑑戒の意が込められた『帝王略論』の正統観はいかなるものだったのだろうか。南北朝の皇帝の評価を通じて明らかにしていきたい。

三　『帝王略論』の正統観

1　『帝王略論』の構成

まず、『帝王略論』と比較するために、南朝系の人物が撰した隋・唐前半期の通史（仏教史書）の正統観を確認しておきたい。五九七年（開皇十七）に編纂された費長房撰『歴代三宝紀』巻三帝年下（大正新脩大蔵経巻四九―三四頁中段）は、正統王朝を「魏→晋→南朝（宋・斉・梁）→周→隋」とする。費長房は南朝梁治下の成都に生まれ、五五三年（廃帝二）に西魏が四川を占領した後、北周・隋に仕えた。そのため『歴代三宝紀』は、仏教王国の梁から北周・隋に正朔をつなげたのである。[34] 六六四年（麟徳元）に編纂された道宣撰『大唐内典録』は、巻一歴代衆経伝訳所従録（大正蔵五五—二一九中）で「西晋朝→東晋朝→前秦苻氏→西秦乞伏氏→後秦姚氏→北涼沮渠氏→宋朝→前斉朝→梁朝→後魏元氏→後斉高氏→後周宇文氏→陳朝→隋朝→皇朝（唐）」という順序を示している。両晋・南朝には「朝」をつけているのに対し、五胡・北朝は「氏」としており、「晋→南朝（宋・斉・梁・陳）→隋→唐」という正統観を抱いていたことがわかる。[35] 道宣は隋代の長安に生まれたが、本貫は呉興銭氏で、祖父・父は南朝陳の官僚であった。そのため、陳から隋に正朔をつなげたのである。[36] なお、六二四年（武徳七）に皇太子建成と斉王元吉の幕僚である欧陽詢・袁朗（両者とも陳出身）が中心となって編纂した類書の『藝文類聚』は、歴代皇帝に関する文章を載せた巻十三（帝王部三）・巻十四（帝王部四）で「晋→宋→斉→梁→北斉→陳」とし、北魏・北周の皇帝に触れていない。南朝重視のあらわれと思われる。

これらに対し、『帝王略論』の構成は「序→三皇五帝・夏・殷・周・秦（巻一）→漢・偽新・後漢（巻二）→三国・両晋・偽楚（巻三）→南朝：宋・斉・梁・陳（巻四）→北朝：後魏・周・隋・後斉（巻五）」となっている。『帝王略論』は、王莽の新・桓玄の楚を「偽」（非正統）として取り上げる一方、五胡十六国は一切取り上げていない。ここで問題となるのが「両晋→南朝→北朝」の順序である。『歴代三宝紀』や『大唐内典録』も「南朝→北朝」という順序になっていた。また、『帝王略論』巻五の北朝の順序は「北魏→北周→隋→北斉」となっており、[37] 王朝が並立状態の場合、非正統とみなした王朝を後方に回した可能性がある。「南朝→北朝」という順序から、『帝王略論』が南朝を正統としていたと考えることもできる。しかし、『帝王略論』は巻四・巻五の略において南北両朝とも皇帝として扱い、北朝を非正統とはしていない。また、巻五で後方に回された北斉も皇帝として扱っており、偽新・偽楚や五胡十六国とは異なっている。『帝王略論』は、構成・形式を見る限り、南朝のみを正統としていたとはいえず、南北両朝を正統としていた可能性が高いのである。

2　南朝の建国者に対する評価

では、『帝王略論』は南北朝の皇帝をどう評価しているのだろうか。まず南朝の建国者の評価について、「論」を中心に見ていきたい。底本は金沢文庫本『帝王略論』巻四を用い、諸史料で校訂したものを示す。紙幅の関係で校訂箇所は省略した。

まず、東晋を簒奪して宋を建国した劉裕については、次のように評価している。

先生曰「梁代裴子野、世以爲有良史之才。比宋祖於魏武・晉宣。觀彼兩君、恐非其類。」……先生曰「……觀其豁達宏遠、則漢祖之風、制勝胸襟、則光武之匹。」

先生曰く「梁代の裴子野、世以爲らく良史の才有り。宋祖を魏武・晉宣に比ぶ。彼の兩君を觀るに、恐るらくは其の類に非ず」と。……先生曰く「……其の豁達宏遠たるを觀れば、則ち漢祖の風たり、勝を胸襟に制するは、則ち光武の匹たり」と。

すなわち、梁の裴子野撰『宋略』は、劉裕を曹操・司馬懿と比較しているが[38]、劉裕は彼らと同類ではなく、劉邦・光武帝に匹敵する皇帝であるとする。

続いて南斉の建国者の蕭道成については、即位後も節倹に努めたことを称賛している。

先生曰「齊高創業之主、知稼穡之艱難、且立身儉素、深知治道、踐位已來、務存簡約。……（後略）」

先生曰く「齊高は創業の主にして、稼穡の艱難を知り、且つ立身して儉素、深く治道を知り、踐位已來、務めて簡約存り。……（後略）」

梁を建国した蕭衍については、文武に長じた名君だったのに、仏教信仰の甲斐もなく国が滅んだのは何故かという公子の問いに対し、先生は仏教の意義を強調するに留まり、皇帝評価の面は薄い。そのためここでは省略する。

南朝最後の陳を建国した陳覇先については、

先生曰「武帝以奇才遠略、懐匡復之志、龍躍海嶋、豹變嶺表。……實開基之令主、撥亂之雄才。比宋祖則不及、方齊高則優矣。」

先生曰く「武帝は奇才遠略を以て、匡復の志を懐き、海嶋に龍躍し、嶺表に豹變す。……實に開基の令主にして、撥亂の雄才たり。宋祖に比べれば則ち及ばざるも、齊高に方べれば則ち優たり」と。

と述べ、劉裕には劣るが、蕭道成にはまさるとする。また、陳覇先の「略」は、巻四中で最も長く[39]、皇帝になる予兆も複数記録していた。これは虞世南が陳に仕えていたことを反映しているのだろう。

『帝王略論』巻五（北朝）中の南朝表現も確認しておきたい。北魏の太武帝論では、宋の北伐を撃退して南征したことを「窺覦江外（江外を窺覦し）」と表現し、隋の文帝論では、平陳について「南平江表（南のかた江表を平らげ）」・「克定江淮（江淮を克定し）」と表現している。いずれも長江流域を示す語句を用い、王朝名を示さず、南朝が敗北したことを明示していない。

3　北朝の皇帝に対する評価

次に北朝の主要な皇帝に対する評価を見ていきたい。『帝王略論』巻五は、敦煌本になく、金沢本も目次と冒頭しか残っていないため、「略」は現存していない。しかし、『通暦』に「論」が引用されている。ここでは、『通暦』を底本とし、諸史料で校訂したものを示す[40]。校訂箇所は省略した。

金沢本の巻五の冒頭には、目次に続けて、

略曰、後魏出自黄帝子昌意少子、受封北土、有鮮卑山、因以爲号。復以黄帝以土王、北俗謂土爲託、后爲跋、故以爲氏。或云漢將李陵降……（以下闕）
略に曰く、後魏は黄帝の子の昌意の少子より出で、封を北土に受け、鮮卑山有り、因りて以て号と爲す。復た黄帝は土を以て王たり、北俗に土を謂いて託と爲し、后を跋と爲すを以て、故に以て氏と爲す。或いは云えらく漢將李陵降……（以下闕）

とあり、『魏書』巻一序紀に見える北魏の黄帝始祖伝説[41]と『宋書』巻九五索虜伝に見える李陵始祖伝説を併記している。

続いて『通暦』巻八・十所引「論」を見ていく。最初の「論」は北魏の建国者の道武帝であり、代国時代の皇帝は取り上げられていない。道武帝については、覇者になろうとしたが才能が足りなかったと評している。

先生曰「道武經略之志、將立覇階、而才不逮也。……（後略）」
先生曰く「道武は經略の志あり、將に覇階を立てんとするも、才は逮ばざるなり。……（後略）」

華北統一を果たした北魏の三代皇帝の太武帝については、戦争・殺戮を好み、後趙（五胡十六国）の暴君石虎と同類であると酷評している。

先生曰「太祖・太武倶有異人之姿、故能鬭土擒敵、窺覦江外。然善戰好殺、暴桀雄武、稟崆峒之氣焉。至於安忍誅殘、石季龍之儔也。」
先生曰く「太祖・太武は倶に異人の姿有り、故に能く土を鬭き敵を擒え、江外を窺覦す。然れども戰を善くし殺を好み、暴桀雄武は、崆峒の氣を稟く。安忍誅殘に至りては、石季龍の儔なり」と。

五世紀末の孝文帝については、洛陽に遷都し、いわゆる漢化政策を断行した点について「命代之才」として高く評価し、胡服騎射を導入した趙（戦国）の武霊王よりも優れているとする。しかし、宮中の乱れを抑えることができなかった（皇太子恂の反乱や皇妃間の暗闘）ことを指摘し、その威儀・技芸は春秋の魯の荘公（夫人の哀姜の淫蕩が原因で後継者問題が生じた）の類であるとする。

先生曰「……孝文卓爾不群、遷都瀍澗、解辮髪而襲冕旒、袪氈裘而被龍袞、衣冠號令、華夏同風。自非命代之才、豈能至此。比夫武靈胡服、不亦優乎。然經國之道有餘、防閑之禮不足、臣主倶失、斯風遂遠。若其威儀技藝、魯莊公之匹也。」

先生曰く「……孝文は卓爾として群れず、瀍澗に遷都し、辮髪を解きて冕旒を襲い、氈裘を袪りて龍袞を被り、衣冠號令は、華夏風を同じくす。自ら命代の才に非ずんば、豈に能く此に至らん。夫の武靈の胡服に比べ、亦た優れざるか。然れども經國の道は餘有るも、防閑の禮は足らず、臣主倶に失い、斯の風遂に遠し。其の威儀技藝の若きは、魯莊公の匹なり」と。

五三五年（大統元）の北魏の東西分裂後、西魏の実権を握り、北周建国の礎を築いた宇文泰については、劣勢の西魏を支え、強国の東魏に対抗したことを称賛し、三国呉の周瑜（赤壁の戦いで曹操を撃破）や東晋の謝玄（淝水の戦いで苻堅を撃破）に例えている。

先生曰「……文帝潛師致果、以少擊衆。雖周瑜之破孟德、謝玄之摧永固、無以加也。……（後略）」

先生曰く「……文帝師を潛ませ果を致し、少きを以て衆きを擊つ。周瑜の孟德（曹操）を破り、謝玄の永固（苻堅）を摧くと雖も、以て加えること無きなり。……（後略）」

五七七年（建徳六）に北斉を滅ぼして華北統一を果たした北周の三代皇帝の武帝については、法令の厳しさを春秋時代の越王勾践や斉の将軍の司馬穰苴に例えている。しかし、「仁恵之徳」は天下に響かず、所詮猛将の才能にすぎず、人君の度量ではないと酷評している。

先生曰「周武驍勇果毅、有出人之才略。觀其卑躬厲士、法令嚴明、雖勾踐・穰苴亦無以過也。但攻取之規、有稱於海内、而仁恵之徳、無聞於天下。此猛將之奇才、非人君之度量也。」

先生曰く「周武は驍勇果毅にして、出人の才略有り。其の躬を卑しくし士を厲まし、法令嚴明たるを觀るに、勾踐・穰苴と雖も亦た以て過ぎること無きなり。但だ攻取の規は、海内に稱すること有るも、仁恵の徳は、天下に聞こえること無し。此れ猛將の奇才にして、人君の度量に非ざるなり」と。

隋を建国した文帝については、建国当初は優れた君主であったが、中国統一後に政治が乱れたとし、その失政は晋の武帝（司馬炎）よりもひどいと評している。

先生曰「隋文因外戚之重、値周室之衰、負圖作宰、遂膺寶命、留心政治、務從恩澤。故能綏撫新舊、緝寧遐邇、文武之制、皆有可觀。及克定江淮、一同書軌、率土黎庶、企仰太平。自金陵滅後、王心奢汰。雖威加四海、而情墜萬機。……季年之失、多於晉武、卜世不永、豈天亡乎。」

先生曰く「隋文は外戚の重に因り、周室の衰に値い、圖を負い宰と作り、遂に寶命を膺け、心を政治に留め、務めて恩澤に從う。故に能く新舊を綏撫し、遐邇を緝寧し、文武の制、皆觀るべきもの有り。江淮を克定し、一に書軌を同じくするに及び、率土の黎庶、太平を企仰す。金陵滅びたる後より、王心奢汰す。威は四海に加わると雖も、情は萬機に墜つ。……季年の失、晉武より多く、卜世永からざるは、豈に天亡ならんや」と。

なお、『帝王略論』は煬帝について言及していない。唐朝の建国過程と時期が重なっており、評価も定まっていなかったため、危険を避けて言及しなかったものと思われる。

北斉については、紙幅の関係で省略するが、北斉の建国者の文宣帝は、春秋斉の桓公に例えられており、北魏・北周と同じく皇帝とは比較されていなかった。

『帝王略論』巻四（南朝）中の北朝表現も確認しておきたい。巻四の「略」では、北魏との戦争について言及しておらず、北魏表現は確認できない。一方、梁陳代の西魏・北周・北斉・隋との戦闘については度々言及し、「西魏」・

「周」・「齊」・「隋」と表現し、非正統表現（偽）や夷狄表現（夷・虜など）は用いていない。陳高宗略では、陳軍が北斉領淮南に進攻したことを「呉明徹克壽春、擒僞師王琳（呉明徹、壽春を克し、僞師王琳を擒う）」と記しているが、これは北斉を「僞」としたものではなく、王琳が仕えていた梁の亡命政権（蕭荘政権）を「偽」としたものである(42)。ただし、梁元帝論では「信強寇之甘言（強寇の甘言を信じ）」と述べ、王朝名をぼかしつつ西魏を「強寇」と表現している。また、陳高祖論では北周・北斉との戦闘を「西抗周師、北夷齊寇（西のかた周師を抗ぎ、北のかた齊寇を夷らぐ）」とし、北斉に対して、外部からくる賊の意である「寇」を用いている。

以上の検討結果をまとめると、次のようになる。『帝王略論』の構成は「三国・両晋（巻三）→南朝（巻四）→北朝（巻五）」となっているが、南北両朝とも「略」で皇帝として扱い、「論」の中でも廟号・諡号を使用し、正統とみなしていた。しかし、南北朝の皇帝評価には明確な差をつけていた。南朝の皇帝（建国者）については肯定的評価を下し、なかでも宋の劉裕は劉邦・光武帝にたとえられていた。一方、北朝の皇帝は否定的に評価し、華北統一を果たした北魏の太武帝や北周の武帝でさえも酷評していた。北魏の始祖についても、黄帝のみならず李陵に言及して、北魏の正統性を相対化している。また、人物比較の際には、春秋戦国時代の王公や軍略家、非正統とみなされた五胡の君主を用いていた。皇帝と比べられた人物は、天下統一後に政治を乱した点を晋の武帝と比較された隋の文帝のみであった。また、巻四の「論」の一部では、西魏（王朝名はぼかしている）・北斉に対して「寇」を用いていた。すなわち『帝王略論』は、形式上、南北両朝を正統としているが、皇帝評価の点では南朝優位であり、「南朝（宋・斉・梁・陳）→隋」という流れを重視しているのである。

おわりに

『帝王略論』は、南北両朝を取り上げた現存最古の通史であり、「南北両朝→隋」という正統観を描いていた。唐朝は五徳面で北周（木）・隋（火）の後を受けて土徳を称し、二王後の制（前代・前々代の王朝の子孫を敬う制度）では、北周・隋の子孫を二王後とし、「晋→北魏→北周→隋→唐」という正統観を抱いていた[43]。そのため、太宗の命で『帝王略論』を編纂した虞世南に、北朝を非正統とすることは難しかった。また、彼は南朝系官僚であったため、南朝を非正統とすることも心情的に容易ではなかった。そこで、「南北両朝→隋」という正統観を示したのであろう。当時、南北両朝を正統とする史書を編纂して問題なかったのだろうか。六二一年（武徳四）十一月に令狐徳棻が北周・隋の史書編纂を早急に行う必要性を上奏すると[44]、李淵は翌年（武徳五）十二月に六代史編纂の詔を出し、北周・隋の史書のみならず、北魏・北斉・梁・陳の史書編纂も決定した。この正史編纂事業は未完成に終わるが、太宗即位後、北魏を除く五代史の編纂が進められ、六三六年（貞観十）に完成した。中国を統一した唐は、南朝系と北朝系（北周系・北斉系）の地域矛盾・政治意識対立の解消を目指しており、正史編纂もその政策の一環であった[45]。そのため、「南北両朝→隋→唐」という流れを意識し、『周書』・『隋書』のみならず、『北斉書』・『梁書』・『陳書』も編纂した。この点で『帝王略論』の正統観は、唐朝の歴史観と合致していたのである。

ただし、南朝系官僚でありながら、反南朝的文学観を持っていたとされる虞世南だが、『帝王略論』では「南朝（宋・斉・梁・陳）→隋」の流れを重視し、北朝の皇帝を酷評していた。やはり、内心では南朝こそ正統とみていたのであろう。この点は唐朝の歴史観とずれており、貞観の正史編纂時に『帝王略論』の北朝の皇帝評価（特に北周）は採用されていない。例えば『帝王略論』が「此猛将之奇才、非人君之度量也」と酷評した北周の武帝について、

帝王略論 隋文帝論	公子曰「隋文起自布衣、先有神器。西定庸蜀、南平江表、比於晉武、可爲儔乎。」先生曰「隋文因外戚之重、値周室之衰、負圖作宰、遂膺寶命、留心政治、務從恩澤。故能綏撫新舊、緝寧遐邇、文武之制、皆有可觀。及克定江淮、一同書軌、率土黎庶、企仰太平。自金陵滅後、王心奢汰。雖威加四海、而情墜萬機。荊璧填於内府、呉姫滿於椒掖。仁壽雕飾、事埒傾宮。萬姓力殫、中民產竭。加以猜忌心起、巫蠱事興、戮愛子之妃、離上相之母。綱紀已紊、禮敎斯亡、牝鷄晨響、皇枝剿絶、廢黜不辜、樹立所愛、功臣良佐、剪滅無遺。季年之失、多於晉武、卜世不永、豈天亡乎。
隋高祖論	只如文皇、起自布衣、臨馭四海、欺孤兒以致天下、奪寡婦而登神器、復留心萬姓、務從儉約。自金陵滅後、奢泰日滋、起仁壽於五柞、移新都於灞岸。合浦珠璣填於帑藏、江南姫媛納於椒掖。仁壽之役、萬姓力殫、雕琢之功、中民竭產。從渭至灞、寧不爲勞、移故就新、理多其弊。心隨地廣、意逐時驕、猜忌無端、觸途多諱。文母夷戮、兒母被誅、牝雞晨鳴、皇枝勦絶。廢長立少、付託失人、功臣良將、誅夷備盡。享年不永、豈非天乎。

『周書』巻六武帝紀下史臣曰条は、

攄祖宗之宿憤、拯東夏之阽危、盛矣哉、其有成功者也。若使翌日之瘳無爽、經營之志獲申、黷武窮兵、雖見譏於良史、雄圖遠畧、足方駕於前王者歟。

祖宗の宿憤を攄《の》べ、東夏の阽危を拯い、盛んなるかな、其れ成功有る者なり。若し翌日の瘳も爽《ほろ》ぶこと無く、經營の志も申ばすを獲さしむれば、黷武窮兵は、良史に譏らると雖も、雄圖遠畧は、前王に方駕するに足る者かな。

とし、堯を称えた『論語』泰伯の「其有成功者也」を引用し、もし病が治って（「翌日之瘳無爽」＝『尚書』周書の武王の故事）、国を経営する機会（「経営」＝『毛詩』大雅・江漢。周宣王の命で淮夷征討を果した召公を称えた歌）を得たならば、武力乱用を「良史」（優秀な史官）に批判されたとしても、その雄図遠略は先王と肩を並べたであろうと評している。

『帝王略論』の北朝の皇帝評価が唐朝の歴史観と大きく異なることから、『帝王略論』には太宗と虞世南の歴史議論は反映されていないとみてよい。彼らは『帝王略論』成立後に盛んに歴史議論を行うようになったのであろう。『帝王略論』が太宗に影響を与えたことは、『帝王略論』編纂の翌年の六二八年（貞観二）正月に、太宗が歴代皇帝の明君・暗君を論じた「金鏡」を執筆したことからも窺える。(46) また、太宗の「隋高祖論」（年代不明：『初学記』巻九総叙帝王所収）には、『帝王略論』と類似する語句（網かけ部分）が多い。太宗は、『帝王略論』隋文帝論を踏まえつつ、その肯定的評価を削って、隋文帝の悪評を強調しているのである。

太宗以後、『帝王略論』が朝廷内でどのように活用されたか不明である。帝王学のテキストとして使われたという記録も確認できない。一方、七世紀～八世紀初頭に、僧侶の法琳・県尉の逢行珪・処士の趙蕤などが君主批評・簡便な中国史書として使用し[47]、敦煌・日本にも伝播していることから、民間で広く普及したことがわかる。今後、『帝王略論』と正史の比較や史料来源の分析など、『帝王略論』の内容研究を進めるとともに、『帝王略論』が太宗や唐代の史学に与えた影響についても考察していきたい。

『帝王略論』参考例

金沢文庫本『帝王略論』を底本とし、諸史料（『長短経』巻二君徳、『通暦』巻七）所引『帝王略論』、『陳書』を用いて校訂し、句読点をほどこしたものを示した。なお、校訂箇所は二〇箇所に及ぶため省略した。

『帝王略論』巻四陳高祖武皇帝

略曰、高祖武皇帝、姓陳、名覇先、呉興長城人。周武王封舜後嬀満於陳、子孫以國爲氏。本居潁川。十一世祖達、過江爲中宗丞相掾・太子洗馬、出長城令、因家焉。祖道巨、太常卿。父景皇帝。高祖長七尺五寸、日角龍顔、垂手過膝。少有大志、不營産業、渉獵史籍、諧辯如流。嘗夢天開、有朱衣人捧日、令高祖呑之。驚覺腹中猶熱、心獨異焉。新喩侯蕭暎爲廣州令、高祖以中直兵參軍從。尋轉高要太守。交州土人李賁僭稱天子、遣高祖討斬之。梁武嘉焉。即除直閤將軍、遣畫工圖高祖容貌。太清二年侯景反、高祖便率所領下都。恆有紫雲覆上、遠近驚異。發南康贛石、灘水忽自起、數大諸石皆沒、通行無礙。又嘗獨坐有神光滿室、趙知禮侍側、恠而問之、高祖笑而不對。既至京師、與景太戰、分遣徐度領弩、手横截之、賊退走。侯景平、湘東王即位、授南徐州刺史。還鎭京口。承聖三年、西魏攻陷西臺。高祖與王僧辯立晉安王。進位司空。僧辯又與齊氏和親、納貞陽侯爲主。高祖以爲不義、潛師襲僧辯於石頭克之。貞陽遜位、晉安王復立。徐嗣徽北引齊、遣蕭軌等卌六將、濟江至幕府山。高祖竝破斬之。進位丞相、爲陳王。永定元年十月帝禪位於上、封梁主爲江陰王。三年正月大雪殿前、龍跡見於雪上。五月上崩。年五十七。高祖文以綏物、武以寧亂、英謨獨運、人皆莫及。性儉素、常膳不過數品、皆瓦器蚌盤。及薦享賓宴、則羞珍物。宮人衣不重采、無金翠之飾。居常不聽音樂。初侯瑱窮來歸我、歐陽頠力屈就拘、楊洛生去而復還、李孝欽敗而見執、皆釋而用之、皆得其死力。其運智推心、皆此類也。長子衡陽王昌、時爲質在周。乃立高祖弟始興昭烈王長子臨川王。是爲文帝。

公子曰「陳武帝起自草萊、興創帝業、近代以來、可方何主。」先生曰「武帝以奇才遠略、懷匡復之志、龍躍海嵎、豹變嶺表。掃重氛於絳闕、復帝坐於紫微。西抗周師、北夷齊寇、密謀長筭、動無遺策、實開基之令主、撥亂之雄才。比宋祖則不及、方齊高則優矣。」

註

（1）山下将司「唐初における『貞観氏族志』の編纂と『八柱国家』の誕生」（『史学雑誌』一一一―二、二〇〇二年）参照。

（2）拙稿「北周宇文護執政期再考―宇文護幕僚の人的構成を中心に―」（『集刊東洋学』九八、二〇〇七年）参照。なお、林静薇訳「北周宇文護執政期再考―以宇文護幕僚構成為中心―」（『早期中国史研究』四―一、二〇一二年）では増訂を加えた。

（3）拙報告「令狐徳棻等撰『周書』の北周像の形成―隋・唐初の諸史料との比較を通じて―」（第一〇八回史学会大会、二〇一〇年一一月七日）では、北周の皇帝・権力者の評価を比較した。要旨は第一〇八回史学会大会報告（『史学雑誌』一二〇―一、二〇一一年）参照。

（4）『帝王略論』は、唐代には中国通史・君主論として、官僚・僧侶・処士に幅広く利用され、敦煌・日本にまで伝播した。しかし、宋代には分類が史部から子部に変わり、時代遅れの帝王学とみなされて、次第に利用されなくなり、南宋末・元初に

散逸した。拙稿（陳濤・李栄華訳）「唐宋時期《帝王略論》的利用状況」（寧欣主編『新材料・新方法・新視野：中国古代国家和社会変遷』北京師範大学出版社、二〇一一年）参照。

（5）王重民『敦煌古籍叙録』第二巻（中華書局、一九七九年、九四〜九五頁）。

（6）内藤湖南「帝王略論の発見」（『内藤湖南全集 第十二巻』筑摩書房、一九七〇年、初出一九三二年）。

（7）陸心源輯『唐文拾遺』第一冊（文海出版社、一九六二年、二二六〜二三四頁）と、周紹良主編『全唐文新編』第三冊（吉林文史出版社、二〇〇〇年、一五六四〜一五七二頁）は『長短経』・『通暦』に依拠し、「論」を収録した。陳尚君輯校『全唐文補編』（中華書局、二〇〇五年、第一冊三七〜三八頁、第三冊二二三四〜二二三五頁）は、敦煌本と金沢本の序文を収録している。陳虎訳注『帝王略論』（中華書局、二〇〇八年）は、敦煌本・『長短経』・『通暦』をもとに「論」の現代中国語訳を作成した。胡洪軍・胡遐輯注『虞世南詩文集』（浙江古籍出版社、二〇一二年、一一三〜一二〇頁、一二二一〜一二〇六頁）に、序と「論」の録文がある。林聡明「虞世南帝王略論両写本校記」（『東呉文史学報』六、一九八八年）は敦煌本と金沢本を比較し、『帝王略論』序・巻一・巻二の校訂を行った。

（8）中国の諸典籍における佚文については、註（4）前掲拙稿参照。拙稿刊行後、新たに北宋の晏殊が編纂した私撰の類書の『類要』から、序の一部と略三条（「畧論」として引用）を発見した。『四庫全書存目叢書』子部類書類一六六冊『類要』（齊魯書社、一九九五年）巻六・巻九・巻十七参照。『類要』には、ほかにも「畧論」の引用が十一条見え、唐雯『晏殊《類要》研究』（上海古籍出版社、二〇一二年、三〇一〜三〇二頁）は、『帝王略論』の佚文としている。しかし、いずれも『帝王略論』の文章・内容と一致せず、『帝王略論』からの引用ではない。

（9）唐宋代の利用状況については註（4）前掲拙稿参照。日本における受容状況については、拙稿「『紫明抄』所引『帝王略論』について」（『国語と国文学』八七―三、二〇一〇年）、拙稿「日本における『帝王略論』の受容について―金沢文庫本を中心に―」（神鷹徳治・静永健編『アジア遊学一四〇 旧鈔本の世界―漢籍受容のタイムカプセル―』勉誠出版、二〇一一年）参照。

（10）尾崎康「虞世南の帝王略論について」（『斯道文庫論集』五、一九六七年）参照。同論文中で、尾崎氏は内藤湖南による金沢本の紹介を踏まえ、金沢本の書写年代や形式などを明らかにし、錯簡の修正も行った。

(11) 瞿林東「《帝王略論》―唐初史論的傑作―」・「説《帝王略論》的歴史比較方法」（『唐代史学論稿』北京師範大学出版社、一九八九年）、陳虎「《帝王略論》与唐代史学」（『歴史文献研究』二〇、二〇〇一年）、李錦繡「史地章」（張弓主編『敦煌典籍与唐五代歴史文化』上巻、第肆章、中国社会科学出版社、二〇〇六年）参照。

(12) 詔勅の起草・呈奏を職掌とし、官品は低いが枢密に参与していた。ただし、虞荔は権勢から距離をとっていた。『陳書』巻十九虞荔伝参照。中書舎人の登用の際には才能（特に文学・礼学）を重視し、寒門（下級貴族）出身者も多かった。山本隆義『中国政治制度の研究―内閣制度の起源と発展―』（同朋舎、一九六八年）、榎本あゆち「梁の中書舎人と南朝賢才主義」（『名古屋大学東洋史研究報告』一〇、一九八五年）参照。

(13) ただし、虞寄は梁末に閩中の陳宝応のもとに拉致されてしまい、五六四年（天嘉五）の陳宝応の乱鎮圧後になって、陳に仕えることができた。『陳書』巻十九虞寄伝参照。『旧唐書』巻七二虞世南伝には「至太建末、寶應破、寄還」とあるが誤りである。

(14) 『隋書』巻二高祖紀下開皇九年条および仁寿二年条、『隋書』巻七礼儀志二、『隋書』巻一五音楽志など参照。

(15) 註(12)山本前掲書参照。隋代には内史省が門下・尚書よりも朝政に深く関与した。

(16) 『隋書』巻四一蘇威伝参照。隋文帝期は北周系官僚が主流であった。煬帝期には、虞世基のように南朝系も一部台頭したが、一般的に南朝系の地位は低かった。山崎宏「隋代の学界」（『中国仏教・文化史の研究』法蔵館、一九八〇年、初出一九七〇年）参照。また、南朝系文人間でも煬帝の寵愛をめぐる争いが発生し、南朝系としての集団性が稀薄であった。原田直枝「『隋書』文学伝の人びと―隋代の南朝由来の文人たちをめぐって―」（『中国文学報』六八、二〇〇四年）参照。

(17) ただし、『隋書』は隋代に没した煬帝側近の悪評を強調する傾向にある。拙稿「『宇文述墓誌』と『隋書』宇文述伝―墓誌と正史の宇文述像をめぐって―」（『駿台史学』一三七、二〇〇九年）では、「五貴」の一人の宇文述について検討した。

(18) 王永平「隋代江南人之北播及其命運之沈浮」・「隋煬帝之文化趣味与江左文化之北伝」（『中古士人遷移与文化交流』社会科学文献出版社、二〇〇五年）参照。

(19) 『隋書』巻七六虞綽伝参照。

(20) 『隋唐嘉話』中には「虞公之爲秘書、於省後堂、集羣書中事可爲文用者、號爲北堂書鈔。（虞公の秘書と爲るや、省の後堂に於いて、羣書中より、事、文用と爲すべき者を集め、號して北堂書鈔と爲す。）」とある。

(21) 柳川順子「従『北堂書鈔』的編集態度看虞世南的文学観」（『中国文学論集』二二、一九九三年）、柳川順子「『北堂書鈔』引書考―集部以外の文献を中心として―」（『筑紫女学園大学紀要』六、一九九四年）、柳川順子「虞世南における『北堂書鈔』編纂の意図とその文学史的意義」（『東方学』九〇、一九九五年）参照。

(22) 職掌は天子の言行の記録（起居注）と国史の作成。『隋書』巻二八百官志下、『史通』巻十一外篇史官建置参照。『魏鄭公諫録』巻四対隋大業起居注には、起居舎人を設置したものの、紙・筆ですら十分支給されなかったことが記されている。

(23) 『新唐書』巻一〇二虞世南伝参照。

(24) 唐初は六二四年（武徳七）まで隋代の律令を使用し、格で補足していた。そのため、『大唐六典』所載の官品と異なっている。武徳年間の律令が開皇律令と大業律令のどちらを中心にしていたかについては議論がある。速水大「唐武徳年間の法律について」（『国学院大学大学院紀要―文学研究科―』四三、二〇一二年）、中村裕一『唐令の基礎的研究』（汲古書院、二〇一二年）参照。参軍（煬帝期は書佐と改名）は、開皇令であれば従七品上、大業令であれば従七品。記室参軍（煬帝期は記室と改名）は開皇令であれば従六品下、大業令であれば従六品。

(25) 廖宜方『唐代的歴史記憶』（臺大出版社、二〇一一年、六〇～六九頁）参照。

(26) 皇太子建成の東宮府も多くの文人を招聘していた。大渕貴之氏は、六二四年（武徳七）に完成した『藝文類聚』について、皇太子建成の文治的功績を上積みするために、皇太子派の文人系の府僚（欧陽詢・袁朗ら）が高祖の勅命で編纂したものとする。大渕貴之「『藝文類聚』編纂考」（『日本中国学会報』六二、二〇一〇年）参照。

(27) 大室幹雄『檻獄都市―中世中国の世界芝居と革命―』（三省堂、一九九四年）第四章「貞観年間世界劇場―鸚鵡の時代―」が戯画的に描いている。

(28) 『大唐新語』公直篇参照。また、柳川順子「虞世南の文学思想とその実践―政治的実用文の分野を中心として―」（『広島女子大学国際文化学部紀要』一、一九九六年）は、虞世南が作った政治的実用文を分析し、韻律に無頓着、漢魏以前の古典的文献に依拠した典拠表現といった特徴があり、復古的文学思想を持っていたとする。

(29) 『帝王略論』の序には「太子中舎人・弘文舘學士虞世南奉勑撰」とある。虞世南は六二六年（武徳九）六月に太子中舎人に就任した。また、弘文館は、同年九月の太宗即位後に設置された。同年十二月以後に作られた虞世南撰「孔子廟堂碑」の肩書は「太子中舍人・弘文舘學士・行著作郎」である。これらを踏まえて尾崎氏は、六二六年（武徳九）九月から六二七年（貞観元）の間とする。註（10）尾崎前掲論文参照。

（30）『唐会要』巻六四史館下弘文館に「至九年三月改爲弘文館。至其年九月、太宗初即位、大闡文教、於弘文殿聚四部羣書二十餘萬卷、於殿側置弘文館。（九年三月に至り改めて弘文館と爲す。其の年九月に至り、太宗初めて即位し、大いに文教を闡《ひら》き、弘文殿に於いて四部羣書二十餘萬卷を聚め、殿側に弘文館を置く。）」とある。

（31）堀井裕之「即位前の唐太宗・秦王李世民集団の北斉系人士の分析」（『駿台史学』一二五、二〇〇五年）参照。

（32）註（25）廖前掲書参照。

（33）註（25）廖前掲書参照。また、太宗は六二八年（貞観二）に著した「金鏡」（『文苑英華』巻三六〇明道所収）で「朕以萬機暇日、遊心前史、仰六代之高風、観百王之遺跡、興亡之運、可得言焉。……覩治亂之本源、足爲明鏡之鑒戒。（朕は萬機の暇日を以て、前史に遊心し、六代の高風を仰ぎ、百王の遺跡を観て、興亡の運、得て言うべし。……治亂の本源を覩れば、明鏡の鑒戒と爲すに足る。）」と述べ、明君・暗君を挙げて教訓としている。『帝王略論』の影響を受けて執筆した可能性が高い。「金鏡」の執筆時期について、［北宋］范祖禹撰『帝学』巻二に「貞觀二年正月帝著金鏡」とある。

（34）大内文雄「歴代三宝紀の一研究」（『仏教史学研究』二五―二、一九八三年）参照。

（35）藤善眞澄「『続高僧伝』管見―興聖寺本を中心に―」（『道宣伝の研究』京都大学学術出版会、二〇〇二年）参照。道宣撰『続高僧伝』にも同様の正統観が窺える。

（36）藤善眞澄「道宣の出自―呉興の銭氏―」（註（35）藤善前掲書所収）参照。

（37）金沢本には、巻五の冒頭の目次と四行分だけ残されている。巻五の目次には「…（残闕）…孝荘皇帝・孝静皇帝・周大祖皇帝・孝閔帝・世宗明皇帝・世祖武皇帝・宣皇帝・隋高祖文皇帝・後齊高祖神武皇帝・顯祖文皇帝・武成皇帝・温公」とあり、「北魏→北周→隋→北斉」という順序が確認できる。

（38）『文苑英華』巻七五四史論一宋略総論に「宋高祖武皇帝……尅國得雋、寄迹多於魏武、功施天下、盛徳厚於晉宣（宋高祖武皇帝……國を尅し雋を得、寄迹は魏武より多く、功は天下に施し、盛徳は晉宣より厚し）」とある。

(39)『陳書』と一致する箇所が多い。隋代に姚察（旧陳臣）が『陳書』を執筆しており、姚察没後は子の思廉が引き継いでいた。『帝王略論』執筆時に虞世南が参照した可能性がある。最終的に『陳書』は貞観の正史編纂事業の際に完成した。『陳書』巻二七姚察伝参照。

(40)周征松点校『通歴』（山西人民出版社、一九九二年）を底本とし、〔清〕阮元輯『宛委別蔵』四〇（江蘇古籍出版社、一九八八年）所収『通紀』、各書所引『帝王略論』で校訂を加えた。なお、『通歴』・『通紀』は、乾隆帝（弘暦）の避諱である。

(41)園田俊介「北魏・東西魏時代における鮮卑拓跋氏（元氏）の祖先伝説とその形成」（『史滴』二七、二〇〇五年）参照。

(42)拙稿「北斉における蕭荘政権人士―『袁月璣墓誌』を中心に―」（公益信託松尾金藏記念奨学基金編『明日へ翔ぶ―人文社会学の新視点1―』風間書房、二〇〇八年）参照。

(43)漢（火）の後を継ぐべきだという正統論も存在していた。饒宗頤『中国史学上之正統論』（上海遠東出版社、一九九六年、三一～三五頁）参照。唐代の二王後の制については、来村多加史『唐代皇帝陵の研究』（学生社、二〇〇一年、三二三～三三二頁）参照。

(44)『旧唐書』巻七三令狐徳棻伝参照。

(45)雷家驥氏は五代史の編纂や南北両朝系統の史臣の協力などを指摘している。雷家驥『中古史学観念史』（学生書局、一九九〇年、五二八頁）参照。

(46)註（33）前掲「金鏡」参照。

(47)註（4）前掲拙稿参照。

『漢書』をめぐる読書行為と読者共同体—顔師古注以後を中心に—

柿沼陽平

はじめに

前漢王朝の正史『漢書』は、複数の撰者の手になる重層的な構造を有し、思想的・政治的偏向も含まれ、従来難読の書といわれてきた。すなわち『漢書』は、『史記』や班彪『後伝』等を班固が再編纂したものを母体とし、そこに劉向『別録』・劉歆『七略』を転用した藝文志や、班昭（班固の妹）・馬続（馬融の弟）が続修した可能性の高い八表・天文志等を加えた史籍で（『漢書』叙伝、『後漢書』班彪伝）、儒教主義的要素や政治的偏向が含まれ、史料的厳密さに欠ける面もあるとされる。(1) ゆえに『漢書』は、『史記』の内容を再編成し、『後伝』等の諸史料を断代史の名のもとに統合した史籍と評される一方で、(2)『史記』や『後伝』を改作・剽窃した亜流の史書とも評される。(3) では我々は『漢書』を史料として一体いかに扱えばよいか。

これに関して一部の先学は、『漢書』のイデオロギー的側面を吟味し、それを同時代史料と比較・照合することで、『漢書』の「誤り」を解明しようとしている。結果、実際に定説の一部が修正され、「誤り」の理由も解明されつつある。(4) とくに近年は出土文字資料が増加傾向にあり、そのような新史料を用いた『漢書』の検証作業は今後益々推進されよう。一方、別の先学は、『漢書』のイデオロギー的側面や独特な書式自体に注目し、それを通じて『漢書』固有の価値を見出そうとしている[5]。これも、『漢書』の史料的性格と、班固達が『漢書』を著した社会背景を検討する際に重要な研究である。

このように『漢書』を用いた研究は従来多くの成果をもたらしてきたが、その反面、『漢書』という書籍自体が中国史上一体どう読み継がれてきたのかについては比較的研究が少ない。中でも唐代以前の漢書学に関しては吉川忠夫氏の詳細な研究があり[6]、それ以後の漢書諸注に関しては楊守敬氏の輯佚等があるが[7]、二〇世紀以前の『漢書』諸注を総覧した通史的研究はないようである。だが、先行研究をふまえることが歴史学の基本である以上、『漢書』諸注の整理は必須である。しかも『漢書』注釈史の研究は、『漢書』が各時代にどう読まれてきたのかという読書史研究にも繋がる。それは、『漢書』諸注がどれほど史実をのべているかだけでなく、各時代に『漢書』がどう読まれたのかに着目し、読書行為と社会との関係を探る試みである。そこで本論では、『漢書』の関連書誌情報を整理した上で、『漢書』の「読者共同体（同じような能力・背景・目的に基づく読書習慣を共有する集団）[8]」の時代的変化に注目し、『漢書』諸注の成立背景を検討する。

以上の研究目標のもと、筆者は別稿で吉川論文の驥尾に付し、漢代～隋代の漢書学についてすでに次のような検討結果を得ている。すなわち、唐・顔師古注以前には少なくとも四七の『漢書』注釈が存在し、南北朝時代に最初の数量的なピークを迎えた。また漢代と南北朝では注釈の付け方が異なり、漢代人が『漢書』を自らの正史とみなし、専ら「随文釈義」・「随文注音」中心の「音義」を作成したのに対し、南北朝（とくに晉灼以後）の漢書学者はおもに補欠（別書で『漢書』の記事を補完）、備異（異聞収集）、懲妄（別書に基づき『漢書』を訂正）、論弁（史実と史書への論評）に基づく「注解」を付した。さらに隋代以前の読者一般は、各々別々の「師匠」のもとで独自に『漢書』の読み方を学び、相互に正当性を主張し、それぞれの読者共同体は並存・分散する傾向にあった。中でも晉灼注は南方に伝播せず、漢書学の南北分化の端緒となり、南朝漢書学者は吉川氏が指摘するように「奇をてらい、他人の意表をつき、知識をひけらかす」方向に傾いていった。その背後には、南朝漢書学者が各々独創的な成果を修めることによって自己の能力を周囲に顕示し、それによって自らの地位・名声を確保せざるを得ない貴族社会の実情があった(9)。

では漢書学はその後どうなったのか(10)。本稿では以上の検討結果をふまえ、『漢書』読書史の流れを通史的に把握するため、とくに顔師古（五八一―六四五）注以後の『漢書』注釈史に注目する。それを通じて通史的視点から唐代以前の漢書学を位置づけ直すとともに、唐代以前との比較を通して宋代以降の漢書学の特色をも浮き彫りにする。そして漢書学の単なる時代的盛衰のみならず、各時代の特色と、『漢書』をめぐる学術と支配の関係を論究したい。

一　顔師古注の成立とその波及効果

顔師古注は、太子李承乾のために六四一年（貞観十五）に作られた注釈で、従来の漢書学の一大集成である。その背景には漢書学の隆盛があった。それは吉川氏がのべるように、南北朝以来の現象ではあったものの、多賀秋五郎氏が指摘するように、とくに唐初に顕著で、その理由は唐高祖李淵が「漢への回帰」を政治的理想として『漢書』を重視したためとみられる(11)。続く太宗李世民も『漢書』を重視し、古代の政治規範・先人の格言や見解等を抄出・集成した『群書治要』に『漢書』を引用している。中宗李顕の時にも南郊祭祀に関して褚无量や祝欽明が『漢書』郊祀志等を交えて議論している（『旧唐書』巻一〇二褚无量伝等）。かかる唐代前期の漢書学の隆盛を背景として顔注は作られた。

顔師古が旧注をどう収集・整理したのかは別途検討すべき大問題で(12)、たとえば吉川氏は、南北朝時代の漢書学が北学・南学の二派に分かれていたのに対し、顔師古は北学に属し、南朝漢書学の注をほとんど引用しなかったとする。もっとも、顔注所引注以外の旧注（とくに南朝漢書学の成果）も一部現存している。敦煌文書には顔注以前の付注本が含まれ[13]、たとえば『漢書』匡衡張禹孔光伝残巻（敦煌石室砕金）や『漢書』蕭望之伝残巻（S2053）は蔡謨本、『漢書』蕭何曹参伝・張良伝残巻（P2973）は『漢書決疑』、『漢書』刑法志残巻（P3669、P3557）は蔡謨本か晉灼本とされる[14]。また『史記』三家注や『三国志』裴松之注等にも旧注が散見し、顔注と比較できる[15]。『群書治要』所引『漢書』や『文選』所引『漢書』も顔師古注本以前のもので、蔡謨注とされる[16]。日本の漢籍類にも旧注佚文が含まれる[17]。

では顔注成立以後の漢書学はどうなったのか。結論からいうと、『漢書』は徐々に顔注本に統一され、逆に顔注未収の諸注本（とくに南朝漢書学の注）は徐々に散佚していった。たとえば敦煌文書に唐代抄本とおぼしき顔注本の蕭望之伝残巻（S2485）や王莽伝下残巻（P2513）があり、唐代敦煌にすでに顔注本が流布していたことがわかる。しかも顔師古は先学の説をあたかも持論のごとく付注し、先学の名に触れないことがあり[18]、これも旧注の整理を阻んでいる。つまり唐公認の顔注本が流布することで、「師法」が一元化され、逆に従来の異聞・異見とそれらに基づく各読者共同体同士の差異は消失していったのである。かかる顔注本の拡大過程は以下の二点から説明される。

第一に、『漢書』は『史記』・『東観漢記』の二書[19]、もしくは『史記』・『後漢書』の二書とともに[20]、唐代官学の教科書に選定された[21]。指定教科書の中でも『東観漢記』はのちに『後漢書』となり、それは開元年間に『東観漢記』よりも『後漢書』が重じられるようになったためとされるが[22]、ともかく『漢書』は開元以前以来一貫して官学教科書であった。もっとも、唐代官学の中心であった国子学は本来北斉国子寺の名称・機能を継承したものとされるが、当初は学生もおらず、実質的に教育機関の体をなしておらず[23]、隋代も貧弱なままであった[24]。よって官学の興隆は唐代以前には遡及せず、官学としての漢書学の興隆も顔注成立後に起こったといえよう。また唐代には、おもに官吏の子弟等の官吏希望者を育成する教育機関（国子学〜県学）以外にも、読書・習字・算術等の普通教育を行った郷学・里学・個人私塾・仏寺私塾もあり、そこでも『漢書』は最低限書名を知悉すべき古典（可能ならば読書すべき推薦図書）とされた[25]。これらの教育機関で用いられた『漢書』の多くも顔注本であったとみられる（後述するように、宋代になると新たに余靖校本が国子学へ配布される)。

第二に、唐宋時代における雕版技術の確立に伴い、『漢書』諸本の中でもとくに顔注本が印刷された結果、顔注は一挙に全国的読者共同体(後述するように士大夫中心)の基礎となった。まず九九四年(淳化五)に顔注本が開版され[26]、遅くとも九九八年(咸平元)に完成した[27]。また淳化本に基づく版本が一〇〇四年(景徳元)と一〇三五年(景祐二)にも刊行され[28]、とくに景祐本は大々的な校訂を経たものであった[29]。それは余靖『漢書刊誤』をふまえて余靖と王洙が詔を奉じて行なった校訂作業で、秘書閣蔵古鈔本との校合を主とし、最終的に張観・李淑・宋祁らも加わり、国子監に頒布された(『麟台故事』巻二之十一)。王洙は范仲淹・富弼・王拱辰・余靖らとともに北宋太学制の創設に貢献し[30]、一族は蔵書家・学者として著名で、『三劉刊誤』の撰者劉敞の母も輩出し、まさに当時の漢書読者共同体の中核の一つに位置づけられる。なお現存最古の版本は、景祐本を覆刻した北宋末南宋初刊南宋前期修本(北京図書館に二部所蔵)で、一部は影印され、百衲本となった[31]。さらに一一四三〜一一五三年(紹興十三〜二三)に別系統の宋紹興中湖北提舉茶塩司刊本が刊行され[32]、同紹興年間に南宋前期両淮江東転運司本も刊行された。紹熙・慶元年間には黄宗仁・劉之問刊『漢書』もあり[33]、粗悪な福建刊本の中でも異彩を放っている。これらはどれも顔注本である。

以上、本節では顔注成立前後における漢書学の拡大過程について検討した。それによると顔注の定着と普及、『漢書』の官学化、雕版印刷術の刷新等は漢書学の躍進に繋がり、顔注本を中心とする士大夫達の大きな読者共同体が生まれた。またこの頃から漢書学は中国国外(日本や朝鮮等)へも伝播していった[34]。もっとも、『漢書』は唐代科挙の一科目になったものの、あまり人気がなく、士大夫の多くは詩賦による進士及第を目指したので[35]、唐代漢書学の隆盛を一方的に誇張するのは誤りである。さらに『漢書』学習者の中にも優劣の差があり、優秀者が『漢書』によって名声を得、他者との能力差を内外に顕示することもなお可能であった。たとえば郝處俊・哥舒翰・李光弼は、『漢書』を官学で学んだわけではなく、それによって直接的利益を受けたわけでもないが、やはり南北朝人と同様、『漢書』

をよく読めたことをステータスの一つとした[36]。唐代士大夫の中でも郗士美、陸金南、陸謀道・陸元感親子のように、『漢書』の精読によって名を馳せた者は多く存在した[37]。ともあれ以上の検討より、南北朝時代から唐宋時代にかけて漢書学が展開したことは疑いなく、その背後には顔注本の定着、『漢書』の官学化、出版技術の刷新の三点があったと考えられる。ではその後の中国漢書学は一体どうなったのか。

二　漢書学と科挙士大夫──唐宋漢書学と金元漢書学──

雕版顔注本の成立以降、『漢書』は徐々に全国の士大夫に普及した。たとえば欧陽脩・蘇軾・蘇頌・黄庭堅などの北宋を代表する士大夫が『漢書』を愛読した[38]。また顔注本のダイジェスト版（房玄齢の命で敬播撰）も作られた（『廿二史劄記』巻二〇）。北宋期には国子学・太学・四門学・広文館・州学・県学が科挙用の教育へ特化し、他科目は私塾化した書院等に担われたが[39]、『漢書』の読者共同体の指導者の多くは官学に存在した。

ただし宋代漢書学者の中には、たんに顔注に依拠するのではなく、別途自らの『漢書』付注を試みる者も依然少なくなかった。たとえば北宋では、『漢書』等をふまえた『資治通鑑』（一〇八四年成立）が編纂され、編纂者の一人である劉攽は独自に自注本を作るほどの漢書学者であった（同じく編纂者の司馬光・劉恕も『漢書』を読んだ[40]）。劉攽のごとく一家言をもつ漢書学者は他にも多く、唐宋代には少なからぬ付注本が出された。また『漢書正名氏議』や『漢書律暦志音義』のように、『漢書』の一部分に対して集中的に注解を付した書籍も登場し、一二〇五～一二〇七年頃には進士徐天麟による漢代典章制度の専論『西漢会要』も執筆された。その理由は、南北朝以来の類書の増加に伴い（『修文殿御覧』・『藝文類聚』・『文思博要』・『太平御覧』等）、類書の項目分類に沿って律暦や典章制度を専門的に考究する者が増加したためであろう。また唐代前後には『史記』と『漢書』の歴史叙述を比較する学術潮流も強まり、婁機（李曾伯補遺）『班馬字類』、倪思『班馬異同』（劉振翁評）等が著わされた。彼らの多くは人的ネットワークを構成し（所謂CBDBを活用すれば一目瞭然である）、相互に情報交換を行なったものとみられる。ただし結局顔注本を圧倒する程の底本は出現しなかった。

こうして唐宋時代に漢書学は二度目のピークを迎えた。それを支えたのは、付表によると、おもに科挙の進士レベルの士大夫であった。後述するように、じつは宋元明清の漢書注釈書はほぼ全て進士の著作で、その傾向は唐代に生じたのである。その原因は、①進士レベルの知識人にしてようやく『漢書』に付注できた点、②進士レベルの書籍でないと流布しない点、③進士程度でないと出版時のスポンサーが得られない点が挙げられる。現に、当時出版はまだ高価で、『漢書』付注本の版刻も容易でなく、たとえば『両漢刊誤補遺』も撰者呉仁傑が羅田県（湖北）知事で、全州知事と親密な関係にあったために出版できた(41)。

もっとも、漢書学隆盛の背後では、その質的低下も起こりつつあった。たとえば蘇軾「李君山房記」（『経進東坡文集事略』巻五三）は「余猶お老儒先生に見ゆるに及びて自ら言う、其の少き時には史記・漢書を求めんと欲するも得べからず、幸いにして得ば、皆な手自ら書し、日夜誦読し、惟だ及ばざるを恐る、と。近歳、市人転た相摹刻し、諸子百家の書、日に万紙を伝え、学ぶ者多くして且つ致し易きこと此の如くんば、其の文詞学術、当に昔人に倍蓰すべし。而るに後生科挙の士、皆な書を束ねて観ず、游談根無し」と指摘する。これは、印刷技術の向上と刊本の普及が、皮肉にも怠惰な「（自称）漢書学者」の増加を招いたことをしめす。また葉夢得『石林燕語』巻八は、淳化本以前の『漢書』が写本中心で、高い稀少価値をもち、善本も多かったのに対し、淳化本以後は稀少性を失い、粗雑な版本も増加したとする。宋代以後も大蔵書家は存在したものの(42)、葉夢得の言は大局的には的を得たものであろう。かかる粗本の増加も漢書学の質的低下を反映する。

ではその後、漢書学は一体どう継受されたのかというと、まず北宋末の一一二七年に、現在の中国東北地方からモンゴル高原周辺の遼（契丹）を一掃した女真族の金王朝が北宋開封を陥落させ、徽宗・欽宗以下数千名と財宝を奪取し、国子監蔵版木印書等も略奪し、かくて多くの北宋本が失われた[43]。これは『漢書』の版本状況にも大きな影響を与えたとみられる。もっとも、元でも一三一三年以降科挙が再開され[44]、進士応試者はなお『漢書』を含む「三史」の習得を重視した[45]。また黒城出土文書に金版本（十三世紀前半）とおぼしき顔注本『漢書』陳咸伝（TK-315）が含まれ、金代にも『漢書』が刊行され、当時辺境地域にも顔注本が普及していた。しかし、科挙の応試者数自体は宋代～金代を通して遠く南方に及ばず[46]、実際に華北出身の漢書学者もそれに比例して少なかった。また『漢書』付注本の中には金人の書がなく、逆に南宋では呉仁傑『両漢刊誤補遺』（前掲）等の付注本が刊行され、これも当時の漢書学がおもに南人に支えられたことを意味する。

続いて元代に関しては従来、刊本は少量で、子部は医書・類書、集部は宋元詩文、経部は朱子学による経書の注疏等に限られ、出版業は徐々に活気を失ったとされるが[47]、最近では元代出版業を見直す研究もある。それによると元代は、漢文化が徹底的に破壊された暗黒時代ではなく、むしろ高官達の主導により儒学教育の普及が図られた時代で、とくに十四世紀の江南では官民共同の出版事業が盛んであった[48]。出版業界全体の動向はともかく、たしかに史部の刊行は少なくなく、一二九七～一三〇七年（大徳年間）には十七史の善本が得難いとの理由で、各地の「路」が『漢書』を含む十七史等を官刻した（銭曽・張金吾『愛日精盧蔵書志』）。また宋本の補刻も行われ、たとえば宮内庁書陵部蔵本の版心下象鼻には「大徳八年（一三〇四）」以降の元代補刊年記が多くみえる。さらに、たとえば一三二四年（泰定元）の「元西湖書院重整書目碑」に『西漢書』の書名が含まれ、杭州の書院等でも『漢書』は読まれたようである。ただし元代には目新しい『漢書』付注本がなく、その意味で多くの読者共同体は宋代の読み方を継受した可能性が高い。その一因はおそらく、宋金代の多くの在地有力者層が基本的に科挙応試を目指したのに対して、元代には様々な出仕経路があり、科挙が求心力を失い[49]、科挙を目指す『漢書』学習者も減少したためであろう。なお後述する凌稚隆『漢書評林』には歴代の『漢書』に対する評価が収集されているが、それをみても金元代の評者の数は宋・明に比して格段に少ない。これも金元代における漢書学の停滞を物語る。

三　史評と考証―明代漢書学と清代漢書学の差異―

一方、明代には史書の出版があまり行われず、とくに前半期は「中国史上もっとも史学が不振だった時期」[50]で、『明史』藝文志にも『漢書』注釈書はない。だが、じつは明代こそが漢書学に躍進をもたらした時代であったと思われる。なぜなら謝貴安氏が指摘するように、朱元璋は農民出身の皇帝で、同じく農民出の劉邦と自らを同一視し、前漢正史の『漢書』と劉邦を神聖視したからである。かくて明代では『漢書』が経典化し、皇帝・皇族・臣下のみならず、婦女・子供（ごく一部）に至る多くの人々が『漢書』を学び、すすんで自らの蔵書に『漢書』を加え、『漢書』を刊刻した[51]。この流れは明初以降も同様で、一五〇六～一五二一年（正徳～隆慶）には六種以上の『漢書』の版本が刊行された[52]。また明代では、科挙の受験資格が地方の官立学校（府学・州学・県学の学生＝生員）に限定され、生員が終身身分とされ、郷里内でも彼らと庶民は厳密に区別された。そして進士・挙人・監生・生員らは所謂「郷紳」と称され、その数は明代を通じて三万人から五十万人に増加した[53]。「郷紳」は必ずしも一枚岩ではなく、捐納によって生員となった者も多く含まれ、その意味で彼らは宋代士大夫と異なり、全員が高度な学識を備えていたわけではない。しかし、彼らも建前上は学を志し、『漢書』は不可欠の参考書であった。とくに当時の教育課程をしめす程端礼「程氏家塾読書分年日程」や陸世儀「思弁録」には、四書五経学習後の学生が『漢書』等を参照しつつ史学を学ぶものとされ、『漢書』は高度かつ重要な史籍とされていた[54]。実際には、当時『資治通鑑』等の史書（『漢書』を含む）を読み通すほどの学者は依然限定的であったとはいえ[55]、その中心的読者が宋代士大夫から明代郷紳へ変化した点は大きい。その上、一五八一年（万暦九）には凌稚隆『漢書評林』が刊行された。本書は『漢書』に対する歴代の評に凌稚隆自身の評を加えた大冊で、後漢人二名、晉人二名、隋人一名、唐人十三名、宋人五五名、元人四名、明人六八名の評を収集している。(56)これも明代漢書学の隆盛を物語る。

ただし明人の多くは、『漢書』の虚実を考証するよりも、歴史的事件に対する評価の方に関心を抱いていた。現に、朱元璋以下の読者は『漢書』の史料批判に専心せず、凌稚隆も『漢書』評の収集に集中し、歴史学的考証を逐条的に行なっているわけではない。他にも孫鉱『孫月峰先生批評漢書』や鍾惺『鍾伯敬先生批評漢書』をはじめ、葛錫璠・鍾人傑・陳仁錫らの付評本が刊行された（中国古籍善本書目所収）。また史書同士の優劣を論じた凌稚隆『史漢異同補評』、穆文熙『四史鴻裁』、成孺『史漢駢枝』、許相卿『史漢方駕』、童養正『史漢文統』、郝敬『史漢愚按』等や、正史全般を評した彭以明『二十一史論賛輯要』、沈国元『二十一史論賛』、趙南星（仲弘道増続）『増定二十一史頭』等が刊行される一方で、『漢書』の考証学的研究は唐順之『両漢疑解』や茅坤『漢書鈔』等にとどまった。史学評論の端緒は劉知幾『史通』（七一〇年）や高似孫『史略』（一二〇〇年前後）以前に遡るが、明代漢書学はとくにそれを重視した。しかも凌稚隆によれば『漢書』の善本は当時すでに稀少で、金元明代に『漢書』の校訂作業が比較的手薄であったことを裏書する。なお凌稚隆自身は善本の収集・校訂につとめたが、顔注を高く評価し、そのぶん旧注と顔注の比較や、他史料に基づく考証は等閑に付されている。つまり唐宋漢書学と明代漢書学はともに隆盛したものの、質的に異なるものであったのである。なお明末になると、出版業界全体は空前の隆盛期を迎えたが、(57)著名な漢書学者はおらず、科挙受験者も四書しか読まず、史書は軽んじられ、書院も抑圧され（後述）、漢書学は再度沈滞した。

これに対して清代には考証学的漢書学が再び盛んとなった。すなわち、劉青芝『史漢異同』、章詒燕『史漢諍言』、曽国藩『史漢札記』等の史評は相変わらず存在する一方で、『漢書』をめぐる中心的な分析手法は考証学に移行した。まず周知のごとく、明末に政府所蔵の書籍が多く流出し、汲古閣の毛晋・絳雲楼の銭謙益・述古堂の銭曽らが多くを収集し、清代になると毛晋・銭曽・季振宜・徐乾学らの蔵書等は何焯の紹介で清朝の内府・怡府に収蔵された。百宋一廛の黄丕烈も宋元善本を収集し、黄丕烈の死後は清末四大蔵書家（鉄琴銅剣楼・海源閣・八千巻楼・皕宋楼）等も登場した。彼らの努力によって『漢書』の善本も後代に継承された。もっとも、趙孟頫・王世貞を経て天禄琳琅に収蔵された宋版『漢書』は、乾隆帝も閲覧・絶讃する程の善本だったが、嘉慶の大火等で失われた。だが他の善本の多くは受け継がれ、それらが清代以降の漢書学の基礎を成した。ただし彼らが重視したのはあくまでも宋版顔注本であった（蕭該注抄本が一部残存）。

このような環境のもと、乾隆・嘉慶期に「実事求是」・「好学深思」をスローガンとする清朝考証学が江南中心に開花し、多くの漢書注本を生んだ。まず清朝考証学の開祖たる顧炎武は定職を持たず、生涯にわたり各地を流転し、銭謙益や徐乾学と交流し、所謂「劄記」の嚆矢となる『日知録』や『史漢通鑑注正』を著し、『漢書』に検討を加えている。また呉郡の恵棟は、祖父周惕・父士奇とともに「三恵の学」と呼ばれ、「求古の学（古訓の探求）」を重視し、やはり『漢書』に熟達していたとみられる。というのも、恵棟自身は『漢書』付注本を残していないものの、恵士奇は『漢書』に精通し、恵棟に師事した王鳴盛・銭大昕らも『漢書』に付注しているからである。さらに章学誠も、付注本は刊行していないとはいえ、『文史通義』書教下において班固史学の特色を論じており、やはり『漢書』に一家言を持っていた。段玉裁も『漢書』を高く評価し、『春秋』と同格の経に列すべきことを主張した（『経韵楼集』九・十経齋記）。これらの著名な学者はみな前掲大蔵書家達と交友関係をもち、当時ほぼ最高の環境下で研究できた。

ただし顧炎武・恵棟・章学誠らはあくまでも考証学者の頂に君臨する大家で、逆にその他多くはその水準に達していなかった。むしろ「恵棟・戴震の学問の流行後、天下の学者は古経を研究し、簡単に三史に目を通すのみで、それ以外に関しては中途半端な知識しかない（江藩『国朝漢学師承記』第三巻）」のが実状であった。つまり『漢書』読者共同体の規模は飛躍的に拡大したものの、その核となって自注本を刊行する程の学者は依然少数であった。彼らの大半は宋代以後の付注本の撰者と同じく進士で、その意味で唐宋以後の読者共同体は進士を頂点とする同様の階層構造をなしたと考えられる。

だが清代漢書学者には別の特徴もあった。それは、彼らが相互に深い交友・師弟関係を有し（付表）、さらに書院の講師も少なくない点である。その一因は「宋元刻書は皆な書院に在り、山長、之を主る（『日知録』巻十八監本二十一史）」の言に象徴されるごとく、清代書院に善本が多く、学者が多く集い、学問水準が高かったことに求められる。そこで書院の歴史を詳しくみると、書院は明万暦年間以降、中央官官政治に不満を抱く在野士人の拠点とみなされ、一七三三年（雍正十一）以前は政府に抑圧され、それ以後にようやく興隆し、一七九六〜一八二〇年（乾隆嘉慶）以降に教員・学生の質的低下と経済状況の悪化で徐々に衰退したとされ[58]、それは『漢書』読書史とも合致する。すなわち『漢書』に関しても、一七三〇年代以前には何焯『義門読書記』以外にめぼしい付注本がなく、読者共同体と書院との関係も希薄であったが、書院興隆期には付注本が量産され、撰者の王峻・杭世駿・王鳴盛・趙翼・銭大昕・銭大昭・王念孫・劉台拱らは書院所属であった。つまりこの頃から『漢書』は、王朝正統化の道具や、貴族間の差異化の道具や、科挙の参考書であることから離れ、ようやく国家支配とは距離を置いた書籍として研究されるようになってきたのである。また嘉慶年間以後は書院の荒廃が進んだものの、書院は政治的に抑圧されたわけではなく、中には優秀な漢書学者もおり、広東省屈指の学海堂書院の院長范公詒による専門書『両漢書旧本攷』等の他、所謂注釈書も刊行された。とくに王先謙は一九〇〇年に顔師古をはじめとする四七の学説と、二〇名（大蔵書家繆荃孫を含む）の参訂をふまえた『漢書補注』を刊行し、ここに清代漢書学は一つのクライマックスを迎え、その後の読者共同体は『漢書補注』を基本的テクストとするものへと変容していったのである（中華書局版『漢書』の底本は『漢書補注[59]』）。

おわりに

以上本稿では、『漢書』が歴代どう読まれてきたのかについて検討した。その過程で、「師法」に基づく『漢書』の「読者共同体（同じような能力・背景・目的に基づく読書習慣を共有する集団）」が魏晉期以降に林立・並存し、南北朝期に最初のピークを迎えたこと、唐代にその成果を取捨選択した顔注が出現し、唐代以降の漢書学を決定的に方向付けたことを論じた。さらに唐宋時代の印刷技術と科挙制度の確立に伴い、顔注本に基づく進士主導の統一的な読者共同体が一挙に拡大し、漢書学の比較的低調な金・元代を経て、明代に再度大きな飛躍を遂げたことをのべた。このように唐代以降の『漢書』読者共同体が進士主導であった背景には、進士の有する高い学識と社会的名声の存在があり、『漢書』講読を課す科挙および「三史＝常識」とする士大夫的常識の存在があった。その意味で漢書学と国家支配の関係は密接不可分であった。もっとも、明代漢書学が『漢書』に対する評を中心としたのに対し、清代漢書学は唐代漢書学と同様の考証を重んじ、また唐宋時代とは異なり、書院等を介した学者間ネットワークを通じて次々と付注本が刊行された。その成果は王先謙『漢書補注』等に結実し、現在まで学界に大きな影響を与え続けている。

では現代に生きる我々は『漢書』を一体どう読めばよいのか。既述のごとく、宋元明清の『漢書』の読者共同体は進士を頂点とするヒエラルキーを共有したが、各々独自の問題関心・研究態度も保持していた。その根底には、各時代特有の基本的テクストがあった。それは幅広い読者層に支えられ、同時に彼らの解釈枠組みをゆるやかに規定した。現に、二十世紀になると『漢書』研究は躍進し、数々の付注本も作られる一方で、『漢書』研究者以外は一般に王先謙『漢書補注』を底本とする中華書局版『漢書』を読み、幅広い読者共同体を下支えしている。ただしその問題設定や付注のあり方は時代特有のもので、他の付注本と比べてつねに最良であるとは限らない。つまり我々は『漢書』と注釈を読む際に、それが史実か否かのみならず、背後にある解釈枠組が我々の思考をどう規定しているかを考えねばならない。それによって『漢書』は「開かれたテクスト」となるのである。

【付記】本稿は筆者の平成二四年度科学研究費補助金（研究課題「中国前漢後半期から王莽期の貨幣経済史に関する研究」、番号24820055）による研究成果の一部である。本稿執筆に際しては榎本淳一先生に事前に研究会報告をする貴重な機会をいただいた他、報告時にメンバーの先生方から諸点御示教いただいた。また宋元明清史学史の先行研究に関しては飯山知保・橘誠の両先輩より貴重な情報を賜わった。ここに謝する次第である。

註

（1）板野長八「班固の漢王朝神話」（『儒教成立史の研究』岩波書店、一九九五年）は『漢書』を、漢堯徳説（劉氏と漢朝を聖王堯の後継とする説）と漢火徳説（漢朝を堯と同じ火徳とする説）に基づいて漢朝を神聖王朝として描いた史書とする。だが小林春樹氏は「『漢書』帝紀の著述目的―『高帝紀』から『元帝紀』を中心として―」（『東洋研究』一七六、二〇一〇年）等の論文でこの説を批判し、『漢書』で高祖以外の皇帝が聖王と捉えられていない点を指摘し、『漢書』の編纂意図は後漢を正統的・必然的王朝として捉えることにあったとする。

（2）『後伝』については、福井重雅「班彪『後伝』の研究―『漢書』編纂前史―」（『陸賈『新語』の研究』汲古書院、二〇〇二年）等。

（3）曽小霞「近三〇年『史記』・『漢書』比較研究綜述」（『陝西教育学院学報』二五―一、二〇〇九年）等。

（4）福井重雅『漢代儒教の史的研究』（汲古書院、二〇〇五年）等。

（5）岡崎文夫「漢書食貨志上について」（『支那学』三―一、一九二三年）、稲葉一郎『中国の歴史思想』（創文社、一九九九年）。

（6）吉川忠夫「顔師古の『漢書』注」（『六朝精神史研究』同朋舎、一九八四年）。以下、吉川説は本論文参照。

（7）楊守敬「漢書古注輯存序」（『楊守敬集』第五冊、湖北人民出版社、一九九七年版）、闕平凡「唐前《漢書》旧注輯佚与研究述評」(『中国史研究動態』二〇〇七年第七期)。

(8) Chartier, Roger. 1992. L'ordre des Livres: Lecteurs, Auteurs, Bibliothèques en Europe entre XIVe et XVIIIe siècle, Aix-en-Provence:Alinéa。

(9) 学会報告「《漢書》学研究―以顔師古之前為中心―」(『第二届中国古文献与伝統文化国際学術研討会論文集(予稿集)』(北京師範大学京師大厦、二〇一一年一〇月一五日)。

(10) 吉川氏は「梁、陳時代に……『漢書』が広く読まれたことを証する記録は、やはりどの時代よりも、かの魏晋時代にもまして、めだって多い(三三三頁)」とするが、本論で論ずるように、隋唐以後にも『漢書』は読まれ、科挙の科目に定められ、多くの付注本を生み、南北朝とは異なる漢書読書史を構成した。

(11) 多賀秋五郎「唐初三代の文教政策」(『唐代教育史の研究―日本学校教育の源流―』不昧堂書店、一九五三年)。

(12) 李広健『中古学術与政治《漢書》顔注成書背景研究』(国立暨南国際大学、二〇〇二年)、王智群「二十年来顔師古《漢書注》研究述略」(『古籍整理研究学刊』四、二〇〇三年)等。また顔注の言語学的意義については万献初「顔師古『漢書注』音義研究綜論」(『古籍整理研究学刊』二〇一〇年第六期)等。

(13) 倉田淳之助「漢書板本攷」(『東方学報』二七、一九五七年)、王重民『敦煌古籍叙録』(中華書局、一九七九年)、尾崎康「史籍」(『講座敦煌5 敦煌漢文文献』大東出版社、一九九二年)、余欣「史学習染:従『漢書』写本看典籍伝承」(『中古異相―写本時代的学術・信仰与社会―』(上海古籍出版社、二〇一一年)等。

(14) 法国蔵敦煌文書『漢書』刑法志抄本残巻(p.3669+p.3557)について王重民『敦煌古籍叙録』(中華書局、一九三五年)は蔡謨本とし、尾崎康「史籍」は王説に賛同しつつ、晋灼注の可能性もあるとし、易平「法藏敦煌《漢書》節鈔本残巻研究」(『北京師範大学学報(社会科学版)』二〇〇九年第六期)は晋灼本とする。

(15) 裴駰『史記集解』所引『漢書音義』について徐建委「蔡謨『漢書音義』考索」(『古籍整理研究学刊』二〇〇三年第六期)は蔡謨注とする。他にも洲脇武志「裴駰『史記集解』所引「漢書音義」考―司馬相如列伝を中心に―」(『大東文化大学中国学論集』二五、二〇〇七年)、遠藤由里子「裴駰『史記集解』に引かれる『漢書音義』」(『梅光女学院大学論集』二七・二九、一九九四・一九九六年)、遠藤由里子「顔師古注『漢書』に採り入れられた『漢書音義』」(『慶谷寿信教授記念中国語学論集』

好文出版、二〇〇二年）等がある。また『後漢書』李賢注所引『漢書音義』について渡邊義浩・池田雅典・洲脇武志「『後漢書』李賢注に引く『前書音義』について」（『人文科学（大東文化大学）』九、二〇〇四年）は『漢書』の顔師古注を中心とした複数の『漢書』注釈書」とし、洲脇武志「『後漢書』李賢注所引『前書音義』考」（『日本大東文化大学漢学会誌』四五、二〇〇六年）は蔡謨注と顔師古注を含む諸注釈とする。だが李賢注では『前書音義』と韋昭注・蕭該注とが区別されているので、「『前書音義』＝蔡謨注と顔師古注を含む諸注釈＝蔡謨注と顔師古注＋α」説は正確でなく、αに韋昭注・蕭該注が含まれない理由を説明できない。むしろ『前書音義』は蔡謨本と顔注（顔注引注も含む）のみをさすか。なお渡邊氏等は『前書音義』と顔注との数多くの一致を論拠とするが、蔡謨と顔師古の論拠はほぼ同じで、違いは蔡謨注の引用の仕方や、数少ない蔡謨自身の解釈が良くない点にある（叙例）。

(16) 王重民『敦煌古籍叙録』（商務印書館、一九五八年）。富永一登「『文選』李善注の特質」（『文選李善注の研究』研文出版、一九九九年）は李善注所引顔注の存在も指摘し、後人の付加とする。

(17) 新美寛編（鈴木隆一補）『本邦残存典籍による輯佚資料集成』（京都大学人文科学研究所、一九六八年）等。

(18) 王鳴盛『十七史商榷』以来の研究者（楊明照「漢書顔注發覆」『学不已斉雑著』上海古籍出版社、一九八五年等）は一般に、顔師古が他説を「抄襲（＝剽窃）」したとする。王鑫義（大櫛敦弘・遠藤隆俊訳）「顔游秦『漢書決疑』佚文と顔師古『漢書注』との比較検討」（『高知大学学術研究報告（人文科学編）』五五、二〇〇六年）も顔游秦『漢書決疑』佚文と顔注を比較し、顔師古は『漢書決疑』の八〇％を継承後に顔游秦の名を顔師古に改めたとする。一方、王永平・孫艶慶「顔師古《漢書注》「抄襲舊注」説之再検討」（『史学史研究』二〇一〇年第二期）は顔注本成立後の抄本伝来期と戦乱期を通じて顔注本は変化し、元来の顔注本は「抄襲舊注」していないとする。

(19) 『唐六典』巻二吏部尚書条、巻四礼部尚書条。

(20) 『唐六典』巻八門下省弘文館学士条。

(21) 『新唐書』巻四四選挙志。

(22) 神田喜一郎「正史の話」（『東光』二、一九四七年）。

(23) 五十嵐正一「隋代教育制度に関する二、三の問題について」（『中国近世教育史の研究』国書刊行会、一九八四年）。

(24) 山崎宏「隋朝の文教政策」(『隋唐仏教史研究』法蔵館、一九六七年)、註(11)多賀前掲書。
(25) 那波利貞「唐鈔本雑抄攷―唐代庶民教育史研究の一資料―」(『唐代社会文化史研究』創文社、一九七四年)。
(26) 『麟台故事』巻二之二十、『永楽大典』巻一七四二所引『宋会要輯稿』(第五五冊)崇儒四条。
(27) 『玉海』巻四三藝文・咸平元年七月条、『麟台故事』巻二之十一。『天禄琳琅書目』所収『漢書』(内府蔵)「淳化五年奉敕刊正、至道三年、呂端等進書」によれば淳化本刊行は至道三年(九九七)。
(28) 『麟台故事』巻二之十一によれば、余靖『漢書刊誤』は景祐元年刊、余靖等校本は景祐二年刊。
(29) 清・范公詒『兩漢書旧本考』は北宋本『漢書』が数本現存するとするが、どれも北宋本でない。註(13)倉田前掲論文参照。
(30) 近藤一成「宋初の国子監・太学について」(『宋代中国科挙社会の研究』汲古書院、二〇〇九年)。
(31) 百衲本は従来景祐本とされてきたが、尾崎康『正史宋元版の研究』(汲古書院、一九八九年)によれば、一一〇〇年代前半の刻工が版刻したものなので北宋末南宋初刊本である。また補刻は南宋前期に一度のみ行なわれ、よって「遞修」でなく「南宋前期修本」である。なお慶元本の参考文献欄に一一二四年(宣和六)の国子監本があるが、尾崎氏によると北宋末南宋初刊南宋前期修本の誤記か。百衲本を覆刻したものに南宋後半期の福唐郡庠刊本があり、現在宮内庁書陵部に二部、静嘉堂文庫・故宮博物院・内閣文庫・中央研究院歴史語言研究所に蔵され、中でも宮内庁書陵部(全四三冊)本は元統二年修のない唯一のもので、原刻葉を多くとどめる。
(32) 淳熙二年・紹熙四年・慶元五年の遞修本が静嘉堂文庫に現存する。
(33) 黄善夫・劉元起刊本(所謂慶元本)には現在歴史民俗博物館蔵本(所謂上杉本)と松本市立図書館蔵本があり、避諱闕筆から版下作成は紹熙年間とされる。『阿部隆一遺稿集(二)宋元版篇』(汲古書院、一九九三年)によれば、前者には劉元起刊記が、後者には黄善夫刊語と劉元起等五名の校字者名があるので、前者は劉元起名義改刻本、後者は黄善夫初印本である。慶元本は宋祁校語・三劉刊誤に加え、劉元起自身が新たに十四本を校定し、諸説を以て校異を施したものである(劉元起「刻書識語」)。
(34) 日本・朝鮮以外の諸国に『漢書』がどう受容されたかは詳細不明。だが橘誠「モンゴル語訳『資治通鑑綱目』について」

（『日本モンゴル学会紀要』第四一号、二〇一一年）によれば、現モンゴル国立図書館には満洲語訳『資治通鑑綱目』（一六九一年訳）のモンゴル語訳があるそうで、十八世紀以後の満州人やモンゴル人の中にも漢代史の初歩的知見をもつ者はいたようである。

（35）寺田隆信「士人の史的教養―『資治通鑑』の流布について―」（『明代郷紳の研究』京都大学出版会、二〇〇九年）。

（36）『旧唐書』巻一一〇李光弼伝、『新唐書』巻八四郝處俊列伝、巻一〇四哥舒翰列伝。

（37）『新唐書』巻一四三郗士美伝、『旧唐書』巻一八八陸南金伝、陸元感墓誌。

（38）何良俊『四友齋叢説』（中華書局、一九五九年）。また『丞相魏公譚訓』巻八によれば慶暦二年（一〇四二）の進士蘇頌も相国寺市で掛売買を行ない、『漢書』を入手しようとしたという。

（39）大久保英子『明清時代書院の研究』（国書刊行会、一九七六年）、呉万居『宋代書院与宋代学術之関係』（文史哲出版社、一九九一年）、『中国歴代書院志』（江蘇教育出版社、一九九五年）、陳谷嘉・鄧洪波主編『中国書院史資料』（浙江教育出版社、一九九八年）等。

（40）劉恕『資治通鑑外記』、司馬光『温国文正司馬公集』巻六二与劉原道書。

（41）井上進『中国出版文化史―書物世界と知の風景―』（名古屋大学出版会、二〇〇二年）。

（42）佐藤仁『宋代の春秋学　宋代士大夫の思考世界』（研文出版、二〇〇七年）。

（43）『三朝北盟会編』巻九八所引『燕雲録』靖康丙午冬条、『靖康要録』巻十五靖康二年二月二日条。

（44）飯山知保『金元時代の華北社会と科挙制度―もう一つの「士人層」―』（早稲田大学出版部、二〇一一年）。

（45）遇一夫自言擧人。問所業、云通三史、試詩賦論策（『攻媿集』北行日録上十二月十八日己亥条）。

（46）桑原隲蔵「歴史上より観たる南北支那」（『白鳥博士還暦記念東洋史論叢』岩波書店、一九二五年）、Ho, Ping-ti. 1962. The ***Ladder of Success in Imperial China: Aspects of Social Mobility 1368-1911***, NewYork: Columbia University Press; Robert, M. Hartwell. 1982. Demographic, Political, and Social Transformations of China, 750-1550, ***Harvard Journal of Asiatic Studies***, vol42, no.2 等。

（47）註（41）井上前掲書。

(48) 宮紀子『モンゴル時代の出版文化』(名古屋大学出版会、二〇〇六年)。
(49) 註(44)飯山前掲書。
(50) 註(41)井上前掲書、一七九頁。
(51) 謝貴安「明代的漢書経典化与劉邦神聖化的現象・原因与影響」(『長江大学学報(社会科学版)』三一―一、二〇〇八年)。
(52) 王重民『中国善本書目提要』(上海古籍出版社、一九八三年)、北京図書館編『北京図書館古籍善本書目』(書目文献出版社、一九八七年)、中国古籍善本書目編輯委員会編『中国古籍善本書目』(上海古籍出版社、一九九三年)、清華大学図書館編『清華大学図書館蔵善本書目』(清華大学出版社、二〇〇三年)等。
(53) 寺田隆信「郷紳の登場」(『明代郷紳の研究』京都大学出版会、二〇〇九年)。
(54) 寺田隆信「近世士人の学問と素養」(『明代郷紳の研究』京都大学出版会、二〇〇九年)。
(55) 中砂明徳「不肖の孝子―『少微通鑑』―」(『中国近世の福建人』名古屋大学出版会、二〇一二年)。
(56) 『漢書評林』に関しては、朱志先『明人漢史学研究』(湖北長江出版集団、二〇一一年)参照。
(57) 井上進『明清学術変遷史―出版と伝統学術の臨界点―』(平凡社、二〇一一年)。
(58) 大久保英子『明清時代書院の研究』(国書刊行会、一九七六年)。
(59) 陳仲奇「『二十五史』の校点出版の背景について―毛沢東と古籍整理事業を巡って―」(『東アジア出版文化研究―にわたずみ―』二玄社、二〇〇四年)、陳仲奇「『二十五史』校点整理事業をめぐる周恩来と姚文元の確執について」(『北東アジア研究(島根県立大学)』八、二〇〇五年)等。

付表　顔師古以後の『漢書』注

番号	書名	撰者	詳細
1	—	顔師古	顔師古注に関しては本論参照。641 年に完成。姪の顔昭甫も助力（顔氏家廟碑・顔魯公集）。宋書に「班固漢書一百巻顔師古注」。
2	指瑕	王勃	王勃（650－676）。顔師古注本の誤りを指摘。所謂慶元本等に所引。
3	西漢質疑	顔師古	宋史史鈔類に「師古。三國志質疑十四巻又西漢質疑十九巻東漢質疑九巻」。
4	漢書拾遺	—	慧林『一切経音義』（783 ～ 807 年成立）所引。
5	—	杜林	慧林『一切経音義』に「杜林注漢書云」、「杜林漢書注」。
6	—	劉兆	慧林『一切経音義』に「劉兆注漢書云」。
7	—	劉熙	慧林『一切経音義』に「劉熙注漢書云」。
8	漢書故事	—	慧遠『一切経音義』に「漢書故事云」、『太平御覧』巻 809 子部類書類に「漢書故事曰」。
9	御銓定漢書	輒處俊ら	旧唐書に「御銓定漢書八十一巻輒處俊等撰」、新唐書に「御銓定漢書八十七巻高宗與輒處俊等撰」。郝處俊は高宗期の人で（『旧唐書』郝處俊列伝・『新唐書』郝處俊列伝）、『輒處俊集』の撰者（『旧唐書』経籍志・『新唐書』藝文志）。旧唐書配列では班固・顔師古本に続き、服虔以下の諸注本と区別される。原文に割注等の形で組み込まれているためか。90 巻未満で、すでに欠本あり。新唐書配列でも顧胤漢書古今集義や顔師古注漢書と別扱い。
10	漢書古今集義	顧胤	「顧胤者、蘇州呉人也。…永徽中歴遷起居郎、兼修國史。撰太宗實錄二十巻成、以功加朝散大夫、授弘文館學士。以撰武徳・貞觀兩朝國史八十巻成、加朝請大夫、封餘杭縣男、賜帛五百段。龍朔三年、遷司文郎中、尋卒。胤又撰漢書古今集二十巻、行於代（『舊唐書』令狐德棻列伝付顧胤列伝）」。旧唐書「漢書古今集義二十巻顧胤撰」、新唐書「顧胤漢書古今集義二十巻」。『史記索隠』・『史記正義』に佚文。日本西宮武居氏藏『漢書』楊雄伝抄の欄外に藤原良秀による書込あり（948 年）、姚察『漢書訓纂』や顧胤『漢書古今集義』を引く。
11	漢書正義	務静	旧唐書に「漢書正義三十巻釋務靜撰」、新唐書に「僧務靜漢書正義三十巻」。旧唐書配列によれば顧胤後・李善前。新唐書配列では陰景倫らの後だが誤。宋・高似孫『史略』に「務靜漢書正義三十巻」、注に「唐僧」とあるので、撰者名は釈務静でなく務静。「釈」「僧」は仏僧の意。
12	漢書正名氏義	—	旧唐書に「漢書正名氏義十三巻」、新唐書に「漢書正名氏義十二巻」。旧唐書配列によれば釈務静後・李善前。

13	漢書辯惑	李善	「李善者、揚州江都人。…嘗注解文選、分爲六十卷…又撰漢書辯惑三十卷。載初元年卒（旧唐書儒学列伝上）」。生年は諸説あり、富永氏によれば615-620年頃か。旧唐書に「漢書辯惑三十卷李善撰」、新唐書に「李喜漢書辯惑三十卷」、「李善漢書辯惑二十卷」。新唐書所収の『漢書辯惑』30巻本と20巻本は同一（中華書局本校勘）。
14	漢書英華	—	旧唐書に「漢書英華八卷」、新唐書に「漢書英華八卷」。
15	漢書音義	劉伯莊	新唐書に「劉伯莊又撰史記地名二十卷漢書音義二十卷」。「又」の語順が不自然なので「劉伯莊撰史記地名二十卷又漢書音義二十卷」か。すると本書は劉伯莊撰。
16	漢書音義	敬播	新唐書に「敬播注漢書四十卷又漢書音義十二卷」。史略も両書を掲載。
17	漢書議苑	元懐景	新唐書に「元懷景漢書議苑卷亡開元右庶子武陵縣男諡曰文」、注に「開元右庶子、武陵縣男。諡曰文」。
18	漢書紹訓	姚珽	新唐書に「姚珽漢書紹訓四十卷」。本書は姚察『漢書訓纂』の要約で、その再評価を試みたもの（新唐書巻102）。
19	漢書纂誤	劉巨容	劉巨容(?-889)は徐州の人。州大将・山南東道節度使等歴任。『新唐書』に本伝。宋史に「劉巨容漢書纂誤二卷」。宋史配列によれば富弼の後だが、実際は逆。
20	漢書刊誤	張泌	張泌（生没年不明）は唐末進士で、五代後蜀（934—965）に花間派詩人として活躍。宋史に「張泌漢書刊誤一卷」。景祐2年本に余靖等の刊誤だけでなく張泌校説6条も編入され、本書のことか。
21	西漢刊誤	—	宋史に「西漢刊誤一卷不知作者」。宋書配列によれば劉巨容以後の人。『玉海』巻49藝文注に伝劉攽撰とする。
22	両漢類要	趙世逢	趙世逢（生没年等不明）。宋史史鈔類に「趙世逢兩漢類要二十卷」。他に『栄華集』等。
23	両漢博聞	楊侃	楊侃（965-1033）。1015年に兵部員外郎直集賢院。宋史史鈔類に「楊侃兩漢博聞十二卷」。古逸叢書三編17に南宋刻本原大影印所収。「黄金上幣」・「以斤名金」等の用語を解説。なお漢書評林陳文燭撰序「余靖爲刊誤、楊侃爲標注……」の楊侃『漢書標注』が本書かは不明。
24	漢書刊誤	余靖	余靖（1000年－1064年）は韶州の人（現在の広東省）。宋仁宗時期の諫議大夫。1024年に進士。工部尚書等歴任。景祐3年に范仲淹をかばったため左遷され、慶暦3年に再重用され、欧陽脩らと皇帝を諫め、「慶暦四諫」と称される。宋史に「余靖漢書刊誤三十卷」。本刊誤は景祐元年(1034)刊。丁丙『善本書室蔵書志』に「漢書考正不分卷（闕名）」とあり、『八千巻楼書目』巻4史部は「宋余靖王洙撰影元抄本」とする。

25	漢書校語	宋祁	宋祁（998-1061）は北宋安陸の人。兄宋癢とともに進士となり、国子監直講・太常博士・龍図閣額士・史官修撰等を歴任。欧陽脩と『新唐書』を編纂。宋祁校語は 1035 年成立か（本論参照）。所謂慶元本所引宋祁校語に関しては全祖望『鮚埼亭集外編』巻 48 雑著「辨宋祁漢書校本」や黄雲眉「辨宋祁漢書校語」（『史学雑稿訂存』斉魯書社、1980 年）等の偽物説と、張元済『校史随筆』等の本物説あり。
26	新校前漢書	趙抃	趙抃（1008 ～ 1084）は衢州西安の人、1034 年に進士。知事等として成都・杭州・越等で善政。宋史に「趙抃新校前漢書一百巻」。
27	漢書問答	沈遵	沈遵は、母魏氏（987-1050）の年齢を考慮すると、1010-1080 年頃の人か。江陰の人で進士。殿中丞知連州等歴任。新唐書に「沈遵漢書問答五巻」、宋史別史類に「漢書問答五巻」。
28	両漢精議	唐仲	唐仲（生没年不明）。漢書纂所引。
29	両漢雋言	林越	林越は宋人（生没年不明）。明・淩迪知増輯。宋史に「林越漢雋十巻」。宋史の分類上、史評系か。
30	前漢書綱目	富弼	富弼（1004-1083）は河南洛陽の人。范仲淹に見いだされ制科及第。対遼外交で活躍。宰相等歴任。王安石新法に反対。宋史に「富弼前漢書綱目一巻」。
31	漢書刊誤	劉攽	劉攽（1023-1089。進士）。宋史に「劉攽漢書刊誤四巻」。原著散佚し、呉仁傑『漢書刊誤補遺』に残存。宋史によれば漢書刊誤は劉攽撰だが、劉攽・劉奉世注も含まれ、「三劉刊誤」と称される。漢書標柱と区別される。明南監本や『漢書補注』にも散見。金沢市立図書館蔵南宋前期建刊一二行本（酷吏・貨殖・遊侠列傳、佞幸・匈奴伝上のみ残存）の師古注末尾にも三劉刊誤あり。慶元本と異なり、宋祁校語を欠き、刊誤の数も少なく、配置の異なる箇所もあり、慶元本の元本か（尾崎）。
32	漢書標柱	劉敞・劉攽・劉奉世	劉敞（1019-1068。進士）・劉攽（1023-1089。進士）・劉奉世（1041-1113。進士）。宋史に「三劉漢書標柱六巻劉敞劉攽劉奉世」。宋史所見「劉攽漢書刊誤四巻」は別本（漢書刊誤欄参照）。「両漢書弁疑・王鳴盛序」によれば乾隆以前に散佚し、宋元人の採用した一部のみ明監版に残る。『宋史』巻 319、王偁『東都事略』巻 76、朱熹編『三朝名臣言行録』巻 4、張尚英「劉敞年譜」（『宋人年譜叢刊』第 4 冊）等参照。三劉は祖父劉式（南唐王朝科挙主席）以来の学識を継承し、とくに劉敞は学識広く、金石学に造詣深い。
33	王先生十七史蒙求	王令	王令（1032-1059）は廣陵の人。王安石に高く評価される。他に『廣陵集』等。
34	班史誨蒙	程致道	程致道（1078-1144。銭大昕『疑年録』参照）。漢書纂所引。『澗泉日記』「程致道之文太快」は本書か。

35	読史管見	胡寅	胡寅（1098-1156）。1121 年に進士。胡安国の養子で、徽猷閣直学士等を歴任。漢書纂等所引。
36	唯室先生兩漢論	陳長方	陳長方（1108-1148）は福州長楽の人。号は唯室先生。1138年に進士。江陰軍学教授等歴任。他に『歩里客談』・『尚書論』等あり。宋史史鈔類に「唯室先生兩漢論一巻陳長方」。
37	両漢博議	陳季雅	陳季雅（1147-1191）は温州永嘉の人。淳熙 5 年に進士。隆興府教授等歴任。のち下野。宋史史鈔類に「陳季雅兩漢博議十四巻」。
38	西漢史鈔	陳傅良	陳傅良（1137-1203）は温州の人。1172 年に進士。太学録等歴任。『歴代兵制』『春秋後伝』等撰。宋史史鈔類に「陳傅良西漢史鈔十七巻」。
39	辨正	朱牧	朱牧（？ -1279）は閩県人。字は子文。本書は「朱子文辨正」とも称される。咸淳元年（1265）に進士（咸淳臨安志）。南宋滅亡時に殉死。漢書纂等所引。
40	兩漢刊誤補遺	呉仁傑	呉仁傑（生没年不明）は洛陽の人。朱熹門下で、淳熙年間に進士。国子学録歴任。1199 年に全州（江西）郡齋から刊行。宋史に「呉仁傑兩漢刊誤補遺十巻」。銭大昭「両漢書弁疑」王鳴盛序にいう「呉斗南補遺」。
41	漢論・漢書家範	倪遇	倪遇（生没年不明）。ともに宋史史鈔類に分類される。
42	名賢十七史確論	—	宋史史鈔類に「名賢十七史確論一百四巻不知作者」。
43	両漢著名論	—	宋史史鈔類に「両漢著名論二十巻」。
44	両漢筆記	銭時	銭時（生没年不明）は杭州淳安の人。喬行簡（1156－1241）と関係するので、1230 年前後の人。宋史巻 407 に本伝。科挙を目指さず、理学を追求。象山書院に奉職。丞相喬行簡（1156－1241）が彼を秘閣校勘に推薦し、のち下野。四庫全書では史評類に分類される。
45	兀涯西漢書議	霍韜	霍韜（1487-1540）。本書はのち明・張邦奇が増修。四庫全書存目叢書所収。
46	漢書評林・漢書纂・漢書字例附	凌稚隆	漢書評林は 1581 年成立。
47	義門読書記・漢書校記	何焯	何焯（1661-1722）。徐乾学・翁叔元らに師事し、進士及第。武英殿での校本等に従事。死後、子の雲龍・従兄弟の堂・高弟の沈彤が春秋三伝・両漢書・三国志に関する遺著を整理し、1751 年に義門読書記 6 巻本刊行。蒋維鈞が 1769 年に 58 巻本刊行（のち崔高維点校）。他に、中国古籍善本書目に「漢書校記不分巻　清何焯撰　清同治十二年至十三年楊葆光抄本」とある。
48	両漢挙正・両漢訂誤	陳景雲	陳景雲（1670-1747）は江蘇呉県の人。何焯の弟子、県学生。他に『読書紀聞』等。本書は『清史稿』藝文志所収。

49	四史巣力説	史珥	史珥（1670 年前後の人)。他に『滙東手談』（清代禁毀書目四種）等。鄂爾泰『詞林典故』巻 8 康熙 15 年（1676）丙辰科に「史珥山西武郷人」。
50	漢書正誤	王峻	王峻（1694-1751）は江蘇常熟人（号は艮齋）。同里の宋顧楽と陳祖范に学び、「王宋」と称される。1724 年に進士。紫陽書院院長で、銭大昕らを育成。本書は『清史稿』藝文志所収。『清史稿』に本伝あり。他に『艮齋詩文集』等。
51	漢書蒙拾	杭世駿	杭世駿（1696-1773）は浙江仁和の人。他に『諸史然疑』等あり、『漢書』に言及。
52	漢書考証	斉召南	斉召南 (1706 ～ 1768) は浙江天台の人。内閣学士・礼部侍郎等歴任。『大清一統志』編纂に参加。本考証は殿本『漢書』に所見。他に『水道通考』『春秋三伝考証』等。
53	読史糾謬	牛運震	牛運震（1706-1758）は山東滋陽の人。1733 年に進士。他に『空山堂文集』等。『清史稿』に本伝あり。
54	二十二史反應録	彭希涑	彭希涑（？－1793）は挙人、仏教居士。二十二史所見の報応故事を集めた書で、若干注あり。元々2巻本だったが、日本長崎へ舶載後、黄泉道人が刪補して 3 巻本となり、長沢規矩也が和刻本正史諸史抄に収めた。
55	読史札記	盧文弨	盧文弨(1717-1795)は浙江余姚の人。1752年に進士(探花)。湖南学政等歴任。乾隆33年に下野し、江･浙各書院に奉職。校書に優れる。他に『抱経堂集』等。
56	読史雑記	沈豫	沈豫（生没年不明）は蕭山の人。他に『蛾術堂集』等（両浙輶軒続録）。道光期の諸生。郷里で教授。四六駢儷文に優れるが、著書『皇清経解提要』は粗雑とも評される（清代目録提要）。
57	十七史商権	王鳴盛	王鳴盛（1722-1798）は江蘇省嘉定の人。1754 年に進士。編修歴官・内閣学士等歴任。『清史稿』藝文志所収。
58	廿二史箚記	趙翼	趙翼（1727-1814)。『清史稿』藝文志所収。他に『陔餘叢考』等あり、そこでも『漢書』に言及。
59	漢書古義考	侯鄰	侯鄰（生没年不明)。『二十四史訂補』所収。
60	漢書考異（二十二史考異）	銭大昕	銭大昕（1728-1804）は江蘇省嘉定（現上海）の人。銭大昭の兄で、王鳴盛の妹壻。1751 年に王鳴盛の推挙で紫陽書院に入学。院長王峻から「筆下千言、盡中典要」と評された。乾隆帝に召されて学職歴任。40歳で職を退き、『二十二考異』（『清史稿』藝文志所収）執筆。復職して『大清一統史』等の編輯に関与。他に『諸史拾遺』（『清史稿』藝文志所収)･『十駕齋養新録』･『三史拾遺』あり、諸書で『漢書』に言及。

61	姚惜抱先生前漢書評点	姚鼐	姚鼐（1731 ～ 1815）は安徽桐城の人。室名は惜抱軒で、1763 年に進士。方苞・劉大櫆と「桐城三祖」と称される。礼部主事・四庫全書纂修官等を歴任。のち下野して楊州梅花・江南紫陽・南京鐘山等の書院に奉職。本評点を組み込んだ王先謙『漢書補注』刊本が現存。
62	漢書辨疑	銭大昭	銭大昭（1744-1813）は江蘇省嘉定の人。銭大昕の弟。1796 年に孝廉方正。四庫全書の校録等に関与。本書には乾隆 44 年 3 月の王鳴盛序があり、本書を実事求是と評し、三劉刊誤や呉斗南補遺と比較。『清史稿』藝文志所収。他に『後漢書補表』等。
63	読書雑志	王念孫	王念孫（1744-1832）は江蘇高郵の人。師匠の戴震、戴震の弟子段玉裁、王念孫の子王引之とともに「戴段二王の学」と称される。
64	四史発伏	洪亮吉	洪亮吉（1746-1809）は江蘇省陽湖の人。1790 年に進士。翰林院編修・国史館編纂官・貴州学政等を歴任。伊犂地方への流罪後（1800 年）は郷里で著作に専念。
65	漢學拾遺	劉台拱	劉台拱（1751－1805）は江蘇宝応の人。1771 年に江南郷試に及第。汪中・王念孫とともに「揚州三通人」と称され、章学誠・段玉裁らと親交。乾隆学派（顧炎武・閻若璩・銭大昕・段玉裁・王念孫・王引之ら）の流れをくむ楊州学派。劉宝楠の親族。本書は『清史稿』藝文志所収。他に『論語駢枝』・『方言補校』等。
66	漢書正訛	王元啓	稿本（葉景葵跋あり）として中国古籍善本書目所収。
67	漢書拾遺	林茂春	稿本（謝章鋌跋あり）として中国古籍善本書目所収。
68	漢書疏證	沈欽韓	沈欽韓 (1775 ～ 1831) は江蘇省呉県の人。本書は『清史稿』藝文志所収。續修四庫全書に「漢書疏證三十六巻 清沈欽韓撰」と「漢書疏證二十七巻 清闕名撰」があるが、関係不明。他に『幼学堂文集』等。
69	宋槧漢書残本攷異	銭泰吉	中国古籍善本書目所収。手稿本らしい。
70	漢書注考證	何若瑤	何若瑤（何宮贊。生没年不明）は広東番禺の人。1841 年に進士。本書は『清史稿』藝文志所収。
71	漢書刊誤	石韞玉	石韞玉（1800 年前後の人）は呉県の人。同治蘇州府志巻 65 乾隆 44 年己亥恩科に「呉石韞玉。見進士」、1790 年に進士。他に『読論質疑』等。本書は『清史稿』藝文志所収。
72	漢書注校補	周寿昌	周寿昌（1814－1884）は湖南長沙の人。1845 年に進士。のち内閣学士兼礼部侍郎。光緒初下野し、北京で本書執筆。『清史稿』藝文志所収。他に『思益堂文集』等。本書自序によれば周寿昌は『史記』『漢書』に造詣の深い父・叔父硯薌・伯父念疇から薫陶を受け、父は自ら『漢書』を評校・付注する程だったが散佚。かくて周寿昌は注校補を執筆。完成までに 17 回も改稿し、姪の夫の王先謙の激励もあり完成。

73	学古堂日記	雷浚	雷浚（1814-1893）。『学古堂日記』に土肇釗・鳳曾叙・徐鴻鈞・朱錦綬の「読漢書日記」所収。1889 年に学古堂で講義。他に『道福堂詩集』等（雷刻八種）。
74	漢書札記（越縵堂讀史札記）	李慈銘	李慈銘（1830-1894）は浙江会稽（紹興）の人。1880 年に進士。山西道監察御史に至る。『清史稿』に本伝あり。他に『越縵堂日記』等。だが未刊行多く、のち蔡元培が『越縵堂日記』51 冊（商務印書館、1920）編輯。1936 年に『越縵堂日記補』13 冊を編輯。
75	読前後漢書札記	朱次琦	朱次琦（1830 年前後の人）は南海の人。1839 年に進士（光緒広州府志巻 46、道咸同光四朝詩史甲集巻 2）。本書は伝抄本。
76	漢書瑣言	沈家本	沈家本(1840—1913)。1883 年に進士。1911 年に法部左侍郎・袁世凱内閣司法大臣。他に『歴代刑法考』・『読史瑣言』等。
77	漢書管見	朱一新	朱一新（1852-1900）は浙江義烏の人。1876 年に進士。陝西道監察御史となった後、下野し、張之洞の招きで広雅書院で教育に従事。他に『無邪堂答問』等。『清史』に本伝。本書は『清史稿』藝文志所見。
78	漢書補注	王先謙	王先謙（1842-1917）は湖南省長沙の人。1865 年に進士。翰林院庶吉士・散館編修等を歴任（清王葵園先生先謙自定年譜）。阮元・姚鼐の後を継いで『続皇清経解』・『続古文辞類纂』を編纂。1889 年に下野して長沙岳麓書院院長となる。科挙廃止と西洋科学の重視を主張。本書は光緒 26 年（1900）刊行で、『清史稿』藝文志所収。汲古閣本を底本とし、百衲本・毛氏汲古閣本・武英殿本・金陵書局本等を校合。引用専著 47、参訂者 20 名。王先謙は周寿昌の姪の夫で、本書も周寿昌『漢書注校補』の説を継受（清人文集別録）。なお参訂者に朱一新・李慈銘がおり、各々漢書に付注したが、補注によれば朱一新『漢書管見』は未完成で、李慈銘説も反映されていない。よって補注出版時に両書は未刊。
79	漢書引経異文禄証	繆祐孫	繆祐孫（1851－1894）。1886 年に進士。オランダ出張（～1889 年）。
80	漢書佚文	王仁俊	王仁俊 (1866-1913) は江蘇呉県の人。1892 年に進士。兪樾の弟子で、張之洞の門人。京師任学部図書局副局長兼大学堂教習等を歴任。漢学・古注を重視し、『十参経漢注四十種輯佚書』を撰す。他に『玉函山房輯佚書続編』等。
81	廿二史箚記	楊家駱	楊家駱（生没年不明）。
82	讀漢書札記	寧調元	寧調元（1873 ～ 1913）は湖南醴陵の人。1904 年に華興会に入り、1905 年に日本留学。帰国後に反清革命に失敗して日本へ亡命。のち『帝国日報』の主編、『民声日報』を創刊。武昌で死亡。他に『太一遺書』等。

83	漢書補注補正・漢書窺管・讀漢書札記	楊樹達	楊樹達（1885-1956）は湖南長沙の人。1905 年に日本留学。1911 年に帰国し、教授職等歴任。他に『詞詮』等。
84	漢書補注訂誤	周正權	詳細不明。
85	漢書考證	史学海	詳細不明。
86	二十一史徵	徐汾	詳細不明。
87	漢書古字類	—	寶樹堂遺書。稷香館叢書説文疑十二卷坿漢書古字一卷音義異同一卷と関係か。
88	両漢条記	蔣曰豫	蔣曰豫（生没年不明 ）は晩清陽湖の人で、「歴署元氏知縣蔚州知州(晩清簃詩匯)」。他に『韓詩輯』『論語集解校補』『両漢伝経表』等あり。江蘇采輯書目所収。

※　本表は『漢書』全体に対する注を付した顔師古以後の歴代書籍をあつめたもの。史評類は入れず、適宜本論で紹介した。詳細欄には書籍・撰者の詳細をしるし、適宜関連書籍も引用した。関連書籍の中でも本稿本文所引分は適宜書名を略した。姚振宗は『隋書経籍志考証』、章宗源は『隋書経籍志考証』。詳攷は興膳宏・川合康三『隋書経籍志詳攷』、吉川は吉川忠夫「顔師古の『漢書』注」、尾崎は『正史宋元版の研究』をさす。

唐宋における『後漢書』の合綴と合刻について

―李賢『後漢書注』に劉昭『集注後漢』八志を補うこと―

小林　岳

はじめに

唐の章懐太子李賢の『後漢書注』は、李賢が招聘した編纂グループとともに范曄『後漢書』（以下『後漢書』とのみ記すばあいは范曄書をさす）の本紀と列伝の全巻にわたって注釈を挾入したものである。それは完成してより今日にいたるまで千三百年余にわたって後漢王朝およびその前後の時代の考究に欠くあたわざる指針をあたえていることから、その学術的な価値には計り知れぬものがあるとしなければならない。ただし、この書は後漢時代に特定する断代史の形式を用いる紀伝部分に注釈を附するもので、志部を備えていないために後漢王朝史を綜述する歴史書としては欠陥があるとしなければならないのである。したがってその書が完成した高宗朝においても後漢王朝史を包括的にとらえるために『後漢書注』を閲読するばあいには、その時代の志部として唯一まとまった形で伝来していた司馬彪の『続漢書』八志か、あるいはそれに注釈を挾入した劉昭の『集注後漢』八志を援用しなければならなかったはずである。このような事例は、やがて『集注後漢』から八志部分を断裁して『後漢書注』に合綴することを促し、さらにはそれを合刻して公刊することにつながったと考えられるのである。

小論において私は、この『後漢書注』に見える変遷と変容の軌跡を、掲載書にちなむ「学術と支配」という言葉を関鍵として俯瞰し、そこにむすばれた個々の情況を明らかにしたいと考える。すなわち時の権力によって『後漢書注』に与えられ、また強いられた公認や禁忌および合綴書の容認と合刻書の公刊などの事例について考察し、その具体像を明らかにしようと考えるのである。[1]なお小論は、紙幅の都合によってすでに論証した事柄についてはその結論から提示し、その考証過程の詳細は拙著各章節の参照を促すばあいがあり、また時には考証過程をそのまま引用して新たな論説をおこなうばあいがあるため、表記の一部に拙著との重複が見られることを一言しておく。

一　李賢『後漢書注』の公認と禁忌

1　『後漢書注』奉呈と第一次公認

のちに章懐太子を追謚される李賢は、高宗の上元二年（六七五）六月に立太子し、調露二年（六八〇）八月に廃されるまで五年二か月にわたって皇太子位にあった。この在位期間の前半は李賢が偉才を発揮した時代で『旧唐書』巻八六高宗中宗諸子伝＝李賢伝（以下、李賢伝とする）は左のごとくそれを記す。

①尋令監国。賢処事明審、為時論所称。②儀鳳元年、手勅褒之曰、③皇太子賢自頃監国、留心政要。撫字之道、既尽於哀矜、刑網所施、務存於審察。④加以聴覧余暇、専精墳典。往聖遺編、咸窺壼奥。先王策府、備討菁華。⑤好善載彰、作貞斯在。家国之寄、深副所懐。可賜物五百段。⑥賢又招集当時学者太子左庶子張大安、洗馬劉訥言、洛州司戸格希元、学士許叔牙、成玄一、史蔵諸、周宝寧等、注范曄後漢書。表上之、賜物三万段、仍以其書附秘閣。

これによると李賢は、①立太子後まもなく監国に就任して国政を統べたが、その処事は明審であると時論の称賛を得たことから、②儀鳳元年（六七六）、高宗は手勅をもって、③「皇太子賢は、頃《このごろ》監国たりてより、心を政要に留む。撫字の道は、既に哀矜を尽くし、刑網の所施は、務めて審察に存す」として、その執政は慈しみを旨として哀矜を尽くし、刑網の所施は審察につとめたとする。また④「加うるに余暇に聴覧し、墳典に専精す。往聖の遺編は咸な壼奥に窺《うかが》い、先王の策府は備《つぶさ》に菁華を討《たず》ぬ」として余暇には経典の聴覧に専精し、往聖の遺編や先王の策府に窺い討ねる真摯な姿勢を指摘し、それはいずれも御意にかなうとして、⑤「好善載彰にして、貞を作すこと斯れ在り。家国の寄《たのみ》たること、深く所懐に副《そ》う」と褒めて賜物五百段を下したとする。これは李賢の真面目な性格と学問に対する真摯な姿勢に加えて、その高い行政能力と慈愛に満ちた施政を示すものであるが、高宗が敢えてこのような賛辞をなした背景には、新たに皇太子となった李賢が国家の柱石たることを宮中内外に示して、李賢の同母兄である前皇太子李弘が生母則天武后と対立し、突如として鴆殺された事件に動揺する人心を静めるべくなされたことは言うまでもないことである[2]。

つづく⑥は『後漢書注』の編纂に関するもので、ここで皇太子李賢は張大安、劉訥言、格希元、許叔牙、成玄一、史蔵諸、周宝寧らを招聘して范曄『後漢書』に注釈を施し、高宗に奉呈して賞賛を得るとともに賜物三万段が下され、その書が宮中秘閣に蔵されたことが確認できるが、ここでは宰相格の同中書門下三品に除せられた張大安と当代の漢書学者を代表する劉訥言を顧問に据えた編纂グループに当代の錚々たる学者を集め、そこで李賢自身も筆を執って『後漢書注』を完成させたこと。さらに高宗に奉呈されたその書は天褒のもとで秘閣に収蔵されたことの二点を確認しておきたい[3]。これは高宗朝において『後漢書注』が公認されたことを示すものにほかならない。

なお、その奉呈の年次は『旧唐書』巻五高宗本紀に、

（儀鳳元年）十二月丙申、皇太子賢、注する所の後漢書を上る。賜物三万段あり。

とあり、また『唐会要』巻三六修撰はそれを「儀鳳元年十二月二日」と記すことから、李賢二十三歳の歳晩にあたる

儀鳳元年十二月二日であることを確認しておく。その詳細については後述するが、この奉呈から三年八か月が経過した調露二年（六八〇）八月に李賢は廃太子とされ、これ以後その名誉が完全に回復される景雲元年（七一〇）七月までの三十年間にわたり『後漢書注』は禁忌の書とされるのであるが、その後ふたたび公認されたことからすると、これは第一次公認とするのがふさわしいであろう。

2　李賢の廃詘と『後漢書注』の禁忌

李賢の廃太子については『旧唐書』高宗本紀の調露二年（六八〇）八月の条に、

甲子、皇太子賢を廃して庶人と為し、別所に幽す。乙丑、英王哲を立てて皇太子と為す。調露二年を改めて永隆元年と為す。天下に赦し、大酺すること三日。

とある。これによると李賢を廃して庶人とした翌日に弟李哲（のちの中宗）の立太子をおこない、あわせて改元と大赦および大酺を実施していることから、その廢詘が周到に計画されたものであることが確認できる[4]。

さて、ここで問題となるのは何ゆえ李賢は廃され、後述するごとく巴州に謫徙されて自殺に追いこまれたのかと言うことである。私は、その理由を『後漢書注』に見える則天武后と外戚への批判に求めるが、左にそれを示して考察を進めることにしたい。

（1）前書曰、高帝与功臣約、非劉氏不王、非有功不侯。不如約、天下共擊之。

（『後漢書』巻一〇皇后紀上李賢注）

（2）高帝呂后、昭帝上官后、宣帝霍后、成帝趙后、平帝王后、章帝竇后、和帝鄧后、安帝閻后、桓帝竇后、順帝梁后、靈帝何后等家、或以貴盛驕奢、或以摂位権重、皆以盈極被誅也。（『後漢書』巻一六鄧寇伝李賢注）

（3）外家、当為后家也。二十者、謂高帝呂后産、祿謀反誅、恵帝張皇后廃、文帝母薄太后弟昭被殺、孝文帝竇皇后従昆弟子嬰誅、景帝薄皇后、武帝陳皇后並廃、衛皇后自殺、昭帝上官皇后家族誅、宣帝祖母史良娣為巫蠱死、宣帝母王夫人弟子商下獄死、霍皇后家破、元帝王皇后弟子莽簒位、成帝許皇后賜死、趙皇后廃自殺、哀帝祖母傅太后家属徙合浦、平帝母衛姫家属誅、昭帝趙太后憂死是也。四人者、哀帝母丁姫、景帝王皇后、宣帝許皇后、王皇后、其家族並全。（『後漢書』巻五二崔駰伝李賢注）

（4）呂后専制、以兄子禄為趙王上将軍、産為梁王、相国、各領南北軍。呂后崩、欲為乱、絳侯周勃、朱虚侯劉章等共誅之。（『後漢書』巻七四上袁紹伝李賢注）

右は漢代の皇后および外戚に関する李賢の注記であるが、ここでは皇后の廃位や外戚の誅殺を忌憚なく記すことに注意しなければならない。まず（1）は前漢建国時の高祖の著名な約定で、ここでは『漢書』を引用して「劉氏に非ざれば王たるべからず。有功に非ざれば侯たるべからず。約に如らざれば、天下共に之を撃つべし」と解説する。（2）は前漢高帝の呂皇后、昭帝の上官皇后、宣帝の霍皇后、成帝の趙皇后、平帝の王皇后および後漢章帝の竇皇后、和帝の鄧皇后、安帝の閻皇后、桓帝の竇皇后、順帝の梁皇后、靈帝の何皇后らの生家は「或いは貴盛を以て驕奢となり、或いは摂位を以て権重きも、皆な盈極を以て誅せらる」と指摘するものである。（3）は竇太后の臨朝称制時に、その兄竇憲が詔命を私したことを誡告する崔駰の上書に附した注記で、ここでは前後漢を通じて皇后を出した二十家を示して、そのうち十七人の皇后や皇太后が廃位、賜死、自殺したことに加えて外戚の族誅や獄死の事例を詳述して、自身とその家族を保全し得たのはわずかに哀帝の母丁姫、景帝の王皇后、宣帝の許皇后および王皇后の四氏だけであることを特記するものである。（4）は呂太后の専制時代に、その次兄の子呂禄を趙王・上将軍に任じて禁衛北軍の指揮権を委ね、長兄の子呂産を梁王・相国に任じて南軍を指揮させたが、この二人は太后の崩御後に叛乱を企てたため、絳侯周勃と朱虚侯劉章によって族誅されたことを記すものである。当然のことながら李賢は『後漢書注』のなかに敢えて前漢の事例にまで遡及して「非劉氏不王」、「皇后廃自殺」、「皇后家族誅」などと注記する危険を熟知していたはずであるが、ここでは確信的にそれがなされていることに注意しなければならない。これは則天武后からすると、たとえわが子ではあっても李唐の皇太子が漢代史の注釈中に垂簾聴政を継続する自己と武氏派に向けた指弾を込めたものにほかならず、この事実は李賢の兄李弘が同じように武后の独裁を批判したため鴆殺せざるを得なかった過去を想起させるとともに、李賢に対する憎悪と警戒心とを惹起させるものであったに相違ないのである。(5)それが李賢の廃黜に直結し、巴州への謫徙と自殺とをよび込むことになるのであるが、ここではそれほどまでに則天武后と武氏派を刺激し、戦慄させる注記が『後漢書注』に存在することを確認しておきたい。

つづいて左の年表をもとに李賢の廃黜と復権について説明すると、皇太子を廃された李賢は洛陽から長安に護送されて別所に幽閉されたのち、永淳二年（六八三）十一月に巴州に謫徙され、文明元年（六八四）二月、則天武后の命によって自殺に追いこまれるのである。享年三十一。翌垂拱元年（六八五）三月、故李賢に雍王が追謚されて巴州化城県境に葬られたが、その葬柩は二十年にわたってかの地にとどめ置かれることとなり、神龍元年（七〇五）一月の中宗重祚および十一月の則天武后崩御を経て、神龍二年（七〇六）七月にようやくその名誉が回復されて帰葬が許され、乾陵陪葬が実現するのである。ただし、この段階ではなおそれを容認せぬ反唐室勢力（武韋派）が残存していたため、その復権が十全となるのは、中宗を鴆殺して奪権をはかった韋氏一党を族滅して睿宗が重祚する景雲元年（七一〇）六月まで待たねばならないのである。(6)以上、李賢の廃黜から復権にいたる三十年について概述したが、ここで『後漢書注』を顧みると、その三十年間は『後漢書注』を書架に置くことはもとより、その閲読さえ憚られたと考えられる。何となれば、その期間の大半は則天武后と武氏派が政権を掌握した時代で、そこではわずかなりとも則天武后の癇に障わる者、武氏派の意に染まぬ輩はあらゆる手段をもって追い込まれ、容赦なく誅滅されることが頻発したからである。(7)則天武后の酷薄を極めた性格とその残虐な仕打ちの一端なりとも知る人士にとって武后その人と武氏派への糾弾を込めた『後漢書注』は、それを口の端に掛けることさえ恐ろしかったのではあるまいか。以上のことからこの期間は『後漢書注』そのものが禁忌とされた時代と見なしてよいであろう。

それでは、ほぼ三十年にわたるこの時代に後漢王朝史を記す正史として何が用いられたのであろうか。結論からすると私は、『東観漢記』と劉昭『集注後漢』のうちで後者がより多く読まれたのではないかと推測するが、それを証明する史料は見いだしがたいようである。ただし蕪雑な内容と非難される『東観漢記』に比べて、「簡にして且つ周ねく、疏にして漏らさず、蓋し備われりと云う」（『史通』内篇巻五補注篇）と劉知幾が高く評価する『後漢書』紀傳部に劉昭が注釈を加え、さらに『続漢書』八志と劉昭注をも備えた『集注後漢』が格段の利便性を有することは贅言するまでもないことである。この観点からするともっぱらこの書が用いられたのではあるまいか(8)。

李賢と『後漢書注』関係年表

永徽五年（六五四）	十二月	李賢誕生。
上元二年（六七五）	六月	六月　李賢立太子。
儀鳳元年（六七六）	十二月	『後漢書注』奉呈。
調露二年（六八〇）	八月	皇太子李賢廃位。
永淳二年（六八三）	十一月	巴州謫徙。
文明元年（六八四）	二月	李賢自殺、享年三十一。
垂拱元年（六八五）	三月	故李賢に雍王追謚、巴州化城県境に埋葬。
神龍元年（七〇五）	一月	李哲（中宗）重祚。
	十一月	則天武后崩御。
神龍二年（七〇六）	七月	李賢を乾陵に陪葬。
景雲元年（七一〇）	六月	中宗の鴆殺と武韋派の政権奪取。
		李隆基の武韋派殲滅と李旦（睿宗）の即位。
	七月	李賢に章懐太子追謚。
延和元年（七一二）	八月	睿宗譲位、皇太子李隆基（玄宗）即位。
先天二年（七一三）	七月	太平公主を誅殺。
開元四年（七一六）	六月	太上皇帝（睿宗）崩御。

3　李賢の復権と『後漢書注』の解禁

李賢に章懐太子が追謚されて、その復権が揺るぎないものになると『後漢書注』を呪縛した禁忌も解けて、その書はふたたび権威を取りもどしたと考えられる(9)。左は、この考察の根拠となる『通典』の一節で、「（開元）十年、加永穆公主封千戸」とする本文に附した杜佑の自注（夾注）である。

①初永穆等各封五百戸、左右以為太薄。②上曰夫百姓租賦者、非吾有也。斯皆宗廟社稷蒼生是為爾。③辺隅戦士出万死不顧一生、所賞賜纔不過一二十匹。④此輩何功於人、頓食厚封。約之使知倹嗇、不亦可乎。⑤左右以長公主皆二千戸、請与比。⑥上曰、吾嘗読後漢書、見明帝曰、朕子不敢望先帝子。車服下之。吾未嘗不廃巻歎息。如何欲令此輩望長公主乎。⑦左右不敢復言。

（『通典』巻三一職官一三「歴代王侯封爵」）

ここでは開元十年（七二二）、①玄宗の第一女永穆公主の食封五百戸を「太薄」としてなされた左右の提議に対して、②玄宗は百姓の租賦はわが有に非ず。斯れは皆な宗廟、社稷、蒼生の為《もち》いるのみ。③辺隅の戦士は万死に一生だに顧みざるに、その賞賜は纔《わず》かに一二十匹を過《こ》えず。④此の輩は何ぞ人に功ありて、頓食厚封を受くるや。これを約して倹嗇を知らしむべしとする。⑤左右はさらに長公主は皆な二千戸とする前例に与《したが》うことを請うが、ここで玄宗が返答する左の⑥に注目しなければならない。なお、それに対して侍臣は⑦「左右は敢えて復た言わず」とする。

⑥上曰く、吾れ嘗て後漢書を読み、明帝の朕が子は敢て先帝の子に望《いた》らずと曰うを見る、と。車服は之より下すべし。吾れ未だ嘗て廃巻して歎息せざるはなし。如何ぞ此の輩をして長公主に望らしめんと欲するや、と。

ここで玄宗が閲読したのは『後漢書』巻一〇皇后紀上＝馬皇后紀と考えられ、その該当部分は左のごとくである。

（永平）十五年、帝案地図、将封皇子、悉半諸国。後見而言曰、諸子裁食数県、於制不已倹乎。帝曰我子豈宜与先帝子等乎。

これは永平元年（五八）、明帝は皇子の封建にあたって地図を案じ、その食邑を悉《ことごと》く光武帝の皇子が封ぜられた諸王国の半ばとしたことについて、後方に控える馬皇后が「諸子の裁《わず》かに数県を食むのみは、制に於いて已《はなは》だ倹ならずや」と問い、明帝が「我が子、豈に宜しく先帝の子と等しかるべけんや」と答えたことを示すものであるが、ここでは開元十年の段階で『後漢書』が玄宗の叡覧に供されていることを確認しておきたい。

さて、右の『後漢書』の一文は『東観漢記』明帝紀に史料的な淵源が求められることは異論のないところであろう。それは左の『後漢書注』によって確認できる。

東観明紀に曰く、皇子の封、皆な旧制より減ず。嘗て輿地図を案ずるに、皇后、傍《かたわら》に在りて言うに、鉅鹿、楽成、広平は各おの数県にして、租穀は百万なり、と。帝、二千万に満たさしめて止む。諸もろの小王は皆な当に略《ほ》ぼ楚、淮陽と相い比して、什に三四を減ぜしむべし。我が子は当に先帝の子と等しかるべからざる者なり、と。

（『後漢書』巻五〇孝明八王伝李賢注）

ここで問題となるのは、魏晋より唐初まで『史記』・『漢書』とともに三史を構成した『東観漢記』ではなく、なにゆえ玄宗はここで『後漢書』を用いたかと言うことである。それについて私は、李賢が復権するとともに『後漢書注』の禁忌も解けた当代において、煩雑晦渋である内容に加えて、その体例さえ一貫しない『東観漢記』は敬遠されるようになったと考える。とくに玄宗のばあいは皇帝として後漢王朝史に通ずれば事足りるのであってことさら蕪雑と評される書を読み込む必要はないはずである。さて、ここで玄宗が閲読した『後漢書』紀伝部について考察すると、それは『集注後漢』よりも『後漢書注』と考える方が自然であろう。すなわちその書は、玄宗の伯父にあたる時の皇太子李賢が当代屈指の学者を招聘して自身も筆を執り、祖父高宗に奉呈して、その褒賞のもとで宮中秘閣に収蔵されたものであることを再顧すれば、ことさらそれ以外の『後漢書』を想定する理由はないとしなければならないからである。これは『後漢書注』の再公認を明示するとともに、その書が『東観漢記』を駆逐して三史に昇格し、さらには『集注後漢』を散逸させることに通ずると考えられるが、それについては節を改めて論ずることにしたい。

4　『後漢書注』の三史昇格

銭大昕は三史について、

三史とは史記、漢書及び東観記を謂うなり。（中略）、唐より以来、東観記失伝すれば乃ち范蔚宗書を以て三史の一に当てるなり。　　　　　　　　　　　　（『十駕斎養新録』巻六「三史」）

と記すが、ここで問題とするのは『東観漢記』と『後漢書注』の交替時である。これについて神田喜一郎氏は開元年間（七一三～七四一）に撰述された『唐六典』に、

（1）『唐六典』巻二尚書吏部
　弘、崇生、（中略）、習史記者、漢書者、東観漢記者、三国志者、皆須読文精熟、言音典正。

（2）『唐六典』巻四尚書礼部
　弘、崇生、（中略）、習史記者、漢書者、東観漢記者、三国志者、皆須読文精熟、言音典正。

（3）『唐六典』巻八門下省
　礼部試崇文、弘文生挙例、（中略）、史習史記、漢書、後漢書、三国志。（中略）、史皆読文精熟、言音典正。

とあり、（1）尚書吏部と（2）尚書礼部の条に弘文館と崇文館の学生は史漢と『東観漢記』および『三国志』について「皆な須らく読文は精熟にして、言音は典正たるべ」きことが求められたとするが、（3）門下省の条では『後漢書』が『東観漢記』に替わることについて、それは『唐六典』が撰述された開元年間のころから『後漢書』が重んぜられるようになって科目に変更があり、それによってかかる矛盾が生じたと推察する。[10]さらに神田氏は天宝十載（七五一）に成書した孫愐『唐韻』序に三史九経とあり、その三史は『史記』・『漢書』・『後漢書』に相違ないと指摘する。これを受けて池田昌広氏は右の『唐六典』に「三史」の文字はないが、神田氏の説は妥当であるとして『後漢書』の三史昇格はこの玄宗朝の創始と考えるのである。[11]私はこの両氏の考察に、さきに論証した開元十年における『後漢書注』の玄宗叡覧の事例を重ねることによって『後漢書』の三史昇格を同じく玄宗朝期に置くべきと考えるが、これは『後漢書注』の権威が揺るぎないものになるとともに三史の座を追われた『東観漢記』の佚亡を促し、さらには『集注後漢』の散佚を早めることにもつながるのである。これについては次節で論ずることにしたい。

二　『後漢書注』と『続漢書』八志の合綴と合刻

1　『後漢書注』と『集注後漢』八志の併用

玄宗朝において『後漢書注』の権威は揺るぎないものとなった。しかしながらこの書は、断代史の形式による紀伝部と注釈のみで構成されて志部を欠くために、後漢王朝史を綜述する史書としては欠陥があるとしなければならないのである。何となれば、断代史とは班固の『漢書』によって創始された歴史の叙述形式で、一王朝や一時代に限定して歴史を敍述するものだからである。宮崎市定氏は、その『漢書』に「古今人表」が書かれた所以を説いて「漢代の社会はその背後に悠久なる古代からの蓄積を受けている。この事実を簡潔に表わさんが為にこそ、(中略)、人表を書き込まねばならなかった」と指摘する。[12]私はこれを承けて『漢書』十志にも同様の意図が込められていると考える。すなわち十志の記載を一覧すれば、そこには文化や制度などさまざまな分野にわたる上古以来の叡知が累層的に集成されており、最終的にそれらが江河の大海にいたるがごとく前漢王朝に継承されていることが確認されるのである。これはまさに前漢が連綿たる中華世界の伝統を担って成立した正統な王朝であることを物語るものであろう。このように『漢書』は紀伝・表・志の三者が一体となって悠久の歴史に連なる漢王朝の歴史書として作成されているのであるが、その形式から当然ながら紀伝部はほぼ前漢一代に限定されており、その記述のみでは前代より継承したさまざまな事項を包括することができず、かなりの部分が遺脱し、断絶することになるのである。それは前漢王朝の歴史的な位置づけをも揺るがすことに直結するが、八表と十志がそれを補うことは改めて説くまでもなかろう。[13]この観点から『後漢書注』を見ると、そこに志部がないことは前漢を経て中華世界を継いだ後漢王朝の歴史書として欠陥があるとしなければならぬのである。

　ここで『後漢書』について確認しておくと、その書はもともと十帝后紀、八十列伝、十志からなるべく計画されたが、撰著者である宋の范曄が刑死したために十志は未完のままにおわり、紀伝部のみが伝わる状態となった。そののち梁の劉昭が『後漢書』十志の欠落を惜しんで、当代における全有志後漢書類を精査して、その内容が秀逸で、かつ史料系統の信頼性が高く、さらに完本であるという三条件によって晋の司馬彪『続漢書』の八志を選定し、それを断裁して『後漢書』紀伝部に補い、その補成『後漢書』の全巻に注釈を挟入することによって『集注後漢』百八十巻を完成させたのである。[14]当然のことながら、李賢は劉昭の補志と『集注後漢』の内容について精通しているのであるが、ここでは李賢に見られる劉昭の影響は『後漢書注』の根幹部分にあることを指摘するにとどめることにしたい。[15]

　ついで『集注後漢』の志部を構成する八志三十巻について確認すると、それは梁の全盛期である天監年間（五〇二～五一九）に、劉昭がこれを超える志部は存在しないことを確認した上で、それに秘府の蔵書から県吏の報告にいたるまで多彩な資料からなる注釈を挟入して作成したものである。したがって『後漢書注』の撰述に臨んだ李賢は、この八志と劉昭注を精読して志部と注釈の重要性を強く意識したことは想像にかたくない。しかしながら高宗朝において新たに後漢王朝の志部を補成しようとしてもこの八志のほかには存在せず、また注釈資料も劉昭注を凌駕するものは捜求できないことが明らかである。ここで八志と劉昭注に対する李賢の心中を慮ると、峻厳たる孤峯に対峙し、はるかに仰ぎ見るばかりではなかったろうか。そして、そこでは『後漢書注』の充実という一点から八志と劉昭注をそのまま援用することもあり得たのではないかと考えられるが、それは李賢の矜持が許さなかったのであろう。[16]

　以上をふまえた上で『後漢書注』を再顧すると、それは紀伝部と注釈のみで志部を欠くために、後漢王朝史を総覧するためには『続漢書』八志か『集注後漢』八志を必携しなければならないはずである。そのばあい利便性に長ける後者が多用されたであろうことはくり返すまでもないが、このように八志とその劉昭注のみが重視されることは、やがてそれが紀伝部と別行することを促し、さらには『集注後漢』の散佚と失名とにつながることになるのである。

2　趙匡の建議と合綴本の流通ならびに将来

それでは、『後漢書注』に『集注後漢』の八志三十巻が合綴されるのはいつになるのであろうか。私は、それを章懐太子が追諡された睿宗景雲二年（七一一）以降かなりの歳月が経過した時点と推測する。何となれば『後漢書注』は①皇太子李賢によって高宗に奉呈され、秘閣に収蔵された唐朝公認の歴史書である。また②そのすぐれた内容から玄宗朝において三史の一つとされ、高い権威をもつ。すなわちこの二点は極めて重いものであることは言うまでもなく、その篇次を一変させることになる合綴には憚ることが多く、然るべき提議を経なければ公にはできぬことであったに相違ないと考えるのである。

左はその提議にあたるもので、杜佑『通典』[17]に引用された代宗の大暦年間（七六六〜七七九）から徳宗朝（七八〇〜八〇四）における経学家として知られる趙匡の一文である。すなわちこれは安史の乱を契機に変動する社会に対応すべく選挙制度の改革をめざした趙匡が「挙人条例」の改革案として、進士科の必読史書と試問方針について述べたものである。その建議時は不明であるが、徳宗朝の建中年間（七八〇〜七八三）はじめにあるとして間違いなかろう。[18]

①其史書、史記為一史、漢書為一史、後漢書并劉昭所注志為一史、三国志為一史、晋書為一史、②李延寿南史為一史、北史為一史。習南史者、兼通宋、斉志。習北史者、通後魏、隋書志。③自宋以後史書煩砕冗長、請但問政理成敗所因、及其人物損益関於当代者、其余一切不問。④国朝自高祖以下及睿宗実録、并貞観政要、共為一史。

（『通典』巻一七選挙五）

ここで②から論ずると、それは李延寿の『南史』と『北史』を各一史とし、『南史』を習う者は『宋書』八志三十巻と『南斉書』八志十一巻に兼通し、『北史』を習う者は『魏書』十志二十巻と『隋書』十志三十巻に通ずべしとする。ついで③は宋以後の史書は煩砕冗長であるため、請うらくは但だ政理の成敗の因る所と其の人物の当代に関わる損益を問い、其の余は一切問うべからず、とする方針を提示する。そして④国朝は高祖より睿宗までの各実録と『貞観政要』を各一史とすべしとする。

さて、注目すべきは①の『史記』から『晋書』までを各一史とするなかで「後漢書は劉昭注する所の志を并せて一史と為すべし」として『後漢書注』に劉昭注八志を并せて一史とすることを提言することである。これは後漢時代を綜述する正史として志部を欠落させる構造的欠陥を認識し、章懐太子と『後漢書注』の権威よりもその補完を優先させる処置にほかならない。趙匡の建議は選挙制度の改革案で、そのすべてが実現されたかは不明であるが、ここで『後漢書注』にかぎると景雲年間（七一〇～七一二）に再公認されてから七十余年が経過してようやくこのような建議がなされたことに注目すべきであろう。もちろんこれによって『後漢書注』に『集注後漢』八志三十巻を附する合綴本がはじめて作成されたということはなく、その利便性ゆえすでに私用されていた可能性が高いと考えるべきであろうが、これが契機となって合綴本が民間に流通し、その転写が公然となされるようになったことは間違いあるまい。ただしここで一言すると、それはあくまでも選挙制度の改正にともなう実用本として容認されたと見るべきであろう。何となれば開元年間の蔵書を著録する『旧唐書』經籍志に開元以降の唐人の著作を補成したとされる『新唐書』藝文志にそれが見られぬことから[19]、唐朝の秘閣に収蔵される公認の書とされることはなかったと考えられるからである。すなわちそれは李賢の注記に見える「流俗本」の範疇に入れるべきものなのである[20]。

さてここで刮目すべきは、この合綴本『後漢書』が左のごとく『日本国見在書目録』（以下『見在書目』と称す）正史家に見られることである。

後漢書百卅巻。范曄本唐臣賢太子。但志卅巻、梁剡令劉昭注補。

この「後漢書百卅巻」は唐の章懐太子李賢注『後漢書』百巻と梁の剡令劉昭注八志三十巻を合わせたことが明らかで、その百巻とする巻数は『旧唐書』巻四六経籍志上の「又（後漢書）一百巻、皇太子賢注」および『新唐書』巻五八芸文志二「章懐太子賢注後漢書一百巻。賢命劉訥言、格希玄等注」のそれに一致することから、成書時の『後漢書注』は百巻であること、また『見在書目』の「後漢書百卅巻」はその巻数を改めることなく『集注後漢』の八志三十巻を附綴したとして誤りなかろう。ここで九十巻とする現行『後漢書』紀伝部との差異について一言すると、この百巻とは百衲本『後漢書』目録の末尾に「十二帝后紀一十二巻、志三十巻、八十列傳八十八巻」とあるごとく帝后紀十巻のうち光武帝紀と皇后紀の各一巻を上下の子巻に分けて十二巻とし、また列傳八十巻のうち巻二八桓譚馮衍傳、巻三〇蘇竟楊厚郎襄楷傳、巻四〇班彪班固傳、巻六〇馬融蔡邕、巻七四袁紹劉表傳、巻七九儒林傳、巻八〇文苑傳、巻八二方術傳の各一巻を上下の子巻に分けて八十八巻として都合百巻とする例から類推して、子巻を総巻数に算入したものと考えられる。したがって実質的な巻数は帝后紀十巻、列傳八十巻とする現行『後漢書』のそれと異なるところはないのである。なお「志卅巻」は、劉昭が『續漢書』八志を断裁して『後漢書』に補成し、附注をなした際に確定した巻数で『集注後漢』のそれに一致し、現行本とかわらぬことを一言しておく。[21]

ここで『見在書目』にもどると、それは清和天皇貞観十七年（八七五）から宇多天皇寛平三年（八九一）の間に藤原佐世が撰述したものであるから、[22]趙匡の建議から百年あまりのちに、その意にかなう合綴本『後漢書』が日本に存在していたことを示すものにほかならない。これに関連して、そもそも『後漢書』の日本初伝はいつになるのであろうか。それについて池田昌広氏は、その初伝者を天平七年（七三五）帰朝の吉備真備に比定している。[23]傾聴すべき論説であろう。ただし私見によると、その『後漢書』は李賢注紀伝部のみで構成されていたと考えられることから、後漢王朝史の総覧に欠けるところがあったことは否定できない。もちろん盛唐の史学に熟知していたとされる真備はそれを承知し、[24]できれば『集注後漢』八志を、それがむずかしければ『續漢書』八志を求めるべく奔走したと想像されるが、入手することができなかったのであろう。ここで間違いなく言えるのは、『見在書目』に見える合綴本『後漢書』の舶載は真備以降かなりの時を経なければならないということである。仮にそれを遣唐使の将来とするならば、その年代だけで判断するかぎり、延暦の遣使（八〇四年出発、八〇六年帰国、大使藤原葛野麻呂）あるいは承和の遣使（八三八年出発、八四〇年帰国、大使藤原常嗣[25]）のいずれかになると考えられるのである。

3　孫奭の建議と合刻本の公刊

前項で明らかにしたように、李賢『後漢書注』に『集注後漢』の劉昭注八志三十巻を附綴して新たな合綴本『後漢書』を作成することは唐代後期にはじまったと考えられるが、その合綴本は利便性ゆえに転写がくり返されたであろうことは想像にかたくない。ただしそれはあくまでも民間における鈔本と考えるべきであろう。しかし唐末から五代十国を経て宋が建国されると、『後漢書注』と劉昭注八志の合刻本が公刊されるようになるのである。唐の滅亡から百年余が経過し、もはや章懐太子に憚る必要がないことは言うまでもないが、ここで小論は「学術と支配」の観点からそれが勅裁のもとでなされたことを確認することにしたい。すなわちそれは北宋の真宗乾興元年（一〇二二）十一月に国子監孫奭[26]が合刻と開版を上奏し、勅許を得て実施されているのである。その牒文を抄引すると左のごとくなる。

①馬遷八書於焉咸在、班固十志得以備詳。②光武嗣西漢而興、范曄継東観之作、成当世之茂典、列三史以並行。③克由聖朝刊布天下、雖紀伝之類、与遷固以皆同。書志之間、在簡編而或欠。④臣窃見劉昭注補後漢志三十巻、蓋范曄作之於前、劉昭述之於後。始因亡逸、終遂補全。⑤綴其遺文、申之奥義。至於輿服之品、具載規程、職官之宜、各存制度。儻加鉛槧、仍俾雕鎪、庶成一家之書、以備前史之欠。⑥伏況晋宋書等例各有志、独茲後漢有所未全。⑦其後漢志三十巻、欲望聖慈許令校勘雕印。⑧如允臣所奏、乞差臣與学官同共校勘、兼乞差劉崇超。⑨都大管句伏候勅旨、牒奉。勅宜令国子監依孫奭所奏施行。

（百衲本『後漢書』附載「乾興元年十一月十四日孫奭牒文」）

孫奭はここで、①「馬遷の八書は焉に咸な在り、班固の十志は備詳を以て得《あきら》かなり」として、『史記』八書と『漢書』

十志の情況を示し、ついで②「光武は西漢を嗣いで興り、范曄は東観の作を継ぎて、当世の茂典を成《つく》り、三史に列せられ以て並びに行わる」として、光武帝は前漢を嗣いで後漢を建国し、范曄は東観の著作を継いですぐれた歴史書である『後漢書』を著述すると、やがて三史に列せられて史漢ともども世に行われたとする。ただしその書は、③「克《よ》く聖朝の天下に刊布するを由《もっ》て、紀伝の類は、遷固と皆同を以てすると雖も、書志の間は、簡編に在るも欠或《あ》り」とする。これは北宋の太宗淳化五年（九九四）および真宗景徳元年（一〇〇四）に三史の一つとして公刊された『後漢書』は紀伝部と李賢注にとどまるもので[27]、志部を欠落させると指摘するものである。そこで孫奭は、④「臣窃《ひそ》かに劉昭注補後漢志三十巻を見るに、蓋し范曄之を前に作り、劉昭之を後に述す。始めは亡逸に因りて、終りに補全を遂《と》ぐ。其の遺文を綴り、之を奥義と申《いた》す」とする。ここで注意すべきは、孫奭は後漢志三十巻を劉昭の補述と誤り、それが司馬彪『続漢書』から出ることを認識していないことである[28]。ここでその理由を推察すると、孫奭が窃見した「劉昭注補後漢志三十巻」は『集注後漢』八志に相違ないが、そこには劉昭が補志と附注の顛末を記した「後漢書注補志序」（以下「補志序」とする）が附載されず、それを一読していないことが明らかである。劉昭の八志補成については前述したが、ここで補志後の附注について確認すると、劉昭は『続漢書』から八志を断裁して『後漢書』に補成した段階で、それを『後漢書』の一部と見なし、もとの司馬彪および『続漢書』とは別個の書とする認識下で補成『後漢書』の紀伝部と八志を通貫する注釈を附したのである。当然ながら、この認識によって撰述された『集注後漢』には補志と注釈の解説が必要となる。私はそれがゆえに「補志序」が作られて附綴されたと考えるが、のちに何らかの事情で『集注後漢』の紀傳部や八志と「補志序」が別行する事態が生じると、紀伝部と八志の本文および劉昭注からのみでは補志の事実を知ることは困難になるはずである。後世、孫奭のように八志を劉昭述としたり、また范曄撰と誤解する理由はここにあるのである[29]。

ついで孫奭は、⑤「輿服の品は、具に規程を載せ、職官の宜は、各おの制度を存するに至る。儻《も》し鉛槧《えんざん》を加えて、仍ち雕鏤《ちょうしゅう》せしめば、一家の書と成して、以て前史の欠に備えるに庶《ちか》し」として輿服志や職官志などの内容を確認して、そこに文筆を加えて校勘したのちに開版して一家の書となせば、前史の欠志に備えることができるとする。そこで⑥「伏して晋宋書等の例を況《くら》べるに各おの志有るも、獨り茲《こ》の後漢は未全なる所有り」として『晋書』十志二十巻、『宋書』八志三十巻に比して『後漢書』は志を欠くことを述べ、⑦「其れ後漢志三十巻は、聖慈もて校勘、雕印を許令するを望まんと欲す」として天恩による後漢志三十巻の校勘と雕印とを切望するとともに、⑧「臣の奏する所允《ゆる》さるる如くんば、乞う臣を差《つかわ》して学官と校勘を同共し、兼《あわ》せて乞う劉崇超を差されんことを、と」と願うのである。これは孫奭自身が校勘をおこない、さらに劉崇超の参画を願うものである。劉崇超は『宋史』に立伝されていないが、奉勅して諸書の校定に従事していることから当代屈指の学者であることが確認できる。[30]最後の⑨「都大管句勅旨を伏候し、牒奉ず。勅して宜しく国子監をして孫奭の奏する所に依りて施行せしむ」は、孫奭の上奏が嘉納され、国子監で施行されたことを示すものである。そして、その校勘の情況は『宋会要輯稿』崇儒四勘書[31]に、

①乾興元年十一月、判国子監孫奭言、劉昭注補後漢志三十巻、蓋范曄作之於前、劉昭述之於後。始因亡逸、終遂補全。其於輿服、職官足以備前史之欠。乞令校勘雕印頒行。従之。②命本監直講馬亀符、王式、賈昌朝、黄鑑、張維翰、公孫覚、崇文院検討王宗道為校勘。奭洎龍図閣直学士馮元祥校。天聖二年、送本監鏤板。

とあり、①は前掲の孫奭牒文を転載したものであるが、②は校勘に従事した人士の一覧で、国子監直講の馬亀符、王式、賈昌朝、黄鑑、張維翰、公孫覚および崇文院検討王宗道に龍図閣直学士馮元祥と孫奭とを加えた九人が参画したことが知られ、ついで天聖二年（一〇二四）に「本監に送りて板に鏤《きざ》ましむ」とあることから、校勘を完了した劉昭注八志三十巻は国子監において李賢『後漢書注』と合わされて刊行されたことが確認できる。尾崎康氏は、孫奭の上奏から十年後に刊行された景祐刊本が范曄後漢書に司馬彪続漢志を合わせる嚆矢ではないかと推測する。[32]すなわち景祐本『後漢書』とは、前述した淳化五年（九九四）および景徳元年（一〇〇四）の刊本につづいて仁宗景祐元年（一

〇三四）に公刊されたもので、これによってはじめて李賢『後漢書注』と劉昭『集注後漢』八志が合刻されたものが世に出たのである。さらに同氏はこの景祐本について「現在、かねて景祐刊本と称されてきたものは、（中略）、刻工名から北宋末南宋初、おそらくは南宋初に景祐本を覆刻した本とみられる」と説明するように、[33]そのオリジナル版は伝来しないようであるが、これが『後漢書』李賢注紀伝部と『続漢書』劉昭注八志を合わせる現行『後漢書』の初版となることは間違いないところで、[34]それが元明清に踏襲されて現在にいたることは改めて説くまでもないことである。

むすび

以上、小論は「学術と支配」を関鍵として『後漢書注』の公認、禁忌、解禁、三史昇格および合綴本の容認と合刻本の公刊について考察をおこなった。その要点をまとめると左のごとくなる。

（1）『後漢書注』は皇太子李賢が張大安や劉訥言らとともに撰述したもので、李賢二十三歳の歳晩にあたる儀鳳元年十二月、高宗に奉呈され、その褒賞のもとで宮中祕閣に収蔵された。これは『後漢書注』の第一次公認である。

（2）『後漢書注』は断代史の形式による紀伝部と注釈のみで構成されて志部を欠くために、後漢王朝史を綜述する歴史書としては欠陥があるとしなければならない。なお志部を欠落させる理由は、李賢が『続漢書』八志と劉昭注を凌駕する資料を捜求できなかったことを主因とする。

（3）『後漢書注』は、皇后の廃位や外戚の誅殺を忌憚なく記して漢代史の注釈中に則天武后と武氏派への指弾を込めたものと解釈できる。したがってその内容は則天武后と武氏派の警戒心と憎悪を惹起させ、李賢の廢詘と巴州謫徙ならびにその自殺に直結したと考えられる。

（4）『後漢書注』は、調露二年（六八〇）八月の李賢廃位から神龍二年（七〇六）の乾陵陪葬を経て景雲元年（七一〇）七月の章懐太子追諡にいたるまでの三十年間、そのうちとくに則天武后の全盛時代はその書そのものが禁忌とされ、保有や閲読が憚られたと考えられる。また、その間は正史として『東観漢記』と『集注後漢』が用いられたと見られるが、その利便性から後者が多用されたと推定される。

（5）李賢の復権によって『後漢書注』の禁忌が解けると、その書は再公認され、さらに玄宗朝において三史に昇格して、その権威は不動となった。しかし『後漢書注』は紀伝部のみで志部を欠くために『集注後漢』八志の援用が必須とされたため、やがて『後漢書注』に八志と劉昭注を合綴することが促されたと考えられる。またそれは同時に『集注後漢』紀伝部と八志との別行を促進させ、その書の散佚と失名とを招いたと推測される。

（6）合綴本『後漢書』の作成は『後漢書注』の篇次を一変させるために憚ることが多く、軽々になし得ぬことであった。徳宗朝の建中年間（七八〇～七八三）、趙匡は選挙改革の一環として『後漢書注』に『集注後漢』の劉昭注八志を補綴して一史となし、それを進士科の課題図書とするよう建議した。これを契機に合綴本が民間に流通し、転写が重ねられるようになったと推測される。ただし、その建議によって合綴本『後漢書』がはじめて作成されたかは明らかでなく、その利便性からすでに民間で私用されていた可能性が高いと推測される。また合綴本は選挙用の実用本で、唐朝に公認されて『新唐書』芸文志に記録されることはなかったと考えられる。

（7）『日本国見在書目録』に見える合綴本『後漢書』は、唐における流通の情況と『見在書目』の成書年代から九世紀前半に舶載されたと推定される。それを遣唐使の将来と仮定したばあい、延暦の遣使（八〇四年出発、八〇六年帰国、大使藤原葛野麻呂）または承和の遣使（八三八年出発、八四〇年帰国、大使藤原常嗣）のいずれかになると考えられる。

（8）合刻本『後漢書』は、北宋の真宗乾興元年（一〇二二）に孫奭が『後漢書注』と『集注後漢』劉昭注八志三十巻との合刻版の作成を上奏して裁可され、厳密な校勘を経て仁宗景祐元年（一〇三四）にはじめて公刊された。これによって『後漢書』李賢注紀伝部と『続漢書』劉昭注八志を合わせる現行『後漢書』の形が確定し、それが元明清に踏襲されて現在にいたるのである。

注

（1）小林岳『後漢書劉昭注李賢注の研究』（汲古書院、二〇一三年）。

（2）拙著第六章第二節「李忠と李弘の皇太子冊立と廃位」、第三節「李賢の皇太子冊立と廃位」を参照。

（3）拙著第八章第一節「『後漢書注』の基礎的検討」（ⅰ）「『後漢書注』の奉呈」、（ⅲ）「『後漢書注』の編纂グループ」、第九章第三節「李賢注と李善注」を参照。

（4）拙著第六章第三節「李賢の皇太子冊立と廃位」を参照。

（5）拙著第六章第二節、第三節、第八章第三節「『後漢書注』に見える武后と外戚批判」を参照。

（6）拙著第六章第三節、第七章第二節「李賢の復権と中宗朝および睿宗朝の政変」を参照。

（7）拙著第六章第二節「李忠と李弘の皇太子冊立と廃位」、同第三節、同第四節「李孝・李上金・李素節と義陽・宣城・太平三公主」を参照。

（8）『史通』については、西脇常記『史通内篇』（東海大学出版会、一九八九年）および同氏『史通外篇』（同、二〇〇二年）を参照。また拙著第三章「劉昭の『後漢書』補志について――『後漢書』補成考――」、第四章「劉昭の『後漢書注』について――『集注後漢』の内容をめぐって――」を参照。

（9）以下、この小項は拙著第八章第四節「『後漢書注』の権威確立と『集注後漢』の佚亡」に依拠する。

（10）神田喜一郎「正史の話」（『東光』二、弘文堂、一九四七年）。

(11) 池田昌広「范曄『後漢書』の伝来と『日本書紀』」(『日本漢文学研究』三、二〇〇八年)。なお拙著第八章第四節「『後漢書注』の権威確立と『集注後漢』の佚亡」を参照。

(12) 宮崎市定「序文——シナ史からアジア史へ——」(『アジア歴史研究入門』一所載、同朋舎出版、一九八三年)。

(13) 拙著第三章第四節「劉昭の歴史書観」を参照。

(14) 前掲注(8)拙著各章を参照。

(15) 劉昭注から李賢に継承され、『後漢書注』の根幹をなした真摯かつ着実な正史の注釈観については、拙著第九章「李賢注と劉昭・顔師古・李善の三注——李賢注に見える先行注釈書の影響——」の第一節「李賢注と劉昭注」を参照。

(16) 拙著第八章第一節(v)「志部の欠落に関する考察」を参照。

(17) 『通典』については、北川俊昭「『通典』編纂始末考——とくにその上献の時期をめぐって——」(『東洋史研究』五七—一、一九九八年)を参照。

(18) 趙匡は『新唐書』巻二〇〇儒学伝下に小伝を見るが、その建議の時期を明らかにしない。畑純正「中唐の選挙改革論——楊綰・賈至・沈既済・趙匡の議論——」(『東洋史苑』五四、一九九九年)は趙匡の改革論の一部は建中二年(七八一)に弟趙賛の建議を経て実施されたとあることから、それを遡ること遠くない時期と考えられる。

(19) 『新唐書』芸文志については、会谷佳光『宋代書籍聚散考』(汲古書院、二〇〇四年)の序章を参照

(20) 『後漢書』巻三七丁鴻伝李賢注に「東観記亦作先節、俗本作失節、字之誤也」とあり、巻五二崔駰伝李賢注に「案、駰集有東、西、南、北四巡頌、流俗本四多作西者、誤」とあるごとく『後漢書注』に散見する表記で、民間に流通する諸本をいう。詳細は拙著第八章第一節(iv)「テキストの確定作業」を参照。

(21) 拙著第四章第二節「『集注後漢』の巻数」を参照。

(22) 狩野直喜「日本国見在書目録に就いて」(同『支那学文藪(増補版)』に再録、みすず書房、一九七三年)、小川琢治「李唐本後漢書の考察」(『桑原博士還暦記念東洋史論叢』所載、弘文堂、一九三一年)、矢島玄亮『日本国見在書目録——集証と研究——』(汲古書院、一九八四年)、太田晶二郎「日本見在書目録解題」(同『太田晶二郎著作集』四所収、吉川弘文館、一九九二年)を参照。

(23) 注(11)池田昌広前掲論文を参照。
(24) 池田昌広「『日本書紀』は「正史」か」(『鷹陵史学』三三、二〇〇七年)および注(11)同氏前掲論文を参照。
(25) 遣唐使の出発と帰国の年次および構成員等については、佐伯有清『最後の遣唐使』(講談社、一九七八年)、東野治之『遣唐使船　東アジアの中で』(朝日新聞社、一九九九年)、同『遣唐使』(岩波書店、二〇〇七年)、上田雄『遣唐使全航海』(草思社、二〇〇六年)などによる。
(26) 孫奭については、吉原文昭「宋学発展上より見た孫奭の位置に就いて」(『宇野哲人先生白寿祝賀記念東洋学論叢』所載、宇野哲人先生白寿祝賀記念会編、一九七四年)を参照。
(27) 尾崎康『正史宋元版の研究』(汲古書院、一九八九年)の終章「正史宋元版書誌解題三後漢書」を参照。
(28) 王先謙は『後漢書集解述略』に「及真宗乾興元年孫奭誤以続志三十巻為昭自作以述范者」と記し、さらに孫奭の牒文を引いて、そこに「案、此牒乾興監本刻列巻首。奭謂范作於前、劉述於後。雖誤以志為即昭所撰述、尚知非范原著。景祐初、余靖重校後漢亦云十志未成至梁劉昭補成之。亦仍奭説也。自洪邁以下則直以八志為范作。劉注失之弥遠矣」と指摘する。
(29) 「後漢書注補志序」については、拙著第四章および第五章「劉昭『後漢書注補志序』の譯注および解説」を参照。
(30) 劉崇超が経書を主とする諸本の校定に従事したことは、『宋会要輯稿』職官に「天禧五年七月、内殿承兼管勾国子監劉崇超言、本監管経書六十件印板内孝経、爾雅、礼記、春秋、文選、初学記、六帖、韻対、爾雅釈文等十件、年深訛欠、字体不全、有防印造」とあり、また同書崇儒四勘書に「至天聖中、監三館書籍劉崇超上言、李善文選選援引該贍、典故分明、欲集国子監官校定浄本、送三館雕印。従之。天聖七年十一月、板成」とある。
(31) 苗書梅点校『宋会要輯稿・崇儒』(河南大学出版社、二〇〇一年)。
(32) 注(27)尾崎康前掲書の二七七頁。
(33) 注(27)尾崎康前掲書の一二頁。
(34) 注(27)尾崎康前掲書の二七七頁。

第二部　日本における学術の受容と展開

『日本国見在書目録』に見える梁代の書籍について

榎本淳一

はじめに

平安前期の学儒、藤原佐世の撰述になる『日本国見在書目録』（以下、『目録』と略称する）は、九世紀末に成立した漢籍目録で、それまでに日本にもたらされていた漢籍の全体像を示す重要な史料である[1]。古代日本（倭国の時代も含め「日本」と通称する）がどのような中国の学術・文化を摂取したのかを知る上でまたとない史料であり、これまでもこの『目録』を利用した研究は数え切れないほど存在している。だが残念なことに、従来の研究では、どのような本がどれくらい存在したのかという点にのみ着目し、個々の書籍がいつ頃もたらされたのかという問題についてはあまり詳しい検討は行われてきていない[2]。しかし、古代日本における中国文化の影響を正しく捉えるためには、いつどのような漢籍がもたらされたのかという問題も十分考究する必要があると考える。

本稿では、上述の問題意識から、『目録』に記された梁代の書籍を特定することにより、八世紀以前に日本にもたらされた中国の学術・文化の流入状況を明らかにしたいと思う。なお、本稿で謂う「梁代の書籍」とは、梁代の人物が撰述した書籍を必ずしも指すものではなく、梁代に書写された書籍、及びそれを親本・祖本として写された書籍

（同系統の写本）を意味する。

一　梁代の書籍の特定方法

『目録』所載の書籍のうち、どれが梁代のものか、また隋代のものか、はたまた唐代のものか、その書写の時期を特定することは容易ではない。『目録』には、基本的に書名と巻数と撰者しか記されておらず、いつ舶載されたかなど伝来に関する情報は殆ど記載されていないからである。[3]撰者の生存年代から、著作の原本がいつ頃成立したものかを明らかにすることはできるが、日本に原本そのものが伝来するはずはなく、『目録』記載の漢籍は全て写本であることは明らかである。それ故、『目録』所載の書籍が、いつ頃の写本かを特定しなければならない。

写本時代の書籍は流伝の中で脱落が生じたり、本来無かった内容が書き加えられるなど、絶えず変化するものであった。同一の撰者・書名の書籍であっても、梁代に書写されたものと隋代や唐代に書写されたものとは内容や巻数に大きな違いが存在する場合が少なくない。例えば、梁の明山賓撰の『吉礼儀注』は、梁代の書目『七録』では二百六巻だが、『隋書』経籍志（以下、『隋志』と略称する）では十巻、『旧唐書』経籍志（以下、『旧志』と略称する）・『新唐書』芸文志（以下、『新志』と略称する）では十八巻となっているように、王朝毎に巻数が大きく変わっており、当然内容にも違いが生じていたと思われる。[4]王朝交代時には宮廷蔵書が焼失・紛失するなど原本・正本（良質な写本）が喪われることが少なくなく、新王朝は民間から蒐書し宮廷蔵書の復活を計らなければならなかったが、民間に流布したものは質の悪い異本・端本などが多く、校訂修補しなければならなかった。[5]それ故、王朝交代を境として前代の書籍と次代の書籍との間で大きく変化することが少なくなかったと思われる。とりわけ梁末に元帝（蕭繹）が宮廷書庫に火を放ち、七万余巻もの公私の蔵書全てが喪われたために、梁代の書籍と隋代の書籍との間には大きな断絶が生じたものと考えられる。[6] 正確には梁代と陳代との、及び陳代と隋代との間の断絶ということになるが、陳代には依拠すべき書目が残っていないために、梁代と隋代とを比較することになる。[7]

このように、梁代とそれ以降の時代では、書籍の内容に大きな違いがあったと思われ、その違いが巻数や書名に反映している場合が少なくないと思われる。それ故、梁代の書目などに見られる巻数や書名と、隋代以降の巻数あるいは書名が異なっている同一撰者の書籍に注目することにより、『目録』掲載の書籍から梁代のものを特定することができるものと考える。

もう一つ、梁代の書籍を判定する方法としては、中国の書目類には見えず、『目録』にしか記載されていない梁代の人物の著作を抽出するというものがある。先に述べたように、梁代とそれ以降の時代には書籍の断絶があったと思われ、梁代に著わされたことが明らかであっても、その後の王朝において存在が確認できないものが少なくない。それ故、『目録』の記載から梁代の著作が明らかで、梁代以後、中国国内で伝存が確認できないものであれば、梁代の内に中国国外に流出した（持ち出された）梁代の写本ないし、その系統を引く写本と考えてよいだろう。

以上、二つの方法を用いて『目録』中の梁代の書籍を拾い出したいと思うが、漏れ落ちるものも少なくないと思われる。そこで、その欠を些かでも補うために、上記の二つの方法で抽出した書籍以外に、梁代の書籍の可能性が多少でもあるものについても触れることにしたい。それでも、本稿で取り上げることのできる梁代の書籍は全体のごく一部に過ぎないであろう。しかし、そうであったとしても、梁代の書籍を特定することにより、遣唐使（遣隋使）以前の古代日本の中国文化摂取の一端を窺うことができるものと考える。

二　『目録』中の梁代書籍の特定

1　梁代の書目類による特定

梁代の書籍を判定する史料として本稿で利用するのは、梁・阮孝緒（四七九～五三六）が撰した書目『七録』と梁・元帝（五〇八～五五四）撰『金樓子』巻五著書篇、そして『梁書』である。なお、『七録』そのものは現存していないが、陸徳明の『経典釈文』に逸文があるほか、『隋志』に記される梁代の書籍に関する情報は『七録』に由るものと考えられ、本稿で謂う『七録』とは『経典釈文』及び『隋志』に引かれる『七録』の逸文のことを指す(8)。『金樓子』は書目ではないが、その著書編は元帝（即位前は湘東王）の編纂にかかる書籍六七七巻を四部及び仏書に分類した著述目録とも言うべきものである(9)。『梁書』は言うまでもなく梁一代の正史で、唐・姚思廉の撰になる。本紀には皇帝の著作、列伝には臣下の著作がその全てではないが部分的に記されており、梁代の書籍に関する重要な情報を提供してくれる。

この三者の関係だが、表1「『金樓子』巻五（著書篇第十）所載書籍」で確認できるように、『七録』（表の『隋書』経籍志の項で、書名の前に「七録」と記したものを指す）と『金樓子』の間では齟齬が見られない。従って、両者共に梁代の書籍情報として信頼性が高いものと考える。しかし、『梁書』の記載する書籍情報は他の二書と相違するところがあるだけでなく、『梁書』の中においても齟齬が生じている。表2「『梁書』に見える梁代の書籍」で具体例を示すならば、司馬褧撰『嘉礼儀注』の巻数は、巻二五では一一六巻とされ、巻四〇では一一二巻とされ、巻数情報については混乱があることが確認できる。こうした混乱は、他にもいくつか指摘できる。それ故、『梁書』の記す巻数については、全面的に信頼することはできず、参考程度にとどめるのが無難であろう。

表1 『金樓子』巻五（著書篇第十）所載書籍

『金樓子』	『梁書』元帝紀	『隋書』経籍志	『日本国見在書目録』
『連山』30 巻	『連山』30 巻	『連山』30 巻	
『金樓秘訣』22 巻			
『周易義疏』30 巻	『周易講疏』10 巻		
『礼雑私記』50 巻（17 巻未成） 以上甲部			
『注前漢書』115 巻	『注漢書』115 巻	七録『梁元帝注漢書』115 巻（亡）	
『孝徳伝』30 巻	『孝徳伝』30 巻	『孝徳伝』30 巻	
『忠臣伝』30 巻	『忠臣伝』30 巻	『忠臣伝』30 巻	
『丹陽尹伝』10 巻	『丹陽尹伝』10 巻	『丹陽尹伝』10 巻	
『仙異伝』3 巻			
『黄妳自序』3 巻			
『全徳志』1 巻	『全徳志』1 巻	『全徳志』1 巻	
『懐旧志』1 巻	『懐旧志』1 巻	『懐旧志』9 巻	『懐旧志』9 巻
『研神記』1 巻		『研神記』10 巻	『研神記』1 巻
『晋仙伝』5 巻			
『繁華伝』3 巻 以上乙部			
『老子義疏』10 巻			
『玉韜』10 巻	『玉韜』10 巻	『玉韜』10 巻	
『貢職図』1 巻	『貢職図』1 巻		
『語対』30 巻		『語対』10 巻（朱澹遠撰）	
『同姓同名録』1 巻	『古今同姓同名録』1 巻	『同姓同名録』1 巻	
『式贊』3 巻	『式贊』3 巻		
『荊南志』2 巻	『荊南志』1 巻	『荊南地志』2 巻	
『江州記』3 巻	『江州記』1 巻		
『奇字』20 巻			
『長州苑記』3 巻			
『玉子訣』3 巻			
『宝帳仙方』3 巻			
『食要』10 巻			
『弁林』20 巻		『弁林』20 巻（蕭賁撰）	
『薬方』10 巻			
『補闕子』10 巻	『補闕子』10 巻	七録『補闕子』10 巻（亡）	
『譜』10 巻			
『夢書』10 巻 以上丙部		『夢書』10 巻	
『安成煬王集』4 巻			
『集』30 巻	「文集」30 巻	『梁元帝集』52 巻	『湘東王集』1 巻
		『梁元帝小集』10 巻	
『碑集』100 巻		七録『釈氏碑文』30 巻（亡）	
『詩英』10 巻 以上丁部		七録『詩英』10 巻	『詩苑英』10 巻
『内典博要』30 巻 以上 677 巻	『内典博要』100 巻	『内典博要』30 巻	『内典博要』30 巻

まず、梁代の書目『七録』を基本にして、『目録』中に合致するものを見出してゆくことにしたいが、『七録』に記された巻数が隋・唐代の書目の巻数と同じものについては、除外することにする。梁代の書籍の可能性もあるが、隋・唐代の書籍の可能性もあるからである。

『七録』に見え、隋代以降の書目に見えない『目録』中の書籍を一覧にまとめたのが、「表3　『日本国見在書目録』中の梁代の書籍（その1）」である。多少推測も含まれるが、表に掲載した十七種百一巻が梁代の書籍と考えられる。

次に『金樓子』とだけ対応するものを『目録』から挙げると、『研神記』一巻（梁・湘東王撰）がある。『金樓子』では一巻だが（表1参照）、『隋志』・『旧志』・『新志』全て十巻となっていることから、『目録』の『研神記』は梁代の書籍であることは間違いないと思われる。更に注目されるのは、撰者の表記だが、皇帝即位前の「湘東王」となっており、元帝即位以前の写本の系統を引く可能性が考えられる。なお、『隋志』・『旧志』・『新志』では、元帝の著作は殆どが「梁・元帝撰」となっており、一部「蕭繹撰」という実名表記もあるが、「湘東王撰」という書き方はされていない。それに対し『目録』には、『研神記』の他にも『玉苑麗文』・『玉苑』の二書が「湘東王撰」となっている。[10]また、『湘東王集』という文集も見られる。梁・元帝の湘東王時代の著作が、早い段階である程度まとまって伝わった可能性も想定されよう。

『梁書』との対応で梁代の書籍と考えられるものとしては、巻五十・顔協伝に見える『日月災異図』がある。同書は、『梁書』と『目録』（天文家）以外には、『梁書』と同一史料に依拠したと思われる『南史』にしか見えない。しかも、『梁書』には火事により湮滅したことが明記されており、梁代以降には伝存しない書籍であった。しかし、撰者の顔協は、湘東王の側近として仕えた人物であり、[11]先に見たように湘東王の著作が複数存在することから、焼失前に、同じ経路で日本に伝来した可能性は十分考えられるだろう。[12]なお、『梁書』では二巻となっているが、『目録』では一巻となっており、完本ではないことが分かる。

表2　『梁書』に見える梁代の書籍

巻(頁)	書名・巻数	成　立	撰　者	『隋書』経籍志
2（39）	『梁律』20巻	天監2（503）	蔡法度（尚書刪定郎）	『梁律』20巻（梁義興太守蔡法度撰）
	『梁令』30巻			『梁令』30巻　録1巻
	『梁科』40巻			『梁科』30巻
3（82）	『礼記義疏』50巻	大同4（538）	皇侃（国子助教）	『礼記義疏』99巻（皇侃撰）
3（96）	『制旨孝経義』		武帝（高祖）	『孝経義疏』18巻（梁武帝撰）
	『周易講疏』			『周易講疏』35巻（梁武帝撰）
	「六十四卦、二繋、文言、序卦等義」			『周易繋辞義疏』1巻（梁武帝撰）
	『楽社義』			『楽社大義』10巻（梁武帝撰）
	『毛詩答問』			七録『毛詩答問・駁譜』8巻（亡）
	『春秋答問』			
	『尚書大義』			『尚書大義』20巻（梁武帝撰）
	『中庸講疏』			『中庸講疏』1巻（梁武帝撰）
	『孔子正言』			『孔子正言』20巻（梁武帝撰）
	『老子講疏』			『老子講疏』6巻（梁武帝撰）
3（96）	『涅槃経義記』		武帝	
	『大品経義記』			
	『浄名経義記』			
	『三慧経義記』			
3（96）	『通史』600巻		武帝	『通史』480巻（梁武帝撰）
3（96）	「諸文集」120巻		武帝	『梁武帝集』26巻（梁32巻）
				『梁武帝詩賦集』20巻
				『梁武帝別集目録』2巻
				『梁武帝浄業賦』3巻
				『歴代賦』10巻（梁武帝撰）
				『囲碁賦』1巻（梁武帝撰）
3（96）	『金策』30巻		武帝	『金策』19巻
4（109）	『五経講疏』		武帝	
	『昭明太子伝』5巻		簡文帝（太宗）	
	『諸王伝』30巻			
	『礼大義』20巻			『礼大義』10巻
	『老子義』20巻			七録『老子私記』10巻（梁簡文帝撰）（亡）
	『荘子義』20巻			『荘子講疏』10巻（梁簡文帝撰）（本2巻、今闕）
	『長春義記』100巻			『長春義記』100巻（梁簡文帝撰）
	『法宝連璧』300巻			
5（136）	『孝徳伝』30巻		元帝（世祖）	『孝徳伝』30巻（梁元帝撰）
	『忠臣伝』30巻			『忠臣伝』30巻（梁元帝撰）
	『丹陽尹伝』10巻			『丹陽尹伝』10巻（梁元帝撰）
	『注漢書』115巻			七録『梁元帝注漢書』115巻（亡）
	『周易講疏』10巻			
	『内典博要』100巻			『内典博要』30巻
	『連山』30巻			『連山』30巻（梁元帝撰）
	『洞林』3巻			『洞林』3巻（梁元帝撰）
	『玉韜』10巻			『玉韜』10巻（梁元帝撰）
	『補闕子』10巻			七録『補闕子』10巻（梁元帝撰）（亡）

巻(頁)	書名・巻数	成　立	撰　者	『隋書』経籍志
5 (136)	『老子講疏』4巻			
	『全徳志』1巻			『全徳志』1巻(梁元帝撰)
	『懐旧志』1巻			『懐旧志』9巻(梁元帝撰)
	『荊南志』1巻			『荊南地志』2巻(蕭世誠撰)
	『江州記』1巻			
	『貢職図』1巻			
	『古今同姓名録』1巻			『同姓名録』1巻(梁元帝撰)
	『筮経』12巻			
	『式賛』3巻			
	「文集」50巻			『梁元帝集』52巻
				『梁元帝小集』10巻
8 (171)	「文集」20巻		蕭統	『梁昭明太子集』20巻
	『正序』10巻		(昭明太子)	
	『文章英華』20巻			『古今詩苑栄華』19巻(梁昭明太子撰)
	『文選』30巻			『文選』30巻(梁昭明太子撰)
12 (226)	『漢書続訓』3巻		韋稜	『漢書続訓』3巻(梁平北諮議参軍韋稜撰)
13 (232)	「文集」30巻		范雲	『梁尚書僕射范雲集』11巻并録
13 (243)	『晋書』110巻		沈約	七録『沈約晋書』111巻(亡)
	『宋書』100巻			『宋書』100巻(梁尚書僕射沈約撰)
	『斉紀』20巻			『斉紀』20巻(沈約撰)
	『高祖紀』14巻			
	『邇言』10巻			
	『諡例』10巻			『諡例』10巻(特進中軍将軍沈約撰)
	『宋文章志』30巻			『宋世文章志』2巻(沈約撰)
	「文集」100巻			『梁特進沈約集』101巻　并録
	『四声譜』			『四声』1巻(梁太子少傅沈約撰)
14 (251)	「文集」前後集		江淹	『梁金紫光禄大夫江淹集』9巻(梁20巻)
	『斉史』十志			七録『江淹斉史』13巻(亡)
14 (258)	『雑伝』247巻		任昉	『雑伝』36巻(任昉撰)(本147巻亡)
	『地記』252巻			『地記』252巻(梁任昉増陸澄之書八十四家、以為此記)
	「文章」33巻			『梁太常卿任昉集』34巻
15 (264)	「著書」		謝朓	『書筆儀』21巻(謝朓撰)
	「文章」			七録『謝朓集』15巻(亡)
				七録『雑言詩鈔』5巻(亡)
21 (331)	「登景陽楼」中篇		高祖(武帝)	
	『清調論』		柳惲	七録『中護軍柳惲集』12巻(亡)
	「棋譜」			七録『天監碁品』1巻(梁尚書僕射柳惲撰)(亡)
21 (335)	『江左遺典』30巻		江蒨	
	「文集」15巻			
22 (345)	『類苑』		蕭秀 (安成康王)	『類苑』120巻(梁征虜刑獄参軍劉孝標撰)(梁七録82巻) ＊巻50劉峻伝も参照

巻（頁）	書名・巻数	成　立	撰　者	『隋書』経籍志
22（345）	「文集?」		蕭機（安成康王秀の世子）	『梁蕭機集』2巻
22（348）	『二旨義』 『性情論』 『幾神論』		蕭偉（南平元襄王）	
25（382）	『五経儀注』1176巻			
	『嘉礼儀注』116巻	天監6	司馬褧	七録『司馬褧撰嘉儀注』112巻、録3巻（並亡。存者唯士吉及賓、合19巻）
	『賓礼儀注』133巻	天監6	賀瑒	『梁賓礼儀注』9巻（賀瑒撰）
	『軍礼儀注』189巻	天監9	陸璉	七録『陸璉撰軍儀注』190巻、録2巻（亡）
	『吉礼儀注』224巻	天監11	明山賓	『梁吉礼儀注』10巻（明山賓撰） 七録『梁明山賓撰吉儀注』206巻、録6巻（亡）
	『凶礼儀注』514巻	天監11	厳植之	七録『厳植之撰凶儀注』479巻、録45巻（亡）
25（387）	『流別起居注』600巻		徐勉	『流別起居注』37巻
	『左丞弾事』5巻			
	『選品』5巻			『梁選簿』3巻（徐勉撰）
	『太廟祝文』2巻			
	『会林』50巻			『会林』5巻
	「文集前後二集」45巻			『梁儀同三司徐勉前集』35巻 『徐勉後集』16巻并序録
	『婦人集』10巻			『婦人集』20巻 七録『婦人集』11巻（亡）
26（392）	『礼論』 『雑儀』 『字訓』		范岫	
26（399）	『沙門伝』30巻		陸杲	
	『陸史』15巻		陸煦	『陸史』15巻
	『陸氏驪泉志』1巻			
27（403）	「文集」20巻		陸倕	『梁太常卿陸倕集』14巻
27（405）	「文集」		到洽	七録『鎮西録事参軍到洽集』11巻（亡）
27（407）	『吉礼儀注』224巻		明山賓	『梁吉礼儀注』10巻（明山賓撰） 七録『梁明山賓撰吉儀注』206巻、録6巻（亡）
	『礼儀』20巻			
	『孝経喪礼服義』15巻			
30（442）	『宋略』20巻		裴子野	『宋略』20巻（梁通直郎裴子野撰）
（443）	『方国使図』1巻			
（444）	『集注喪服』2巻			『喪服伝』1巻（梁通直郎裴子野撰）
	『続裴氏家伝』2巻			
	「抄合後漢事」40余巻			
	『衆僧伝』20巻			『衆僧伝』20巻（裴子野撰）
	『百官九品』2巻			
	『附益諡法』1巻			
	「文集」20巻			『梁鴻臚卿裴子野集』14巻

巻(頁)	書名・巻数	成　立	撰　者	『隋書』経籍志
30（444）	『斉梁春秋』			
30（446）	『異姓苑』5巻		顧協	
	『瑣語』10巻			『瑣語』1巻（梁金紫光禄大夫顧協撰）
30（449）	『新儀』40巻		鮑泉	『新儀』30巻（鮑泉撰）
33（469）	『東宮新記』		王僧孺	
（470）	『中表簿』			
	『起居注』			
（474）	『十八州譜』710巻			七録『梁武帝総集境内十八州譜』690巻（亡）
	『百家譜集』15巻			『百家譜』30巻（王僧孺撰）
	『東南譜集抄』10巻			
	「文集」30巻			『梁中軍府諮議王僧孺集』30 巻
	『両台弾事』5巻			
33（475）	「婦人事二十余条」100巻		張率	
（479）	『文衡』15巻			
	「文集」30巻			『梁黄門郎張率集』38巻
33（484）	「文集」		劉孝綽	『梁廷尉卿劉孝綽集』14巻
33（485）	『中書表奏』30巻		王筠	
（487）	『洗馬』10巻			『梁太子洗馬王筠集』11巻并録
	『中書』10巻			『王筠中書集』11巻
	『中庶子』10巻			
	『吏部』10巻			
	『左佐』10巻			『王筠左佐集』11巻并録
	『臨海』10巻			『王筠臨海集』11巻并録
	『太府』10巻			
	『尚書』30巻			『王筠尚書集』9巻并録
34（492）	『後漢紀』40巻		張緬	『後漢略』25巻（張緬撰）
	『晋抄』30巻			『晋書鈔』30巻（梁豫章内史張緬撰）
	「抄江左集」			
	「文集」5巻			
34（503）	『鴻宝』100巻		張纘	『鴻宝』10巻
	「文集」20巻			『梁雍州刺史張纘集』11巻并録
35（510）	「前後文集」30巻		蕭子範	
35（512）	『後漢書』100巻		蕭子顕	
	『斉書』60巻			
	『普通北伐記』5巻			
	『貴倹伝』30巻			
	「文集」20巻			
35（513）	「文集」			
	「文集」		蕭序	
35（515）	『晋書』110巻		蕭愷	
	『東宮新記』20巻		蕭子雲	『東宮新記』20巻（蕭子雲撰）
36（522）	「奏議弾文」15巻		孔休源	

巻(頁)	書名・巻数	成　立	撰　者	『隋書』経籍志
36（524）	『欹器』		祖暅	
	『漏刻銘』			『漏刻経』1巻
36（526）	「文集」20巻		江革	『梁都官尚書江革集』6巻
36（526）	「文集」5巻		江行敏	
37（530）	「文集」		謝挙	
38（540）	「礼易講疏及儀注」		朱异	七録『侍中朱异集注周易』100巻（亡）
	「文集」			
38（541）	『新謚法』		賀琛	『謚法』5巻（梁太府卿賀琛撰）
	『三礼講疏』			
（550）	『五経滞義』			
	「諸儀法」			
40（568）	「文集」10巻		司馬褧	『梁仁威府長史司馬?集』9巻
	『嘉礼儀注』112巻			七録『司馬褧撰嘉儀注』112巻、録3巻（並亡）
40（569）	「文集」20巻		到漑	
40（574）	『春秋大意十科』		劉之遴	
	『左氏十科』			
	『三伝同異十科』			
	「前後文集」50巻			『梁太常卿劉之遴前集』11巻
				『劉之遴後集』21巻
40（575）	『風雅比興義』15巻		許懋	
（579）	（『長春義記』）			
	『述行記』4巻			
	「文集」15巻			
41（583）	『注続漢書』200巻		王規	
	「文集」20巻			
41（583）	『幼訓』		王褒	
41（589）	「文集」20巻		蕭洽	
41（595）	「文集」20巻		劉潜（孝儀）	『梁都官尚書劉孝儀集』20巻
43（609）	「続黄図」		江子一	
	「続九品」			
	「辞賦文筆」数十篇			
44（620）	『注後漢書』		蕭方等	
	『三十国春秋』		（世祖長子）	『三十国春秋』31巻（梁湘東世子蕭方等撰）
	『静住子』			
46（645）	『瓊林』20巻		陰顥	『瓊林』7巻（周獣門学士陰顥撰）
47（657）	『釈俗語』8巻		劉霽	『釈俗語』8巻（劉霽撰）
	「文集」10巻			
47（659）	「詩賦碑頌」数十篇		謝藺	
48（663）	『喪服義』		伏曼容	

巻(頁)	書名・巻数	成　立	撰　者	『隋書』経籍志
48（663）	「周易集解」			七録『臨海令伏曼容注周易』8巻(亡)
	「毛詩集解」			
	『喪服集解』			
	「老子義」			
	「荘子義」			
	『論語義』			
48（664）	「文章」		何佟之	
	『礼義』			『礼記義』10巻(何氏撰)
48（665）	『神滅論』		范縝	
（671）	「文集」10巻			『梁尚書左丞范縝集』11巻
48（672）	『凶礼儀注』479巻		厳植之	七録『厳植之撰凶儀注』479巻、録45巻(亡)
48（672）	『五経義』		賀瑒	七録『五経異同評』1巻(賀瑒撰)(亡)
	「礼講疏」			『礼記新義疏』20巻(賀瑒撰) 『礼論要鈔』100巻(賀瑒撰)
	「易講疏」			
	「老子講疏」			
	「荘子講疏」			『荘子講疏』8巻
	『朝廷博議』			
	『賓礼儀注』145巻			『梁賓礼儀注』9巻(賀瑒撰)
48（677）	『左氏条義』		崔霊恩	
	『集注毛詩』22巻			『集注毛詩』24巻(梁桂州刺史崔霊恩注)
	『集注周礼』40巻			『集注周官礼』20巻(崔霊恩注)
	『三礼義宗』47巻			『三礼義宗』30巻(崔霊恩注)
	『左氏経伝義』22巻			『春秋左氏伝立義』10巻(崔霊恩撰)
	『左氏条例』10巻			『春秋左氏伝条例』25巻
	『公羊穀梁文句義』10巻			
	『申杜難服』		虞僧誕	
48（680）	『梁官』		賀琛	『梁官品格』1巻
48（680）	『尚書義』20巻		孔子袪	
	『集注尚書』30巻			
	『集注周易』100巻			
	『集礼論』150巻			
48（680）	『礼記講疏』50巻		皇侃	『礼記講疏』48巻(皇侃撰)
（681）	『論語義』10巻			『論語義疏』10巻(皇侃撰)
	『礼記義』			『礼記義疏』99巻(皇侃撰)
49（689）	『抄史記』20巻		袁峻	
	『抄漢書』20巻			
49（689）	「文集」10巻		庾於陵	
49（692）	「文集」		庾肩吾	『梁度支尚書庾肩吾集』10巻
49（692）	「注干宝晋紀」40巻		劉彤	
49（692）	『集注後漢』180巻		劉昭	『後漢書』125巻(范曄本、梁剡令劉昭注)
	『幼童伝』10巻			『幼童伝』10巻(劉昭撰)
	「文集」10巻			
49（693）	「文集」8巻		何遜	『梁仁威記室何遜集』7巻
49（693）	「文集」		孔翁帰	
49（693）	「注論語」		江避	
	「注孝経」			
	「文集」			

巻(頁)	書名・巻数	成　立	撰　者	『隋書』経籍志
49 (694)	『詩評』		鍾嶸	『詩評』3巻(鍾嶸撰　或曰詩品)
49 (697)	『良吏伝』10巻		鍾岏	『良吏伝』10巻(鍾岏撰)
	「文集」			
49 (697)	『偏略』	天監15	鍾嶼	
	「文集」	(516)		
49 (698)	「次韻王羲之書千字」		周興嗣	『千字文』1巻(梁給事中周興嗣撰)
	『皇帝実録』			『梁皇帝実録』3巻(周興嗣撰)
	『皇徳記』			
	『起居注』			『梁大同起居注』10巻
	『職儀』			
	「文集」10巻			
49 (699)	「注范曄後漢書」90巻		呉均	
	『斉春秋』30巻			『斉春秋』30巻(梁奉朝請呉均撰)
	『廟記』10巻			『廟記』1巻
	『十二州記』16巻			
	『銭唐先賢伝』5巻			
	「文集」20巻			『梁奉朝請呉均集』20巻
	『通史』			『通史』480巻(梁武帝撰)
49 (699)	「文集」		高爽	
	「文集」		江洪	『梁建陽令江洪集』2巻
	「文集」		虞騫	
50 (702)	『類苑』		劉峻(孝標)	『類苑』120巻(梁征虜刑獄参軍劉孝標撰)(梁七録82巻)
	『山栖志』			
	『弁明論』			
50 (710)	「文集」		謝幾卿	
50 (710)	『文心彫龍』50篇		劉勰	『文心彫龍』10巻(梁兼東宮通事舎人劉勰撰)
(712)	「文集」			
50 (713)	「文集」		王籍	
50 (714)	『偏略』		何思澄	
	「文集」15巻			
50 (714)	「文集」		何子朗	
50 (716)	『字書音訓』		范岫	
50 (716)	「国史」		周捨	
50 (716)	『偏略』		劉杳	
(717)	『要雅』5巻			
	『楚辞草木疏』1巻			『離騒草木疏』2巻(劉杳撰)
	『高士伝』2巻			
	『東宮新旧記』30巻			
	『古今四部書目』5巻			
50 (718)	「文集」20巻		謝徴	
50 (719)	「文集」10巻		臧厳	
50 (723)	『邇説』10巻		伏挺	『邇説』1巻(梁南台治書伏挺撰)
	「文集」20巻			
50 (724)	「抄諸子書」30巻		庾仲容	『子抄』30巻(梁黟令庾仲容撰)
	「衆家地理書」20巻			
	『列女伝』3巻			
	「文集」20巻			

巻(頁)	書名・巻数	成　立	撰　者	『隋書』経籍志
50（726）	「文集」		陸雲公	『梁黄門郎陸雲公集』10巻
	「文集」		陸才子	
50（726）	「文集」		任孝恭	『梁中書郎任孝恭集』10巻
50（727）	『晋仙伝』5篇		顔協	
	『日月災異図』2巻			
51（739）	「注百法論」1巻		何胤	
	「注十二門論」1巻			
	「注周易」10巻			『周易』10巻（梁処士何胤注）
	『毛詩総集』6巻			七録『毛詩総集』6巻（何胤撰）（亡）
	『毛詩隠義』10巻			七録『毛詩隠義』10巻（並梁処士何胤撰）（亡）
	『礼記隠義』20巻			
	『礼答問』55巻			七録『答問』50巻（何胤撰）（亡）
51（741）	『高隠伝』若干巻		阮孝緒	『高隠伝』10巻（阮孝緒撰）
（742）	『七録』			『七録』12巻（阮孝緒撰）
51（743）	『夢記』		陶弘景	『夢書』10巻
	『帝代年歴』			
51（744）	「文章」20巻		諸葛璩	七録『南徐州秀才諸葛璩集』10巻（亡）
51（745）	「文章」数十篇		沈〈豈頁〉	
51（748）	『革終論』	天監17（518）	劉歊	
51（751）	『帝歴』20巻		庾詵	
	『易林』20巻			
	「続伍端休江陵記」1巻			
	『晋朝雑事』5巻			『晋朝雑事』2巻
	『総抄』80巻			
51（752）	『喪服儀』		庾曼倩	
	『文字体例』			
	『荘老義疏』			
	「注算経」			
	『七曜歴術』			『七曜暦術』1巻
	「文集」			
52（760）	「詩･賦･銘･讃」		顧憲之	
	『衡陽郡記』			
53（770）	「注易文言」		范述曾	
	「雑詩賦」数十篇			
53（772）	『皇典』20巻		丘仲孚	『皇典』20巻（梁豫章太守丘仲孚撰）
	『南宮故事』100巻			
	『尚書具事雑儀』			

（凡例）

1．「書名・巻数」の項で、「文集」など『　』ではなく「　」で記されたものは、正式な書名ではないことを示す。

2．「『隋書』経籍志」の項で、「七録」と頭書のあるものは、隋志に引かれた『七録』の逸文によるものであることを示す。また「（亡）」とあるものは、隋代には逸書であったことを示す。

表３ 『日本国見在書目録』中の梁代の書籍（その１）

部・家	『日本国見在書目録』	『七　録』	備　　考
経　部			
6. 春秋	『公羊音』1巻	『春秋公羊音』1巻	李軌撰、江惇撰の２種類あり、『序録』にもあり
7. 孝経	『孝経集議』2巻（荀茂祖撰）	『荀昶注孝経』2巻	茂祖は荀昶の字
	『孝経玄』1巻	『孝経玄』	撰者未詳
8. 論語	『論語義』1巻	『論語義』1巻（王濛撰）	
	『爾雅図讃』2巻	『爾雅図讃』2巻（郭璞撰）	
	『爾雅音』2巻	『爾雅音』2巻（孫炎撰）	
9. 異説	『孝経雄図』3巻	『孝経雌雄図』3巻	『七録』には、『孝経異本雌雄図』2巻もある
	『孝経雌図』3巻		
	『孝経雄雌図』1巻		
史　部			
子　部			
25. 道	『荘子』33巻（郭象注）	『荘子』（郭象注）33巻	隋志30巻、両唐志10巻
33. 兵	『黄帝蚩尤兵法』1巻	『黄帝蚩尤兵法』1巻	撰者未詳
34. 天文	『荊州占』22巻	『荊州占』22巻（劉厳撰）	隋志は20巻
36. 五行	『天鏡経』1巻	『天鏡』1巻	隋志2巻
	『地鏡経』1巻	『地鏡』1巻	
集　部			
39. 別集	『張野人集』10巻	『張野集』10巻	張野人は張野の誤りか
	『張援集』10巻	『会稽郡丞張緩集』10巻	張援は張緩の誤りか
	『崔隄集』2巻	『五原太守崔寔集』2巻	崔隄は崔寔の誤りか

『梁書』に見えるものとの関連でいえば、『漏尅銘』も挙げることができる。『目録』では暦数家に著録され、二巻とする。『梁書』巻三十六に、祖暅が『漏尅銘』を作成したことが記されている。因みに、『隋志』には、四種類の『漏刻経』が著録されているが、その一つは祖暅のものである。この祖暅の『漏刻経』と『漏刻銘』が同一なものかは定かではない(13)。

2 『目録』にのみ見える梁代の著作

『目録』にのみ見える梁代の著作をまとめたのが、「表4 『日本国見在書目録』中の梁代の書籍（その2）」である。梁代の人物の著作であり、中国の書目類には全く見えないものを挙げたわけだが、もちろん、後世の人が梁代の人物に仮託したものも含まれている可能性もある。しかし、表に示したように、必ずしも著名な人物ばかりではないので、その全てを疑う必要はないと考える。ただし、書名に「梁」を冠しているものについては、梁以後に付された書名である可能性が考えられ、慎重に判断する必要があると考える

表4　「『日本国見在書目録』中の梁代の書籍（その2）」

部・家	書名・巻数（撰者）	備　考
経部		
1.　易	『周易精微賦』1巻（劉遵撰）	劉遵（？～535）は梁・太子中庶子
4.　礼	『三礼大義』30巻（梁・武帝撰）	梁・武帝（蕭衍・464～549）
8.	『梁集雅義趣』1巻	梁代のものに「梁」が冠せられるか？
10.　小学	『千字文』1巻（丁覘撰）	丁覘（？～555）は梁・尚書儀曹郎
	『古今篆隷文体』1巻（蕭子良撰）	蕭子良は梁・都官尚書
	『百属篇』1巻（楽法蔵撰）	楽法蔵は梁・征虜将軍楽藹の子
史部		
子部		
30.　雑	『袖中書』11巻（沈約撰）	沈約（441～513）は梁・尚書令
	『玉苑麗文』1巻（湘東王撰）	湘東王は梁・元帝（蕭繹・508～554）
	『玉苑』5巻（湘東王撰）	
	『教誡』1巻（陶隠殿撰）	陶隠殿は梁・陶弘景（452？～536）
33.　兵	『梁武帝勅抄要用兵法』1巻	梁代のものに「梁」が冠せられるか？
集部		
39.　別集	『沈約八詠』1巻	沈約（441～513）は梁・尚書令

が、梁代のものではないと完全に否定できる判断材料もないため、一応記載することにした。

表4に依れば、十二種五十五巻を梁代の書籍と想定することができよう[14]。経部・子部が比較的多く、史部がないという状況は、前節で挙げた書籍の状況と全く同じであり、古代日本が摂取した梁代の学術・文化の傾向をある程度窺うことができるのではないかと思われる。しかし、ここまでに取り上げた書籍は、梁代の書籍である蓋然性の高いものを挙げたのであり、その全体像を考えるためには、可能性があるものを広く見ておく必要があるだろう。

3　梁代の書籍の可能性をもつもの

（1）（2）で挙げたものに比べれば、梁代の書籍である蓋然性は低くなるが、幾分でも可能性のあるものを概観しておきたい。

「表5『日本国見在書目録』中の梁代の書籍（その3）」は、『七録』と合致しているが、隋以降の書目とも同書名・同巻数のものをまとめたものである。『七録』と合致していることから梁代の書籍である可能性もあるが、隋・唐代の書目類にも合致しているので隋・唐代の書籍の可能性もあることになる。しかし、この表を見ても、（1）（2）に示した梁代の書籍の状況と基本的に大差はなく、経部・子部

表5　『日本国見在書目録』中の梁代の書籍（その3）

部・家	書名・巻数(撰者名)	備　考
経部		
1.　易	『周易』10巻	『七録』『隋志』と同じ
2.　尚書	『古文尚書』13巻	『七録』『隋志』『旧志』『新志』と同じ
6.　春秋	『春秋断獄事』10巻	『七録』に『春秋断獄』あり、『隋志』は『春秋決事』、『旧志』『新志』は『春秋決獄』
9.　異説	『詩緯』10巻	『七録』『旧志』『新志』と同じ
史部		
21.　土地	『神異経』1巻	『七録』『隋志』と同じ
子部		
25.　道	『老子私記』(巻数・撰者名なし)	『七録』『旧志』『新志』、10巻、簡文帝撰とする
30.　雑	『劉子』10巻	『七録』『旧志』『新志』と同じ
33.　兵	『太公六韜』6巻	『七録』『旧志』『新志』と同じ
37.　医方	『黄帝甲乙経』12巻(玄晏先生撰)	『七録』『新志』と同じ
	『神農本草』7巻(陶隠居撰)	『七録』の『陶弘景本草経集注』、『旧志』の『本草経集注』、『新志』の『陶弘景集注神農本草』にあたるか
集部		
39.　別集	『蔡邕集』20巻	『七録』『旧志』『新志』と同じ

が多いことが確認される。この点、他の傍証を得ることも必要だが、古代日本に流入した梁代の学術・文化の状況を反映していると思われる。

それから、『目録』にはかなり多くの抄本が見られる。これらの抄本を日本人の作成したものと考える意見もあるが[15]、梁代の書籍も少なからず含まれているのではないかと考える。その一例としては、『目録』子部雑家に著録される梁・黟令庾仲容撰『子抄』を挙げることができる。興善宏氏によれば、斉梁のころになると、典籍の種類・数が膨大になることにより、数多の典籍からエッセンスを抜き出して読みやすい抄本が編纂されたという[16]。『目録』の抄本は経部・子部に多く見られ、この点も上記の書籍状況に合致すると思われる[17]。

三　梁代の書籍の流入時期と経路

『目録』掲載の梁代の書籍は、いつ、どのような経路で日本にもたらされたのであろうか。

先に述べたように、梁朝滅亡時に多くの書籍が喪われたことを考えるならば、梁代のうちに国外に持ち出された書籍の一部が日本にもたらされたと想定される。また、湘東王の著作などがまとまって存在していることも、梁代のうちに国外に持ち出された書籍であることを示していると考えられる。しかし、梁朝と日本の間には直接的な通交はなく、梁から持ち出された書籍がそのまま日本に将来されたとは考えられない。日本は古くから朝鮮諸国を介して中国文化を摂取していたが、百済が六世紀前半に梁代の学術・文化を積極的に受け入れていたこと、そしてその梁代の学術・文化を日本にもたらしていたことは史籍に明らかである。(18) そうした学術・文化の流れの上に、梁代の書籍もあったと考えてよいとだろう。

六世紀前半から五経博士が百済から送られてきていたが、六世紀後半以降は儒教の学者のみならず、仏教、易学、暦学・医学・音楽・建築・美術などを伝えるための様々な人材が派遣されていた。こうした学術・文化を伝えるにあたっては、人間が渡来するだけでは不可能であり、恐らく人間と共にそれに関わる書籍ももたらされたことと考えられる。実際、仏教の伝来にあたっては、僧侶のみならず、経論などの関連書籍ももたらされている。また、六〇二年(推古十)に来日した百済僧観勒は、暦本、天文地理書、遁甲方術書をもたらしたことが知られている。梁代の書籍流入の主たる時期としては、多くの学者・僧侶・技術者などが渡来したこの六世紀後半から七世紀初めの頃と考えて大過ないのではないかと考える。(19)

もちろん、この時期以降も百済との通交が続いており、継続的に百済から書籍がもたらされた可能性は十分あると思われる。その意味で、梁代の書籍の流入は六世紀後半から七世紀初期に限定されるわけではない。七世紀後半の百済滅亡後に多くの百済人が日本に亡命して来た時には、少なからぬ官僚・知識人が含まれており、彼らが書籍をもたらした可能性もある。しかし、国家滅亡という混乱時に多くの書籍をもたらすことができたかは些か疑問である。また、前節で見たように『目録』中の梁代の書籍が、経部・子部中心であることも、五経博士や暦博士、医博士など経部・子部の学術に関わる人材が渡来した六世紀後半から七世紀初期の状況に符合している。更に言うならば、五五七年に梁が滅亡してから半世紀を過ぎた七世紀以降に、梁代の書籍が国家を超えて大量に移動することも考えがたいように思われる。そのように考えるならば、梁代の書籍の流入の主たる時期は、やはり六世紀後半から七世紀初めと考えてよいものと思う。

おわりに

冒頭で述べたように、『目録』は九世紀末に成立した漢籍の目録であり、その中に梁代の書籍が少なからず存在することは、ある種驚くべきことである。ここで謂う梁代の書籍とは、梁代に写された書籍だけでなく、その系譜を引く写本をも指すわけだが、その内容は梁代の学術・文化が生み出した成果に他ならない。梁朝の滅亡から三百年以上を経て、唐文化の摂取が盛んに行われた平安時代前期においても、梁代の書籍が守り伝えられていたことの歴史的な意味を十分認めるべきではないだろうか。

先に別稿で明らかにしたように、古代日本では八世紀後半に至るまで政府の指定する各種学術の教科書が南北朝期のものであり、遣唐使派遣以後も長らく南北朝期の学術が影響力をもっていた(20)。梁代の書籍の伝存は、唐文化の影響が強まった九世紀以降においても、梁代など南北朝期の学術の影響が存続していたことを示しているのではないだろうか。もし、そうであるならば、我々は、隋唐文化以前に摂取した中国文化の影響力の大きさを改めて認識する必要があるだろう。

註

(1) 『日本国見在書目録』に関する主な研究には、狩野直喜「日本国見在書目録に就いて」(『芸文』一―一、一九一〇年)、山田

孝雄「帝室博物館御蔵　日本国見在書目録解説」（『日本国見在書目録』名著刊行会、一九九六年、初出一九二五年）、和田英松「日本国見在書目録に就いて」（『史学雑誌』四一―九、一九三〇年）、小長谷恵吉『日本国見在書目録解説稿』（小宮山出版、一九五六年）、太田晶二郎「日本国見在書目録　解題」（『太田晶二郎著作集』四、吉川弘文館、一九九二年、初出一九六一年）、矢島玄亮『日本国見在書目録―集証と研究―』（汲古書院、一九八四年）などがある。

（2）『日本国見在書目録』を利用した漢籍の舶来時期に関する研究としては、榎本淳一「遣唐使による漢籍将来」（『唐王朝と古代日本』吉川弘文館、二〇〇八年）がある。

（3）『目録』史部・正史家に著録される『東観漢記』には吉備大臣の将来であることが明記されているが、これ以外には伝来を記載するものはない。これについては、榎本淳一「遣唐使による漢籍将来」（註（2）前掲）を参照。

（4）隋代の書目自体は残っていないが、『隋書』経籍志は隋代の書籍の状況を記したものと考えられる。唐代については、『旧唐書』経籍志・『新唐書』芸文志により知ることができる。なお、『隋書』経籍志掲載の書籍は『隋書』編纂時の唐のものとする内藤湖南の説が広く知られている（「支那目録学」〈『内藤湖南全集』十二、筑摩書房、一九七〇年〉）が、余嘉錫『古書通例』及び寇克譲「《隋書・経籍志》成書考」（『文史』九〇、二〇一〇年）などは、『隋大業正御書目録』に基づくものとする。余『古書通例』は、古勝隆一ほか訳註『古書通例』（東洋文庫七七五、平凡社、二〇〇八年）に依る。

（5）『隋書』経籍志の総序には、隋初の蒐書について、次のように記す。

隋開皇三年、秘書監牛弘、表請分遣使人、捜訪異本。毎書一巻、賞絹一匹、校写既定、本即帰主。於是民間異書、往往間出。

（6）『隋書』経籍志の総序には、次のように記されている。

（梁）元帝克平侯景、収文徳之書及公私経籍、帰于江陵、大凡七万余巻。周師入郢、咸自焚之。陳天嘉中、又更鳩集、考其篇目、遺闕尚多。

（7）陸徳明撰『経典釈文』の序例部分が、陳代の書目に代替する可能性もあるが、その成立が陳代なのか唐代なのか議論が分かれている。成立年代の特定は、今後の検討課題としたい。

（8）内藤湖南「支那目録学」（註（4）前掲）、興善宏・川合康三『隋書経籍志詳攷』（汲古書院、一九九五年）、任莉莉『七録

輯証』（上海古籍出版社、二〇一一年）などを参照。
(9)『金樓子』については、興善宏「梁元帝蕭繹の生涯と『金樓子』」（『六朝学術学会報』二、二〇〇一年）、光田雅男「梁元帝『金樓子』にみる魏晋南北朝時代の集書と整理」（『大阪府立図書館紀要』三、二〇〇八年）、及び（梁）蕭繹撰・許逸民校箋『金樓子校箋』（中華書局、二〇一一年）を参照。
(10)『玉苑』・『玉苑麗文』は、『七録』・『金樓子』・『梁書』、『隋志』・『旧志』・『新志』の何れにも見えないが、『宋史』芸文志・類事類に『玉苑麗文』五巻（撰者未詳）として確認できる。
(11)『梁書』巻五十文学下顔協伝、及び『南史』巻七十二・文学・顔協伝を参照。
(12)表4には、劉遵撰『周易精微賦』一巻、丁覘撰『千字文』一巻が掲載されているが、この劉遵・丁覘も湘東王に仕えていたことが知られ、顔協撰『日月災異図』と同様なケースと考えられる。
(13)『隋志』著録の祖暅撰の『漏刻経』が一巻で、『目録』の『漏尅銘』が二巻であることから、異本・別本の可能性も想定される。
(14)『目録』経部・小学家に見える李暹撰『千字文』一巻を梁代のものとする見解もあるが、東野治之「敦煌と日本の『千字文』」（『遣唐使と正倉院』岩波書店、一九九二年）の梁代以後の成立とする説に従い、除外した。
(15)矢島玄亮『日本国見在書目録―集証と研究―』（註（1）前掲）。
(16)興善宏「梁元帝蕭繹の生涯と『金樓子』」（註（9）前掲）。
(17)経部に十三種、史部に五種、子部に十一種、集部に二種の抄本が見られる。しかし、史部に見られる司馬綽撰『晋書抄』は晋代の人物の撰述にかかり、『刑法抄』も『目録』の配列から唐代のものと思われる。また、『西域求法高僧伝要抄』も唐・義浄撰『西域求法高僧伝』の抄本と考えられ、史部には梁代の書籍は殆ど含まれていないものと考えられる。
(18)榎本淳一「比較儀礼論」（石井正敏他編『日本の対外関係2　律令国家と東アジア』吉川弘文館、二〇一一年）、河内春人「五―七世紀における学術の流通と南朝文化圏」（本書所収）などを参照。
(19)『日本書紀』には六世紀前半から五経博士の渡来があったことが記されているが、註(17)河内前掲論文）は時期的に早すぎるのではないかと疑念を示している。また、百済の梁文化の摂取の時期からみても、日本への書籍流入は六世紀後半からと考えてよいと思われる。

(20)　榎本淳一「天平宝字元年十一月癸未勅の漢籍について―藤原仲麻呂政権における唐文化の受容―」(『史聚』四五、二〇一二年) を参照。

五—七世紀における学術の流通と南朝文化圏

河内春人

はじめに

日本古代において学術とは中国の学問と同義である。それは狭義には経学の解釈をめぐるものであるが、日本古代において要請された学術は、学問を含めた知識・技術等のより幅広い範疇で捉える方が理解しやすいであろう。

学術の基盤となる典籍あるいは様々な知識は、すでに五世紀のいわゆる倭の五王の時代に受容されていることが断片的にではあるが窺える。それをもっとも明確に示すのが倭王武の上表文である。この外交文書について、古くは『日本書紀』の記述から身狭村主青・檜隈民使博徳の起草と想定されたが、それ自体は伝承にすぎない。ただし別稿において論じたように、上表文は高度な正格漢文であり、駢儷文の形式に則り、漢籍の引用を駆使している。その点において五世紀の倭国は学術受容という面で一定の水準に達していたと評価できる[1]。また、百済の国書との類似も指摘でき、そのことは起草者が百済に近しい渡来系人士であったことを示唆する。これを百済の官人の手によるものと見なす見解もあるが[2]、それのみならず外交文書そのものの参照関係や執筆者の親近性も念頭に置く必要があろう。この段階における学術とは外交における文書作成という政治的状況と密接に結びついていたことが看取できる。

右のように五世紀後半の段階で、倭国において中国の学術に対する一定の蓄積が窺える。四七八年（昇明二）の武の遣使を以て倭国はひとまず中国王朝の視界から消えるが[3]、支配における文字使用という状況は絶えることなく、特に地方豪族の王権への仕奉を顕彰するために剣・刀に文字を刻むという行為が広く行なわれるようになる。支配における学術の土台となる文字の利用は継続していたといえる。

一方、近年では六・七世紀において仏教が倭国の文明化に与えた影響が高く評価されている[4]。それは重要な指摘であり、今後も追究されるべき視角である。しかし、こうした研究において儒教及びその系統に属する学問は、相対的にあまり高く評価されない傾向があるように見受けられる。

すなわち五―七世紀における倭国の学術受容について、問題点は次のようになる。武以後、対中国外交は途絶したが、学術の受容という趨勢はそのことによって押し止められることがなかったことは明らかである。それでは、学術はいかに維持され、あるいは捨象されたのであろうか。また、そうした状況下で儒教系の学術と仏教の関係はいかなるものであったのか。本稿ではこの課題を検討するものである。

一 「五経博士」

倭の五王の外交以後、六世紀における倭国の学術継受の象徴としてまず念頭に浮かぶのは、『日本書紀』にみえる五経博士である。本節では五経博士というシステムが東アジア諸国でどのようなあり方をとっていたのか検討した上で、東アジアにおける学術の流通状況について見渡してみたい。

1　中国の五経博士

本来五経博士とは中国における学術教授のシステムである。まずその沿革について通覧しておく。その始まりは前漢であり、文帝代に一経博士が設置され、武帝代に易・書・詩・禮・春秋を講ずる博士の総称として五経博士が設置された。その後、五経博士は宣帝代に拡充されたというのが史料上の沿革である。

①『冊府元亀』学校部総序

漢興、武帝初置五經博士。掌教弟子。國有疑事、掌教問對。本四百石升、比六百石。初文帝、欲廣遊學之路。論語・孝經・孟子・爾雅、皆置博士。至是、遂罷傳記博士。

②『漢書』百官公卿表

武帝建元五年初置五經博士、宣帝黃龍元年稍增員十二人。

五経博士の淵源を武帝代とすることについては『史記』にその記載がないなど慎重を期するべき点もあるが、前漢中期から後半にかけての五経博士の設置・展開は、この時期の中国の学術が儒教の経学に収斂される趨勢と軌を一にするものとみなすことは可能であろう。

しかし三国時代以降中国が分裂期に入ると、建安文学等の新たな文芸の潮流が出現する。特に魏晋期は儒教に対するカウンターが強力になった時期であり、その過程で博士制度は衰退していく。

③『宋書』百官志

漢武建元五年、初置五經博士。宣成之世、五經家法稍增、經置博士一人。至東京凡十四人。易、施・孟・梁丘・京氏。尚書、歐陽・大小夏侯。詩、齊・魯・韓。禮、大小戴。春秋、嚴・顏。各一博士。而聰明有威重者一人爲祭酒。魏及晉西朝置十九人。江左初減爲九人、皆不知掌何經。元帝末、增儀禮・春秋公羊博士各一人、合爲十一人。後又增爲十六人、不復分掌五經、而謂之太學博士也。秩六百石。

特に南北の分裂が決定的になった東晋代には、「皆ナ何レノ経ヲ掌ルカ知ラズ」といわれるほどになる。そうした状況を立て直したのが梁の武帝であった。

④『梁書』武帝本紀天監四年春正月癸卯朔条

詔曰、今九流常選、年未三十、不通一經、不得解褐。若有才同甘・顔、勿限年次。置五經博士各一人。

五〇五年（天監四）に梁の武帝が五経博士を復興させ、各経ごとに一人を置いたのである。その後は安定的に推移したようであり、唐代には国子監のもとに、経ごとに二人が置かれた。

⑤『新唐書』百官志国子監国子学条

五經博士各二人、正五品上。掌以其經之學教國子。周易・尚書・毛詩・左氏春秋・禮記爲五經、論語・孝經・爾雅不立學官、附中經而已。

このように五経博士の推移というのは儒教の学問システムの盛衰をそのまま示している。四・五世紀における中国の分裂という政治的状況及び儒教の低調化を反映して、五経博士の制度は混乱する。しかし、六世紀初頭に梁武帝によって復興し、唐代に至るという推移を経たのである。

2　百済の五経博士

次に朝鮮諸国における五経博士について概観しておく。なかでも当該期の倭国に最も近しい国は百済である。そこで百済に焦点をしぼって論を進める。

まず『三国史記』を通覧すると、近肖古王代に「博士高興」なる人物が現れる。

⑥『三国史記』百済本紀近肖古王三十年十一月条

王薨。古記云、百濟開國已來、未有以文字記事。至是、得博士高興、始有書記。然高興未嘗顯於他書、不知其何許人也。

ここでは百済における書記の初源として「博士」の高興が語られる。近肖古王三十年は三七五年であり、年次に留意すれば四世紀第Ⅲ四半世紀前後のことということになる。高興の出自については、中国的な名前から判断すると東晋あるいは楽浪遺民である蓋然性が高い(5)。この時期は百済の対中国外交が開始される時期であり、百済にとって文書外交が要請されるという点において書記が政治的に意味を持つようになる時期であるといえる(6)。もとより高興の記事をそのまま事実と認めるものではない。ここでは「博士」の出現によって文字の書記が成立するという説明構造を持つことを確認したい。東アジアにおける「博士」は、必ずしも知識人を意味するものではないが、文書外交と「博士」を結びつけることが可能であるとすれば、「博士高興」に期待された役割は単なる読み書きではなく経書の知識の政治的活用ということであり、少なくとも後代にはそのように考えられていたといえる。

百済史において五経博士について明確に表れるのが聖明王代の「毛詩博士」である。

⑦―1　『三国史記』百済本紀聖王十九年条

王遣使入梁朝貢、兼表請毛詩博士・涅槃等經義并工匠・畫師等、從之。

⑦―2　『梁書』百済伝

中大通六年、大同三年、累遣使獻方物、并請涅盤等經義・毛詩博士并工匠・畫師等、敕並給之。

⑦―1・2によると、五三七年（聖明王十九）に「毛詩博士」や「涅槃等経義」等を梁に求めている。2との比較における文章の類似性と史料の成立年代を併せて鑑みると、1の記事は2から引用・改変して掲載したものであろう。そこで2に則れば、百済は五三四年（中大通六）、五三七年（大同三）と続けて梁に対して入朝、毛詩博士や技術者といった人的資源を求めており、百済の南朝文化への傾斜をみてとれる。特に毛詩博士の招請は、五〇五年の梁武帝の五経博士復興に対応した行為であり、百済が南朝の学術政策に関心を寄せていたことは明らかである。その知識は単なる支配のスキルのみならず百済文化の基底の一端を構成するものであった。

⑧『梁書』百済伝

太清三年、不知京師寇賊、猶遣使貢獻。既至、見城闕荒毀、並號慟涕泣。侯景怒、囚執之。及景平、方得還國。

五四九年（太清三）に百済使が侯景の乱に遭遇した際に、壊れた都城をみて慟哭したという。百済にとって梁は五経などの中国文化の象徴であり、それゆえその荒廃は文化の供給元の失墜として衝撃を与えるものであった。それが百済使の涙となったのである。(7)

百済は南朝との結びつきを強める外交政策を基本的に採ったが、その過程で中国の学術の動向と連動して梁の五経博士の招請を図るようになった。そして、梁の衰退はそのまま学術の衰退をもたらすものとして受け止められていたといえよう。

3　倭の五経博士

倭国における五経博士を考える前提として、学術としての五経の伝来・受容の時期についてふれておく。はじめに述べたように、五経に関する知識の一部はすでに五世紀には伝わっている。それは武の上表文において『春秋』などが引用されていることから確認できる。(8) それがどのような形態をとっていたかという問題をひとまず措くとして、倭国が五経と接触していたことは認めてよい。ただし上表文は『荘子』も引用しており、その対象は儒教典籍に止まらない。すなわち、五世紀においては五経のみならず中国の様々な思想を雑多に受容している状況がみて取れる。倭国にとって当該期の中国典籍とは儒教に限られるものではなかった点には気をつけなければならないだろう。

さて、五世紀後半における冊封体制からの離脱という政治的動向を勘案する時、こうした五経その他の知識の継承過程が問題となる。おそらくそれは五世紀以降における継続的な知識人の到来と、その支配システムへの組み込みによって果たされたであろう。渡来系人士の到来には幾つかのピークがあるが、五世紀半ばから六世紀初頭に最も顕著であり[9]、その背景には四七五年の百済の一時的滅亡が想定される。それは倭国に政治的のみならず人流という点においても大きなインパクトを与え、さらに列島における急速な渡来人の拡大という現象をもたらした。五世紀には倭王権が独占していた渡来系人士の知識が、地域権力にも分有されるようになったと考えられる。それを端的に表すのが江田船山大刀である。

⑨江田船山古墳出土銀象嵌大刀銘

治天下獲□□□鹵大王世、奉事典曹人名无利弖、八月中、用大鉄釜并四尺廷刀八十練九十振三寸上好刊刀。服此刀者、長寿子孫洋々得□恩也、不失其所統。作刀者名伊太加、書者張安也。

ここでは作刀者として伊太加という倭国的な人名がみえる一方で、書者すなわち作文及び書記の担当として張安という中国的な人名を有する人物が現れる。この刀が无利弖の周辺で作られたとすれば、それは无利弖が張安という渡来系人士を掌握していたことを示すものと理解できる。渡来人の知識は地方豪族まで拡がっていたといえる。

　渡来人を通じた知識の拡散という状況において、ヤマト政権にとって知識の更新こそが重要な意味を持っていたであろう。敏達紀の烏羽の表の伝承を俟つまでもなく、知識は常に劣化し、新たな知識によって塗り替えられていくものであった。途絶した中国との関係に代わってヤマト政権が最新知識を獲得するための供給源として朝鮮半島が注目される。それが『日本書紀』における「五経博士」として現れるのである。

⑩-1『日本書紀』継体七年六月

百濟遣姐彌文貴將軍・州利即爾將軍、副穗積臣押山、百濟本記云、委意斯移麻岐彌。貢五經博士段楊爾。別奏云、伴跛國略奪臣國己汶之地。伏願、天恩判還本屬。

⑩-2『日本書紀』継体十年九月

百濟遣州利即次將軍、副物部連來、謝賜己汶之地。別貢五經博士漢高安茂、請代博士段楊爾。依請代之。

⑩―3『日本書紀』欽明十五年二月

百濟遣下部杆率將軍三貴・上部奈率物部烏等、乞救兵。仍貢德率東城子莫古、代前番奈率東城子言。五經博士王柳貴、代固德馬丁安。僧曇惠等九人、代僧道深等七人。別奉勅、貢易博士施德王道良・暦博士固德王保孫・醫博士奈率王有㥄陀・採藥師施德潘量豊・固德丁有陀・樂人施德三斤・季德己麻次・季德進奴・對德進陀。皆依請代之。

⑩を整理すると、段楊爾―高安茂…馬丁安―王柳貴という入れ替わりで倭国に到来している。百済から倭国に派遣される知識人として「五経博士」が存在した。唯一期間が記されている段楊爾は三年の滞在で帰国しており、交替が前提であった。継体紀と欽明紀に集中的にみえる点、⑩―1の別奏や3の「救兵」から判断すると、百済は倭国からの軍事的援助の見返りとして提供したものであり、恒常的な人員派遣とは断定できない。高安茂と馬丁安の間の時期については不明であるが、派遣されていなかった可能性も十分にあり得る。なお、『日本書紀』の論理では百済からの「貢上」と記すが、当然これは潤色である。

4　小　結

本節では、六世紀を中心に東アジア諸国に現れる「五経博士」について概観した。それを概括すると次のようになる。

『日本書紀』における五経博士の問題点を中国・朝鮮との比較から指摘しておくと、まず中国・朝鮮では五経博士は一経ごとにいる博士の総称であり、個別には「毛詩博士」のように各経典の名称を付した職名であった。ところが『日本書紀』に現れる五経博士は一人のみであり、五経全てを担当していたかのようにみえる。さらに⑩―3では五経博士と別に「易博士」がみえる。易もまた五経の一つであることからすると、両博士の併記は明らかに重複である。

もう一つの問題点を挙げると、五〇五年に梁で五経博士が復興された後の東への影響のスピードである。五三七年に百済の招請という流れに対して、五一三年に百済から倭国への五経博士到来は時系列において早すぎる。梁建国以後の百済の遣使状況を見てみると、正史以外にも五一二年（天監十一）、五二一年（普通二）五二四年（普通五）の派遣が確認できる。(10) 百済が五三七年以前に五経博士を受容した可能性もあり得るが、倭国への百済からの五経博士の到来を考える場合、五一三年という年次は早すぎる観は否めない。

それゆえ、六世紀前半の倭国の学術継受は「五経博士」を取り払って考えた方がよい。倭国は百済を通じて中国の学術を継受したが、それは典籍のみならずそれを活用・教授できる人材を含めて獲得することを前提とした。『日本書紀』はその象徴として「五経博士」と記したのであろう。知識の更新自体は政治権力の文明化と求心力の維持という点で不可欠の作業であり、中国との外交が途絶している状況下において朝鮮半島、特に密接な関係を有していた百済からその供給を受けていたことを認めるに吝かでない。とはいえ、その獲得は百済側の状況に大きく拠っており、恒常的なシステムとなっていたわけではない点も留意しなければならず、倭国の学術知識獲得は不安定な環境にあった。

一方で倭国に限らず東アジアを巨視的にみれば、六世紀には梁→百済→倭国という学術の流通が存在したことになる。ここで留意したいのが、梁と倭国の間に実体的な外交関係は存在しないという事実である。冊封を前提とする外交関係はすでに成立しなくなっているが、レベルは異なるものの共通の学術を土台とする政治文化を共有するネットワークが存在していたことになる。中国南朝を発信源としたこの関係を本稿では南朝文化圏と呼ぶことにする。それは、「五経博士」に限らず知識・技術を有する人材が大陸・半島・列島を往来する、いわば学術・知識の流通にあたっての基盤として機能したと推測できる。換言すれば、倭の五王以後途絶したとされる対中国関係も、学術の流通という面では伏流していたと積極的に評価したい。

二　伝承としての漢籍継受

本節では、視点を変えて知識・学術の具体的表象としての書記・典籍の受容について、その伝承の史料的位置づけを検討する。

文字の受容に関する伝承としては、応神朝のワニ（和迩吉師・王仁）の到来が知られる。

⑪『古事記』応神段

亦百濟國主昭古王、以牡馬一疋・牝馬一匹、付阿知吉師以貢上。此阿知吉師者、阿直史等之祖。亦貢上横刀及大鏡。又科賜百濟國、若有賢人者、貢上。故、受命以貢上人、名和迩吉師、即論語十卷・千字文一卷、并十一卷、付是人即貢進。此和迩吉師者、文首等祖。又、貢上手人韓鍛、名卓素、亦呉服西素二人也。

⑫―1『日本書紀』応神十五年八月丁卯

百濟王遣阿直岐、貢良馬二匹。即養於輕坂上厩。因以阿直岐令掌飼。故號其養馬之處、曰厩坂也。阿直岐亦能讀經典。即太子菟道稚郎子師焉。於是、天皇問阿直岐曰。如勝汝博士亦有耶。對曰。有王仁者、是秀也。時遣上毛野君祖、荒田別・巫別於百濟、仍徵王仁也。其阿直岐者、阿直岐史之始祖也。

⑫―2『日本書紀』応神十六年二月

王仁來之。則太子菟道稚郎子師之。習諸典籍於王仁。莫不通達。所謂王仁者、是書首等之始祖也。

⑪⑫は阿直岐史・書首の天皇への奉仕起源を語る伝承として記される。そのストーリーは共通するところでいえば、馬の飼育技術を有するアチキが百済から到来し、その後に典籍を解するワニが百済から来て仕えるようになったということになる。

もとより記・紀は編纂のスタンスに違いがある。それに留意しながらこの伝承を解析しなければならない。まずアチキについて考えると、その到来は、記・紀ともに馬とセットで語られる。すなわち馬の贈答という行為に内在する意味が問題となる。そこで百済関係における馬の贈答について一覧すると、それは倭から百済という方向性を取っている。(11) 馬とともに兵具が授与されるケースも散見し、百済への軍事出兵と関連するとみなしてよい。すなわち馬は軍事の象徴であり、倭国から百済への軍事援助の表象であった。ところが、この記事のみ百済から倭国というベクトルであり様相を異にする。これを馬の起源として捉えると、百済から馬が来たゆえに百済に馬という形で介入することができるという説明が成り立つ。すなわち、阿直岐史の奉仕起源であったアチキの到来は、百済への軍事援助の起源という性格を付与されたといえる。

一方、ワニの存在はいかに評価すべきか。⑪では文首の奉仕起源として記されるものの、アチキとワニの間に関連性を見出せず、それぞれ独立した伝承の様相が濃厚である。そのなかでワニの役割は論語・千字文の将来という点に特化されている。それに対して⑫―1では、アチキの進言でワニが来朝しており、因果関係が発生している。また⑫―2では太子菟道稚郎子への教育という内容が付加されている。このことによって、それぞれ別個のものであった二つの奉仕起源が、太子への教育という記事の着地点に向けて整理されたことが窺える。菟道稚郎子は『書紀』では仁徳と表裏一体の存在であり、氏族の奉仕起源を超えて王権の徳と知を強調する説話へと改変されたのである。付言するならば、アチキは馬、ワニは典籍を担うことによって、渡来人の武と文をそれぞれ象徴するものとして配置されたといえる。

なお、⑪では典籍について「論語十巻・千字文一巻」と明記する。この点も関説する必要がある。古代において『論語』が本文のみの単体で流通するとは考え難く、注釈とみなすべきである。十巻本でかつ『日本国見在書目録』で将来が確認できるものとしては魏・何晏撰『論語集解』や梁・皇侃撰『論語義疏』が挙げられる。千字文は梁・周興嗣（?～五二一）の撰である。応神朝という年代設定から『論語義疏』や『千字文』に矛盾があるとして、論語については『集解』、千字文については古千字文・『蒼頡篇』『急就篇』[12]等に比定する見解もあるが、説話において固有名詞に拘泥すべきではなく、後世の付会として理解すべきだろう。

それでは『古事記』において論語・千字文は何を意味したのか。中国において両書はいずれも初学者のための経書・小学書であったことに気をつけねばならない。それが日本では出土文字資料において頻出する。七世紀第Ⅱ四半世紀と推定される観音寺遺跡では論語学而篇を記した木簡が出土しており[13]、七世紀後半の飛鳥池遺跡や七世紀末の藤原宮遺跡からは千字文木簡がみつかっている。すなわち、典籍として論語・千字文は書記を学ぶためのごく一般的な典籍として受容されていた[14]。このような状況をふまえて奉仕起源が形を整え、それが『古事記』に採録されたのであろう。この点で七・八世紀における漢文修得の基本的書籍の起源説話としての性格も兼ね備えていたといえる。ところが、⑫-2においてはワニがもたらした典籍は具体性を欠いている。王権の徳と知を象徴する太子菟道稚郎子への教授が説話化の着地点であると先述したが、そうした人物が学ぶべき典籍として初学書である論語・千字文は適当ではないとして、書紀編纂段階でその書名は削除されたものであろう。

この説話が応神朝に位置づけられた意味について考えると、⑪では百済王が「昭古王」の時としており、すなわち近肖古王代に相当する。この時期は東アジアレベルでみてみると、伝承では前掲⑥のように百済に初めて「書記」があったとされており、百済においても書記文化の画期と認識されていた。その媒介者である博士高興の出身について、外部であるとすればそれは中国からということになろう。当該期は倭国と百済のいずれもが文字について受容の契機になった時期と位置づけられている。

また、百済では近肖古王二四年である三六九年は東晋・太和四年に当たる。七支刀の紀年である「泰□四年」がその当該年であり、百済は東晋年号を刻んだ刀を倭国との外交に用いた[15]。直接的な外交はないにせよ、七支刀を通じて東晋・百済・倭国がつながったといえる。なお、⑪では「呉服」に言及しており、倭国の伝承としても江南が意識されていた様子が窺える。

これを要するに、第一節において五経博士をめぐって〈梁―百済―倭国〉という南朝文化圏のつながりを析出したが、書記・典籍という文字文化については〈東晋―百済―倭国〉という関係が同様に浮き彫りになる。記・紀が編纂された八世紀には応神朝（近肖古王代）を、東晋・百済・倭の非冊封的結合が形成された時期として認識していた。七支刀における東晋年号の採用という観点からすれば、実体的な政治的関係は別として、倭国と百済の間に東晋の文化が共通のコードとして機能するベースが形成されていたといえる。すなわち、南朝文化圏はこの頃から政治的に意味を持ち始めており、伝承のなかにその残滓が見え隠れするのである。

三　仏教の位相

ここまで五経博士、文字・典籍という儒教的な面からの文化圏の様態を検討した。しかし、仏教というそれとは全く異なる文化受容の伝承がある。本節ではそれを手掛かりに南朝文化圏の問題を考えてみる。

⑬『隋書』倭国伝

無文字、唯刻木結縄。敬佛法、於百濟求得佛經、始有文字。

倭国の文字使用について、受容以前には結縄の習俗があり、百済からの仏教伝来によって文字が受容されたとする、文字・典籍の将来における異伝を記す。

事実関係から確認しておくと、結縄については沖縄の習俗として確認できるが[16]、列島で広範に行なわれていたかという点は不明である。また、仏教経典による文字の継授という内容については、武の上表文や金石文との齟齬を考えればそれが誤りであることはいうまでもない。しかし、『隋書』の内容を編纂時の誤認と論《あげつら》うだけでは考察として不十分である。『隋書』倭国伝の内容については、榎本淳一氏によってそれが複合的に形成されたものであることが明らかにされており、それをふまえなければならない[17]。それを受けて二つの問題点が設定される。一つは、『隋書』における情報の根拠は何か、すなわち情報源の問題である。もう一つは、それが仏教に引きつけて語られたことの意義について問う必要がある。仏教による文字継受という伝承は何を意味したのだろうか。

まず情報源の問題から扱うこととする。⑬との比較として、六・七世紀の他国の文字文化の受容に関する記載について見渡しておく。その類例として新羅を見ることができる。

⑭『梁書』新羅伝

其拜及行與高驪相類。無文字、刻木爲信。語言待百濟而後通焉。

新羅における文字文化について、文字はなく木に記号を刻むことで連絡を行なうとする。これが事実と齟齬することは、いわゆる川前里書石など金石文や法興王の「律令」頒布などから明らかである。中国との外交でいえば、新羅が中国に外交文書を送る契機になったのは五六五年（真興王二六）の北斉からの封册である[18]。ただし、それ以前からの文字使用について中国は知ることが可能だったはずである。

もう一つの事例として、流求が挙げられる。

⑮『隋書』流求伝

俗無文字、望月虧盈以紀時節、候草藥枯以爲年歳。

流求には文字がなく、月の満ち欠けや草木の生育で季節を理解したとしており、暦がないことを強調する。なお、文字のみならず後者の歳時の計測に関する記述は倭国と類似している面がある。『魏志』倭人伝所引『魏略』には「魏略曰、其俗不知正歳四節、但計春耕秋收爲年紀」とある。暦を作成せず自然現象や農耕によって季節を知るということは、夷狄の文化レベルの低さを強調するものとして特に記されたと考える。

それではは倭国・新羅・流求においてそれぞれ文字がないと記された根拠は那辺にあるのだろうか。流求に関しては隋代に朱寛が遠征しており[19]、その際に習俗情報の記録がもたらされ、『隋書』に反映したとみなし得る。しかし、倭国や新羅について文字がなかったとするのは明らかに何らかのバイアスが掛かっている。そこで問題となるのは、中国が倭国・新羅における〈文字なし〉という情報をどこから得たのか、ということになる。

この点について注目すべきが、⑭の「百済ヲ待チテ後ニ通ズ」という記述である。六世紀前半までの新羅の外交は、朝鮮半島西岸を領有していなかったために単独で派遣することは困難であった。すなわち、中国王朝への新羅の通交は百済を媒介とするものであり、中国側からみれば重訳による到来と受け止められたであろう[20]。そうであるとすれば、新羅の朝貢に際しては百済による仲立ちが大きな意味を持つものであり、新羅に関する情報は新羅自身による説明だけではなく百済からも提供されたものと推測できる。百済の立場からすると、新羅が文化的に劣位にあることを述べることで自己の国際的位置を高めようとする動機が認められることになる。

同様のことは倭国についてもいえる。⑬では「百済ニ於イテ仏経ヲ求得シ、始メテ文字有リ」とするが、ここでも文字受容の契機として百済が強調されている。そして遣隋使の派遣には送使として百済が交通を媒介した[21]。百済が遣隋使に同行し、百年以上にわたって不通であった倭国の外交を隋に仲介する過程で倭国情報をもたらしたことは十分に考えられる。

要するに百済はその地理的位置から、交通が未熟な六世紀において新羅や倭国の中国王朝との交渉で仲介的役割を果たし、一方でその際に自己の国際的地位を高めるために倭や新羅の文化レベルを低く見積もった情報を意図的に流した可能性が看取される。〈文字なし〉という誤情報が史書に記録された背景には、百済を媒介とする重訳という当時の外交形式が影響していたといえる。

次に倭国において文字と仏教が結合して語られたことの背景について考える。先述のように百済が倭国の文字継受を仏教と関連付けて述べたとすれば、百済における仏教の状況を見渡す必要があろう。

百済の仏教伝来は三八四年（枕流王元）のこととされる。(22)

⑯『三国史記』百済本紀枕流王元年

秋七月、遣使入晉朝貢。九月、胡僧摩羅難陀自晉至。王迎之、致宮内禮敬焉、佛法始於此。

この文脈では、百済が東晋に朝貢し、それを受けて胡僧摩羅難陀が来朝したことになる。当時の国際状況をふまえると、前秦と東晋の対決として名高い淝水の戦いが三八三年のことであった。前秦が敗れて南北朝の拮抗が出現することとなり、周辺国の東晋への遣使が実現した。百済の仏教初伝に関する史実は別に考えるとしても、⑯の朝貢及び淝水の戦いの結果を受けて東晋が百済に仏教の人材・文物等を送ることが可能になったという状況は認めてよいだろう。

百済において仏教の深化が認められるのは六世紀半ばである。前掲史料⑦-1・2によると、五四一年（梁・大同三）に百済からの請求によって「涅槃等経義」が授けられている。それでは梁から将来された『涅槃』とは何か。そこで注目し得るのが『大般涅槃経義疏』である。宝亮（四四四～五〇九）の撰にかかる本疏は、五〇九年（梁・天監八）五月、武帝の勅命によって十余万言を撰して九月に完成、武帝はこれに序文を書いた。宝亮は『涅槃経』『成実論』の講論で知られ、同年十月四日示寂した。(23)百済に授けられた「涅槃等経義」は、その政治性を考えると『大般涅槃経義疏』であった蓋然性が高いというべきであろう。

六世紀の南朝における仏教盛行、特に梁武帝の仏教への帰依という社会的・政治的状況は、百済の南朝重視政策と相俟って、南朝と百済の仏教的関係を深めるものであった。ここにおいて仏教経典の授受は五経系の典籍とともに政治的関係の一翼を担うものとして位置づけられたといえる。(24)

かかる南朝と百済の仏教的関係が前提となって倭国への仏教伝来が果たされた。所謂「仏教公伝」は年代については史料によってズレがあるものの、聖明王から欽明へという点では一致している。

⑰『日本書紀』欽明十三年十月

百濟聖明王、更名聖王。遣西部姫氏達率怒唎斯致契等、獻釋迦佛金銅像一軀・幡蓋若干・經論若干卷。別表、讃流通禮拜功徳云、是法於諸法中、最爲殊勝。難解難入。周公・孔子、尚不能知。此法能生無量無邊福徳果報、乃至成辨無上菩提。譬如人懐隨意寶、逐所須用、盡依情、此妙法寶亦復然。祈願依情、無所乏。且夫遠自天竺、爰洎三韓、依教奉持、無不尊敬。由是、百濟王臣明、謹遣陪臣怒唎斯致契、奉傳帝國、流通畿内。果佛所記我法東流。

⑱『元興寺伽藍縁起□流記資財帳』

大倭國佛法、創自斯歸嶋宮治天下天國案春岐廣庭天皇御世、蘇我大臣稲目宿禰仕奉時、治天下七年歳次戊午十二月度來。百濟國聖明王時、太子像并灌佛之器一具及説佛起書巻一筐度而言、當聞、佛法既是世間無上之法、其國亦應修行也。

各記事についていえば、⑰では釈迦仏金堂像・幡蓋・経論がもたらされたとするが、そもそも記事自体は『金光明最勝王経』の翻案である[25]。これに対して⑱では太子像・灌仏之器・説仏起書がもたらされる。これらは灌仏会に用いられるものであるが、その濫觴は六〇六年（推古十四）に元興寺において行なわれたものであり、同年に盂蘭盆や聖徳太子講説も行なわれている。それに鑑みると⑱の将来物についても一定の留保が必要であろう[26]。

国際情勢からみると六世紀前半の「仏教公伝」は一定の意味を持つ。当該期は百済と高句麗の対立が激化しており、五五四年に聖明王が戦死するに至る。百済の積極的な外交政策はこうした国際環境を背景に置くものであり、百済が南朝のみならず倭国との外交において仏教を利用することは外交上の取引の一種として理解し得る。

かくして南朝―百済、百済―倭国として仏教を媒介に接続した関係は、倭国が中国との外交を再開することでひとつのまとまりをみる。それが遣隋使の派遣である。

⑲『隋書』倭国伝

大業三年、其王多利思比孤遣使朝貢。使者曰。聞海西菩薩天子重興佛法。故遣朝拜、兼沙門數十人來學佛法。

遣隋使の仏教性については近年強調されるところである[27]。遣隋使派遣と仏教の政治的関連性は単なる宗教的なものではなく、世界観の土台となる通常科学のレベルで考えるべきことを筆者も指摘したことがある[28]。すなわち、仏教もまた南朝文化圏における学術の共通基盤として位置づけられる。

南朝文化圏における仏教の広がりは具体的には経典・仏具の流通でもあるが、その根柢をなすのは僧侶の人流として理解し得る。先掲⑩―3によれば、五五四年（欽明十五）にそれまで百済から倭国に来朝していた道深等七人と交代して曇慧等が九人で到来している。そうした仏教の流通状況をふまえて倭国は遣隋使を派遣する姿勢を打ち出したといえる。さらにいうなれば、五経博士にせよ書記・典籍にせよ百済→倭国という一方的なベクトルであった流れが、遣隋使は留学僧の派遣というかたちで逆のベクトルが出現したところに画期を認められる。そして、倭国―隋という関係が形成されたことによって、それまで線的なつながりであった南朝文化圏は面的なネットワーク化したのである。

こうした趨勢において、仏教の流通は倭国―隋の関係に止まるものではなく、推古朝には朝鮮諸国からの学術を伴う僧侶の往来が目立つようになる。

⑳『日本書紀』推古十年十月

百濟僧觀勒來之。仍貢曆本及天文地理書并遁甲方術之書也。是時選書生三四人、以俾學習於觀勒矣。陽胡史祖玉陳習曆法、大友村主高聰學天文遁甲、山背臣日並立學方術。皆學以成業。

観勒は六〇二年（推古十）に百済から来朝し、その後、僧正となり倭国の仏教受容に大きな役割を果たした。観勒がもたらした暦本・天文地理書・遁甲方術書は仏教に関連するものとして意識されていたであろうが、仏教という枠組みにとどまらない影響を及ぼしたであろう。さらにここで注目すべきは、それぞれに人を付けて学ばせていることである。受容した学術の成果を国内で再生産することを目指した措置であり、支配体制の整備が図られているといえる。

　そして、推古朝の特色として挙げられるのが、百済のみならず高句麗からも人材の到来が看取できることである。

㉑『日本書紀』推古天皇十八年三月

　高麗王貢上僧曇徴・法定。曇徴知五經、且能作彩色及紙墨、并造碾磑。蓋造碾磑始于是時歟。

六一〇年（推古十八）に曇徴と法定が高句麗から来朝している。そのもたらした彩色・紙墨・碾磑は寺院壁画や経典書写など、やはり仏教に関連する知識・技術が中核であった。しかし、それのみならず「五経ヲ知ル」と特記されていることは、彼らに期待された知識が仏教に止まらなかったことを推測するに足る。

　政治と仏教の結びつきという点からすると、高句麗から到来した慧慈は注目に値する。

㉒『日本書紀』推古元年四月己卯

　立厩戸豐聰耳皇子爲皇太子。仍録攝政、以萬機悉委焉。橘豐日天皇第二子也。母皇后曰穴穗部間人皇女。皇后懷妊開胎之日、巡行禁中、監察諸司。至于馬官、乃當廏戸、而不勞忽産之。生而能言。有聖智。及壯、一聞十人訴、以勿失能辨。兼知未然。且習内教於高麗僧慧慈、學外典於博士覺哿、並悉達矣。父天皇愛之、令居宮南上殿。故稱其名、謂上宮廏戸豐聰耳太子。

厩戸王は仏教の師として慧慈が記されている。慧慈は五九五年に「高麗僧慧慈歸化。則皇太子師之[29]」とあるように「帰化」と記す一方で、「高麗僧慧慈歸于國[30]」として六一五年に帰国する。慧慈はその知識をもとに厩戸との人格的関係に基づいて仕えるものの、その死によって関係が解消されると帰国することになったと考えるべきであり、「帰化」とは書紀の潤色である。

なお、曇徴や慧慈のような高句麗からの僧侶の来朝について付言すれば、たとえば慧慈が遣隋使の国書を起草したとすると(31)、高句麗経由の学術が南朝文化圏に向かうというベクトルを有することになる。それはネットワーク化した南朝文化圏に倭国―高句麗の人的流通網が接続したと評し得る。その背後には新羅の強大化とそれに対処する高句麗・百済という国際環境があり、政治情勢が学術の流通を規定する一面を持っていたといえる。

ここまでみたように、僧侶の移動は仏教のみならず学術の流通全体に影響を及ぼしていたといえる。さらにいうなれば、六世紀後半から七世紀前半に来朝する僧侶は五経博士に象徴されている学術の流通システムとの類似性が強い。それを整理すると、①交代あるいは帰国を前提としており、曇慧・慧慈等がその例である。②知識・技術を提供することで政治的に結びついており、慧慈や観勒がこれに当たる。③仏教のみならず五経その他の知識も将来しており、観勒・曇徴を挙げられる。こうした僧侶による学術の流通は一節でみた五経博士の人的流通と酷似しており、五経博士に象徴されるような仏教伝来以前の学術的往来によって培われた人的流通のシステムを土台として僧侶が来朝・帰国していると理解できる。

なお、当該期の仏教と儒教の比重について近年では仏教を重視する傾向が強く、またそれを認めるに吝かではないが、あくまでも儒教との並存を前提としたものであった。先掲の㉒には、厩戸が仏教において慧慈に師事したとするが、一方で儒教の師として覚哿から学んだともある。すなわち、厩戸は仏教と儒教を兼ね備えた人格として描かれている。ここではそれが史実であるか否かにこだわることなく、優れているとみなされる人物像に対していかなる知識を身につけていることが要求されたのか、という点に注目したい。その最たる造形である厩戸皇子において仏教と儒教両方が挙げられており、片方のみに限定するべきではないだろう。

本節では南朝文化圏において流通する文化・学術は、儒教系のみならず仏教も重要な要素であることを指摘した。当該期に急速に仏教が広がった背景には、それまでの宗教とは異なる普遍性を有していたという指摘は重要である[32]。国家などの政治的枠組みを超える仏教において、その僧侶の性質は国を超えた交流に適するといえる[33]。すなわち、第一に越境性であり、伝道を重視して国境に捉われない。第二に先進性であり、経典読誦を通して文字・典籍の読み書きはもとより、建築・天文など多様な学術・知識をもたらす存在であった。なお、注意しなければならないのが僧侶の帰属性である。本来仏に仕える僧侶は政治への従属を否定するものであり、それは非帰属性として立ち現れる。たとえば中国南朝では、皇帝・国王への崇拝を最優先しない沙門不敬王者論等が議論を戦わせることになった。しかし、その周辺国では政治に結びつくことによって仏教が普及するのであり、僧侶自身がそれを自覚していた[34]。仏教を媒介とした学術・知識の受容とは、仏教の先進性を前提にして宗教者ではなく知識人としての僧侶が学術流通の媒介者としての役割を担いながら、越境性と政治への帰属性というアンビバレントな状況で進められた一面を有していたといえる。

むすびにかえて―南朝文化圏の終焉―

小稿では南朝において形成された学術・知識を南朝文化と呼び、それが周辺国に流通するルートとそこに構築された関係の総体を文化圏と位置づけて、外交関係に止まらない学術流通のつながりを南朝文化圏と定義し、東アジアの一角に南朝文化圏が成り立っていたことを論じた。そして、四世紀後半から七世紀前半におけるその展開を追ってみた。

南朝との政治的関係を根柢において学術の流通ネットワークとして展開した南朝文化圏は、南朝滅亡後も隋が南朝の文化に対してはこれを尊重したことにより、七世紀半ばまでは継続する。しかし、六六〇年の百済滅亡と六六三年の白村江敗戦による倭国の国際世界からの一時的退潮により終焉を迎えた。それは、南朝や百済などその文化圏を構成していた諸国の滅亡もさることながら、東アジア諸国の文化基調が唐を手本とする律令国家群の形成という方向に向かうことによって南朝文化に対する需要が低下したことが大きな要因であろう。

特に倭国は、律令国家としての日本国を構築するにあたって南朝文化から北朝文化への切り替えを図ることになる。そのもっとも顕著な政策が中国南方音から北方音への変更である。百済救援の際に俘虜として倭国に送られた続守言・薩弘恪はその後、音博士に採用されている。倭国が唐への外交関係を視野に入れながら国家を形成する時、南朝文化はもはや政治的意義を持たないあだ花となった。もちろん呉音が八世紀を通じて用いられ、国家がそれを統制しようとするなどいったん根付いた文化は簡単に切り替えることができるものではない(35)。しかし、国家政策上において少なくとも表面的には放棄されたのである。その意味を軽視すべきではなかろう。

南朝文化圏の終焉とは、換言すれば政治的関係を背景にした学術・知識を流通させるルートの変更ということであり、これによって七世紀には政治的役割の比重が大きかった遣唐使が八世紀になると文化的役割を高めることになるのである。

註

（1）拙稿「倭王武の上表文と文字表記」（『国史学』一八一、二〇〇三年）。

（2）内田清「百済・倭の上表文の原典について」（『東アジアの古代文化』八六、一九九六年）。

（3）南斉・梁の倭国に対する授爵は新王朝樹立による一斉進号と坂元義種氏は指摘している（坂元義種「五世紀の日本と朝鮮」『古代東アジアの日本と朝鮮』吉川弘文館、一九七八年）。ただし、『愛日吟廬書画続録』（『続修四庫全書』子部芸術類所収）巻五所引「清張庚諸番職貢図巻」における職貢図逸文に「斉建元中奉表貢献」とあり、南斉初における実際の倭国使到来を明記する。この問題については後考を俟ちたい。
（4）古市晃『日本古代王権の支配論理』（塙書房、二〇〇九）、中林隆之「東アジア〈政治-宗教〉世界の形成と日本古代国家」（『歴史学研究』八八五、二〇一一年）、河上麻由子『古代アジア世界の対外関係と仏教』（山川出版社、二〇一一年）。
（5）李成市氏は当該期の百済の発展に楽浪・帯方遺民や中国系人士の役割を重視する（「アジアの諸国と人口移動」『新版古代の日本2　アジアからみた古代日本』角川書店、一九九二年）。
（6）拙稿「東アジアにおける文書外交の成立」（『歴史評論』六八〇、二〇〇六年）。
（7）吉川忠夫『侯景の乱始末記』（中央公論社、一九七四年）。
（8）志水正司「倭の五王に関する基礎的考察」（『日本古代史の検証』東京堂出版、一九九四）、田中史生「武の上表文」（『文字と古代日本2　文字による交流』吉川弘文館、二〇〇五年）。
（9）関川尚功「古墳時代の渡来人」（『橿原考古学研究所論集』九、吉川弘文館、一九八八年）。
（10）『冊府元亀』外臣部。五一二年は朝貢門、五二一年は継襲門、五二四年は封册門及び継襲門。なお、五二四年は封册文の掲載及び王位の交替を記すのみで使者の派遣は明記していないが、王位交替を通知する使者があったものとみなしておく。
（11）『日本書紀』継体六年四月丙寅、欽明元年九月己卯、欽明七年正月丙午、欽明十四年六月、欽明十五年正月丙申、欽明十七年正月、皇極元年四月乙未条。
（12）古千字文は周興嗣に先んじて魏・鍾繇が作ったとされる千字文。ただし、その存在の想定は史料解釈の誤りという指摘がある（小川環樹「解説」『千字文』岩波書店、一九九七年）。『蒼頡篇』については、秦代に作られた字書で、書名の蒼頡は黄帝の史官であり文字を発明した人物とされる。福田哲之「水泉子漢簡七言本『蒼頡篇』考」（『東洋古典学研究』二九、二〇一〇年）参照。『急就篇』は漢代の小学書、『急就章』ともいう。
（13）『観音寺遺跡Ⅰ（観音寺遺跡木簡篇）』（徳島県教育委員会・財団法人徳島県埋蔵文化財センター・国土交通省四国地方整備局、二〇〇二年）。
（14）鐘江宏之『日本の歴史　三　律令国家と万葉びと』（小学館、二〇〇八年）。
（15）七支刀については、吉田晶『七支刀の謎を解く』（新日本出版社、二〇〇一年）参照。

(16) 田代安定・長谷部言人校訂『沖縄結縄考』（養徳社、一九四五年）。
(17) 榎本淳一「『隋書』倭国伝について」（『日本書紀の謎と聖徳太子』平凡社、二〇一一年）。
(18) 註（6）前掲拙稿。
(19) 『隋書』流求国伝に「三《（大業）》年、煬帝令羽騎尉朱寛入海、求訪異俗」とある。
(20) 中国に朝貢する際にルート上に存在する国を媒介として赴く形式は重訳という（註（6）前掲拙稿参照）。重訳に際して媒介国による意図的なバイアスがかかる端的な事例としては六五四年の遣唐使が帯同したエミシの事例を挙げることができる。拙稿「唐から見たエミシ」（『史学雑誌』一一三―一、二〇〇四年）参照。
(21) 拙稿「古代国際交通における送使」（鈴木靖民・荒井秀規編『古代東アジアの道路と交通』勉誠出版、二〇一一年）。
(22) この記事と『日本書紀』推古三二年条の齟齬については、鎌田茂雄『朝鮮仏教史』（東京大学出版会、一九八七年）、福士慈稔「仏教受容と民間信仰」（『新アジア仏教史10　漢字文化圏への広がり』佼成出版社、二〇一〇年）。
(23) 『続高僧伝』巻一宝亮伝、『歴代三宝紀』巻十一。薗田香融「東アジアにおける仏教の伝来と受容」（『関西大学東西学術研究所紀要』二二、一九八九年）。
(24) 河上麻由子「南北朝～隋代における仏教と対中国交渉」（註（4）河上前掲書所収）。
(25) 井上薫「日本書紀仏教伝来記載考」（『日本古代の政治と宗教』吉川弘文館、一九六一年）。
(26) 古市晃氏は⑱の記述を積極的に評価し、「したがうべきは縁起本文」とする。古市晃「四月・七月斎会の史的意義」（註（4）古市前掲書所収）参照。
(27) 鈴木靖民「遣隋使と礼制・仏教」（『日本の古代国家形成と東アジア』吉川弘文館、二〇一一年）、河上麻由子「遣隋使と仏教」（註（4）河上前掲書所収）。
(28) 拙稿「遣隋使の『致書』国書と仏教」（『遣隋使がみた風景』八木書店、二〇一二年）。
(29) 『日本書紀』推古三年五月丁卯条。
(30) 『日本書紀』推古二十三年十一月癸卯条。
(31) 註（28）前掲拙稿。

(32)　註(4)中林前掲論文。
(33)　拙稿「入唐僧と海外情報」(『専修大学東アジア世界史研究センター年報』三、二〇一〇年)。
(34)　たとえば新羅における円光の例を挙げることができる。註(28)前掲拙稿参照。
(35)　水口幹記「非唐人音博士の誕生」(『歴史評論』六八〇、二〇〇六年)。

『日本国見在書目録』刑法家と『律附釈』
―律受容の一断面―

吉永匡史

はじめに

刑罰法典である律は、中国において長い歴史を持ち、遅くとも七世紀後半には朝鮮半島を経由して日本へ舶来された。日本における成文法としての刑罰法典は、中国のそれを継受・改変する形ではじまったのである。かような中国律と日本固有の刑罰のあり方との関係性、そして日本律の成立過程については、これまで多くの研究が積み重ねられてきた(1)。そこには様々な研究視角が存在するが、本稿では律とその注釈書の舶来の状況、そして注釈書の性格を検討することを通じて、日本古代における律の受容について考えていきたい。

その際に主に取り扱う史料は、『日本国見在書目録』の刑法家である(2)。ただ、『日本国見在書目録』は、作者の藤原佐世や、目録自体の成立年代については議論が深まっているものの(3)、唯一の写本である宮内庁書陵部所蔵室生寺本に至る転写過程や、収載する各書物についての全面的・個別的検討は未だ不充分であると評せ、よりいっそうの多角的検討が待たれている。またそのなかにみえる『律附釈』という律の注釈書については、先学によって既に議論が行われており、私見では律の受容を考える上で有意義な事例であると考える。

そこで本稿では、まず『日本国見在書目録』刑法家に対して検討を加え、その内容と構成について考える。その上で、目録中にみえる『律附釈』の性格の考察を通じて、日本の古代社会における律受容のあり方の一様相を明らかにしたい。

一　『日本国見在書目録』刑法家の内容と構成

1　中国における律の変遷と倭国への影響

律は刑罰法規であり、令は行政の組織と執務基準を定める行政的法規である。律令という法典形式の特徴について、滋賀秀三氏は次の三点を挙げている[4]。すなわち、（Ⅰ）律令は刑罰・非刑罰の二本立てである、（Ⅱ）律・令と呼称される法典は一時期にただ一つしか存在しない、（Ⅲ）一旦制定された律・令は、廃止することはあっても部分的改正が加えられることはない、という三原則である。しかし、法典編纂の歴史を顧みると、これは徐々に確立してきた性質であって、当初から完備されていたわけではない。統一秦や前漢の段階では、律と令は併存するが、令はあくまで単行法令の集積であり、付加的なものにすぎなかった。史料上にみえる「法令」「律令」「法律」の三語はいずれも同義とみなせ、唐代の律令とは異なり、律と令の区別は曖昧だったのである[5]。

そうしたなかで、滋賀氏によると、初めて（Ⅰ）～（Ⅲ）の条件を揃えて成立したのは、西晋泰始律令であったと推測される[6]。泰始律は、総篇である刑名（唐律の名例に相当）を備えており、後代の律の原型が成立したとみなすことができる。これ以降は、『唐六典』巻六や『隋書』刑法志から断片的にうかがえるように、南朝の諸王朝では基本的に晋王朝の泰始律令の枠組みを継承していくのであり、梁に至り独自の律令（天監律令）を編纂するものの、篇目構成に大きな変化はなかったとみられる[7]。

いっぽうで南朝とは対照的に、北朝では刑罰体系が大きく変化していった。北魏律は泰始律令の「諸侯」を削り「闘」を加えた計二十篇であったと推測されるが[8]、北斉では計十二篇まで大きく削減し、篇目数では唐律と同数になっている。これに対し北周では、現実とはかけ離れた『周礼』を国制の範とした上に、『通典』巻一六四刑法二に「大凡定法千五百三十七条。其大略滋章、条流苛密、比二於斉法一、煩而不レ要」とあるごとく、煩雑な規定を多く作成したようである。そのため、隋は北周より発したにもかかわらず、開皇律では北斉の律令を多く採用し、北周のそれを重視しなかった[9]。そして、北斉律を改編継承した開皇律が、唐律の原型となったのである。

周知のように、五世紀の倭国は南朝の諸王朝に遣使し、その国際秩序に組み込まれることを通じて、国内支配機構の強化を行っていた[10]。その後も七世紀にかけて、儀礼も含め南朝から文化的に多くの影響を受けていたことが明らかとなっている[11]。五～六世紀は、倭国が刑罰法規たる律に直接触れ得た最初期であるが、南朝の宋・斉は法制に関心が薄いとされる[12]。律は中国の礼制と密接にかかわる高度な内容をもつことからすれば、当時の倭国の書記文化の程度を考慮すると、律の原本が舶来され、倭国の刑罰のあり方に大きく体系的な影響を与えたとは考えにくいだろう。

さらに注目したいのは、先学がたびたび検討を加えてきた『隋書』巻八一列伝四六東夷倭国の次の記事である。

其俗殺人強盗及姦皆死、盗者計レ贓酬レ物、無レ財者没レ身為レ奴。自余軽重、或流或杖。

この刑罰記事を検討した井上光貞氏によれば[13]、傍線部の死・流・杖の刑罰は、北朝から唐にかけて律に規定された五刑（死・流・徒・杖・笞）に対応するとみられる。南朝の梁天監律にみえる刑罰体系と唐律の五刑とがかなり異なることからすれば[14]、少なくとも七世紀初頭の推古朝においては、北朝系統の律に影響をうけた刑罰が、固有のそれとともに執り行われていたと判断できよう。よって、六世紀以前に律法典がもたらされていたとしても、それは北朝ののである可能性が高いということになる。もちろん七世紀以後であれば、隋律・唐律が舶来されたことは殆ど疑いない。『日本書紀』六九二年（持統六）七月乙未条に「大二赦天下一。但十悪・盗賊、不レ在二赦例一。…（下略）」とあることから、このころは八虐の概念は未成立であって、隋律・唐律の十悪の概念を刑罰制度に組み込んでいたと考えられるのである[15]。

以上の諸点をふまえた上で、『日本国見在書目録』刑法家収載の書籍の性格について、考察を進めていきたい。

2　『日本国見在書目録』刑法家の書籍

『日本国見在書目録』の「十九　刑法家」には、計四一の法制書が収載されている。とは言え、現存する唯一の写本である室生寺本は、『日本国見在書目録』の全てをそのまま写し取ったものではなく、抄略本である（鎌倉初期を下らないとされる[16]）。これは刑法家の冒頭に「目録五百八十巻。私略ㇾ之」と本注が付されていることからうかがえる[17]。本注によれば元来は計五八〇巻あったとするが、室生寺本で確認できるのは五二三巻であり、計五七巻が抄略されていることとなろう。ここでまず問題となるのは、この抄略がどの段階で為されたのか——室生寺本の書写者なのか、もしくはその親本の段階で既に抄略されていたのか——である。これについては、「十八　儀注家」の直下にあるべき本注「目録百五十四巻。私略ㇾ之」が儀注家末尾の「書竿儀廿巻」の本注の中にあり、錯簡とみなせることから、室生寺本の書写者が抄略したのではなく、恐らくその親本が既に抄略本であったものと推測されよう[18]。本目録の刑法家に収載する各書籍について、分類のうえ掲載順に番号を振って掲げると、表のようになる。

表を通見すると、隋大業令が重複し（3・14）、巻数の表記についても「卅」「三十」など統一が取れていない。そして、そもそも排列が不審である。（5）「唐永徽律」以降は注釈書を挟み込みつつ、おおむね律令格（勅）式↓統類↓判集という順になっているのに対し[19]、冒頭の（1）～（4）は明らかに異質と言えるだろう。考察にあたり、かような刑法家そのものの問題点に留意しておきたい。

さて、中国律令の舶来という点で刑法家をみると、名称からはその内容を即座に導き出せない書籍がいくつか存在

表『日本国見在書目録』刑法家の内容と分類

分　類	書　籍　名
律①	(1)大律六巻、(2)新律十巻
令①	(3)隋大業令卅巻
格	(4)唐貞観勅格十巻
律②	(5)唐永徽律十二巻、(6)唐永徽律疏卅巻〈伏無忌等撰〉、(7)大唐律十二巻
律注釈書	(8)刑法抄一巻、(9)唐具注律十二巻、(10)律附釈十巻
令②	(11)本令卅、(12)古令卌巻、(13)新令十巻、(14)大業令三十巻、(15)唐永徽令卌(卅ヵ)巻、(16)唐開元令卅巻
令注釈書	(17)唐令私記卅巻、(18)金科類聚五巻
格・勅	(19)唐永徽格五巻、(20)垂拱格二巻、(21)垂拱後常行格十五巻、(22)垂拱留司格二巻、(23)開元格十巻
(格注釈書)	(24)開元格私記一巻
	(25)開元新格五巻、(26)格後勅三十巻、(27)長行格七巻、(28)開元皇口勅一巻、(29)開元後格九巻、(30)散頒格七巻、(31)僧格一巻
式	(32)唐永徽式廿巻、(33)唐開元式廿巻
統類	(34)大中律統領(類ヵ)十二巻
判①	(35)判様十巻、(36)判軌一巻、(37)救急判罪一巻、(38)百節判一巻
勅	(39)貞観勅九巻
判②	(40)中臺判集五巻〈牛鳳及撰〉、(41)大唐判書一巻

【備考】
・(15)「永徽令卌巻」は、池田温・孫猛両氏が指摘するように正しくは「卅」巻であり、誤写とみられる。
・(34)「大中律統領十二巻」も同様に池田氏らの指摘に従い、「統領」ではなく「統類」が正しいと考える。よって分類では「統類」とした。

する。なかでも（1）「大律六巻」・（2）「新律十巻」・（11）「本令卅」・（12）「古令卌巻」・（13）「新令十巻」は、漢籍であるのか、あるいは本朝書籍であるのかすら判然としない。本稿では律の受容という観点から、（1）「大律六巻」と（2）「新律十巻」について詳しく検討を行っていきたい。

まず（1）「大律」については、「宝」字が脱漏しており大宝律の誤写であるとの見解が、既に戦前の段階で和田英松氏によって提示された。[20]『日本国見在書目録』は九世紀末の時点で日本国内に蔵されていた漢籍目録であると一般に認識されているが、早くから和田氏らによって本朝書籍の混入が指摘されてきた。一例を挙げると、

『日本国見在書目録』雑家に「弘帝範三」とみえるが、これは『日本三代実録』八七七年（元慶元）十一月三日条に「参議従三位行左衛門督大江朝臣音人薨。…（中略）…、音人別奉レ勅、撰二群籍要覧卌巻、弘帝範三巻一」とみえるごとく、大江音人が著した本朝書籍である。このほか、同じく雑家にみえる「弁色立成一」は藏中進氏によって本朝書籍であることが明らかとなっており、[21]矢島玄亮氏はこれらを含めて本朝書籍の混入を十二種、日本人の編纂抄録と推測されるもの一五一種を挙げている。[22]

大宝律とする場合、脱字を想定することとなるわけだが、比定の最大の根拠は巻数の一致である。『本朝法家文書目録』には「律六巻〈大宝元年不比等大臣与レ令遂レ作〉」とみえ、大宝律は六巻であったことがわかる。『日本国見在書目録』収載の書籍は全てが完本ではなく、欠巻のある端本も多いことが、榎本淳一氏によって明らかとなっており、[23]巻数の完全一致は重視すべき点であろう。矢島氏のほか、池田温氏も刑法家の検討において「大律」を大宝律に比定しており、[24]本朝書籍の混入とする先学は多い。

これに対し内田吟風氏は、「大律」をその名称の一致より、北周の大律に比定している。[25]大律は、『隋書』巻二五志二十刑法に「（前略）…、其後以二河南趙粛一為二廷尉卿一、撰二定法律一。粛積思累レ年、遂感二心疾一而死。乃命二司憲大夫託抜迪一掌レ之。至二保定三年三月庚子一乃就、謂二之大律一、凡二十五篇。…（後略）」とみえ、趙粛の選定作業を引き継いだ託抜迪によって、五六三年（保定三）に成立した。『隋書』経籍志には「周律二十五巻」、『旧唐書』経籍志には「周大律二十五巻〈趙粛等撰〉」とあり、[26]巻数は二五巻であったことが知られる（『新唐書』藝文志も同様）。北周大律とみなす場合、名称の一致が重要視されるが、巻数は大きく異なる。しかし榎本氏が指摘するように、『日本国見在書目録』作成時に端本であったとすれば、巻数の不一致を度外視することもできよう。

かようにそれぞれ根拠をもつ両見解が存在するが、いずれを是とすべきだろうか。名称と巻数それぞれに一長一短を有するのであるが、私見では端本を念頭に置いて巻数の欠損を想定することに、疑念を呈したい。

『日本国見在書目録』には書籍名の下に本注が附されており、多くは著者（撰者）を記すが、巻数への疑念や依拠した目録の情報などを注する場合がある。ここでは、中国現存最古の地理書である『山海経』、唐朝の釈遠年が著した語彙集『兼名苑』をとり上げる（各家の冒頭記載を隅付き括弧内に示す）。

【廿一　土地家（如レ本）】　山海経廿一巻〈郭璞注。見十八巻〉

【卌　雑家（私略レ之）】　兼名苑十五〈今案、卌巻〉

右に挙げた二例は、いずれも目録本文の巻数に対する所見であり、『兼名苑』の本文部分は「巻」字を脱している。

ここでまず考えねばならないのは、本注の性格である。撰者名については、目録の全編にわたって確認され、「如レ本」とあり抄略されていない部門（易家など計二三家）でも同様であるから、撰進当初のものとみてよい。問題となるのは、本注の巻数にかかわる記述がいつ記されたのか――『日本国見在書目録』成立時に既に附されていたのか、あるいは抄略の際など転写段階で附されたものか――という点である。

先述したように室生寺本は孤本であり、他本と比較検討が出来ない上、目録本文と本注は同筆であることから、これを確定することは難しい。成立時に附されたと仮定するなら、『山海経』は目録収載にあたっての実見調査の際の情報を記したものと推測され、藤原佐世が確認した『山海経』が十八巻しかなかったことを示していよう。いっぽうで『兼名苑』は『山海経』のように〝見○○巻〟ではなく「今案」とあり、疑問を投げかけていることからすれば、現物を確認していない可能性があることになる。

しかし、「見在」する書籍の現状を記したはずの『日本国見在書目録』に「見十八巻」と注記するのは、おかしなことではなかろうか。同様に、勅命を奉じて撰進した勅撰の目録に「今案」と推測を加えるのも、不自然なように思われる。特に後者は、抄略された部門（「私略レ之」）であることも気にかかる。尾題「本朝見在書目録」に附された「其後渡来数巻」とある注記や、末尾の「大宋平王宛収其図籍…（下略）」の記載は、藤原佐世の手によるものではないと考えられるから、室生寺本に至るまでの間に、藤原佐世以外の某人による手が加わっていることはほぼ確実である。『日本国見在書目録』は『隋書』経籍志と分類が酷似しており、これを参照したことは間違いないが[27]、『山海経』と『兼名苑』の本注は、転写段階における別人の手による可能性があるだろう。

さらにこの二つの本注で問題となるのは、そこに記されている巻数が『隋書』経籍志などと全く一致しない点である。『山海経』は、『隋書』経籍志と『新唐書』藝文志では二三巻、『旧唐書』経籍志では十八巻であり[28]、『日本国見在書目録』の本文や本注が記す巻数とはいずれも異なる。次に『兼名苑』であるが、『旧唐書』経籍志は十巻、『新唐書』藝文志は二十巻としており[29]、二十巻本は十巻本を分割したものと理解するとしても、『日本国見在書目録』の巻数とは合致しない。よって、「今案」も何を根拠としたのか不明である。

以上の考察をふまえると、『日本国見在書目録』の書籍について、そこに記載されている巻数と中国正史の経籍志（藝文志）とを比較し、その増減を「大律」のような内容不明である書籍の同定の根拠に据えることは、危うい議論となるように思う。和田氏を始めとした諸氏が既に指摘するように[30]、そもそも室生寺本には誤脱が多く、孤本のため他本との校合が出来ないリスクがある。したがって、巻数の不一致に推測をめぐらせるよりも、一致という現象を判断の基準に据える方が建設的であると考える。よって、「大律」は「宝」字の脱漏と考えてよく、大宝律であると結論できよう。

では、（2）「新律十巻」は何に比定できるのだろうか。「新律」という称呼について孫猛氏は、「新律」とは「旧律」に対しての称呼であり、前代の「古律」・「旧律」・「先律」を改訂して完成した律は、往々にして「新律」と称されると述べ、中国正史や日本の六国史にみえる「新律」を個別に検討した[31]。前掲の保定三年律も「新律」と称されており[32]、また日本でも大宝律・養老律ともに「新律」と史料上にみえている。例えば養老律の場合は、『令集解』に「案二此等文一、除二古律三后本服字一、新律止計二等親一示二蔭法一。是則義解所謂、律除二本服字一者也」とあり[33]、ここでは大宝律を古律、養老律を新律と表記していることがわかる。

よって名称からは比定できないため、ここでも十巻とする巻数に注目したい。隋・唐の律はおおむね十二巻であり（大業律は十八巻か）[34]、合致しない。これに対し養老律は十巻であり、一致する点が重要である。先の（1）「大律」の場合は巻数の一致を重視して大宝律に比定したことを考慮すると、（2）「新律」を同様の理由で養老律に同定するのが穏当であろう。よって「大律」と「新律」はともに本朝書籍であり、『日本国見在書目録』刑法家は中国法制書だけではなく、日本で著された書籍が含まれていると考えられるのである。くわえて池田温氏は（12）「古令」を大宝令、（13）「新令」を養老令に比定しており[35]、別個詳細に検討する必要があるものの、複数の本朝書籍が混在しているとみられる。

最後に、本項冒頭で述べた（1）「大律六巻」・（2）「新律十巻」・（3）「隋大業令卌巻」・（4）「唐貞観勅格十巻」の異質性について考えたい。（5）「唐永徽律」以降が概して律令格式の流れにそって排列されているのに対し、この四書の配置は明らかに不自然である。また（3）「隋大業令卌巻」は重複し、（4）「唐貞観勅格」についても、（39）「貞観勅九巻」は判集のグループの中に挿入されており、貞観の元号を冠する二書は、いずれも不可解な位置に存在している。これは、いかなる理由に基づくのだろうか。

まず考えられるのは、刑法家は「私略〻之」したものであり、抄略された書籍があるということである。（4）と（5）、あるいは（39）の周辺に多数の書籍が配されていたと考えることはできる。しかし例えそうであっても、（5）以降の排列順を考えるとき、（1）～（4）の異質性は解決出来ないように思う。

そこで想起したいのは、作者とされる藤原佐世が寛平三年に陸奥守に転任して離京した際には、『日本国見在書目録』は未完成であり、後人がこれを完成させたとする矢島氏の見解である[36]。氏は記述内容の粗雑さや、冒頭に「正五位下行陸奥守兼上野権介藤原朝臣佐世　奉　勅撰」とあるのみで肝心の奏上文が存在しないこと、前掲の尾題注記などを根拠とする。尾題注記の時期を確定することは困難であるが、前二者についての不審は首肯できる。少なくとも刑法家は、一人の人物が立てた法則に従って排列されたとは考えにくいのである。よって、現存部分の（1）～（4）、（39）は後人が挿入して完成と相成ったため、このような統一性の取れない排列となったと考えることができるだろう。他の部門における排列状況や、室生寺本の注記が為された時期の問題も含め、今後の検討を俟つ部分は多いが、試案として提示しておきたい。

以上、本章では『日本国見在書目録』の刑法家の内容と構成について考察してきた。刑法家には漢籍と本朝書籍が混在していることが明らかとなったが、律の継受と練達という点からみたとき、（10）「律附釈十巻」が広く古代日本の法制書に引用されていることが既に知られている。そこで次章では、この『律附釈』がいかなる書籍であるのか、という点を検討することで、律の受容を別の角度から考えてみたい。

二　『律附釈』について

『律附釈』の原本は既に散逸し、各巻構成と逸文が知られるのみである。その基本的性格については、日本律の注釈書とする見解と、唐律のそれとみる見解とが提示されている。いずれにせよ、漢籍目録とされる『日本国見在書目録』に収載される『律附釈』が、『本朝法家文書目録』や『本朝書籍目録』にみえることが最大の問題とされてきた。

研究史の初期においてまず提示されたのは、『律附釈』を日本律の注釈書とする諸説である。戦前に佐藤誠實・和田英松両氏は、『本朝書籍目録』に収載されていることを重視し、前章で述べたように『日本国見在書目録』には本朝人の著作を漢籍と誤認して収録したと目される事例があることから、『律附釈』は本朝人の著作であるとした[37]。これに対し瀧川政次郎氏は、『令集解』に引用される「律附釈」を日本律の注釈とみなし、『日本国見在書目録』収載の

『律附釈』はこれと別個の唐律の注釈書であると解している。[38]史料にみえる『律附釈』が二種類あるとした点で、特異な見解であると言える。

一方で、『律附釈』を唐律注釈書とみる見解も多く提示されている。まず中田薫氏は、「これ（筆者註：永徽律疏）と前後して「律附釈」及び日本令集解に引用されてゐる「唐令釈」宋張簡等多数の「令私記」が出たが、これ亦杜の律令注解に倣つたものであろう」と指摘した。[39]次いで利光三津夫氏は、『律集解』は疏文を引用する際に必ず「疏云」と明記するが、『律附釈』では明記せずに引用することから、唐律を注釈した某書の文章を、日本で著された『律附釈』が引用したと考えることは可能であるとした。その上で、『日本国見在書目録』が『律附釈』を漢籍として掲げる以上、一応「唐律附釈」なる書が存在したとみるのが穏当であると結論している。[40]

これらの諸研究に対し、中国法制史の滋賀秀三氏は、次のような見解を提示した。[41]すなわち、唐では律十二巻、律疏三十巻という区分けは固定しており、『律附釈』が養老律と同じく十巻であり、各巻の区分けもほぼ対応する点を重視すべきである。そのうえで、「律附釈とは、養老律を柱として、これに唐人の著作―律疏その他の唐律注釈書―からの抜粋を配したところの、それ自体「注釈書」というよりもむしろ参考資料集という性格のものでなかったか」と試案を提示したのである（但し、次に述べる小林宏・高塩博両氏の専論をうけ、後に撤回した）。

その後、滋賀氏の所見に反論する形で、小林宏・高塩博両氏の精緻な専論が発表された。[42]両氏は『律附釈』逸文を詳細に検討した結果、『律附釈』が扱う律は唐律であり、律の中から重要と考えた語句を適宜取り出して注釈した書籍であるとした。また『令集解』廐牧令7毎乗駒条古記が『律附釈』を引用することから、滋賀氏の唱える養老律注釈書説は成り立たず、大宝律令制下の天平年間には既に国内に存在した書籍と位置づけた。その上で、『律附釈』は漢籍目録たる『日本国見在書目録』に収載され、（5）「唐永徽律十二巻」・（6）「唐永徽律疏卅巻」・（7）「大唐律十二巻」と併載されていることを重視した。そして『本朝法家文書目録』には律の「付」として「律附釈、律集解、律疏」が掲げられており、このうち「律疏」は永徽律疏であることから、[43]『律附釈』は唐人が著した漢籍（唐律注釈書）にほかならないと結論したのである。

かように大きく二つの見解に分かれるが、各説の根幹となるのは『律附釈』の構成と逸文の位置づけである。そこで、紙幅の関係上網羅的な検討はできないが、小林・高塩両氏による優れた研究成果をふまえつつ、考察を進めていきたい。

はじめに『律附釈』の構成であるが、『本朝法家文書目録』に次のごとくある。

律附釈一部十巻

第一〈名例上〉第二〈名例下〉第三〈衛禁〉第四〈職制〉第五〈戸婚〉第六〈厩庫・擅興〉第七〈賊盗〉
第八〈闘訟〉第九〈詐偽・雑〉第十〈捕亡・断獄〉

『日本国見在書目録』収載の『律附釈』と巻数が一致することから、両者は同一の書籍であると判断できる。そしてこの構成は、『本朝法家文書目録』が『律附釈』の直前に掲載する、養老律の構成と極めて似通っている。

律一部十巻〈十三篇〉

（注省略）

第一〈名例上〉第二〈名例下〉第三〈衛禁・職制〉第四〈戸婚〉第五〈厩庫・擅興〉第六〈賊盗〉第七
〈闘訟〉第八〈詐偽〉第九〈雑〉第十〈捕亡・断獄〉

相違するのは、衛禁・職制と詐偽・雑のどちらを一巻にまとめるか、という点のみである。両者ともに十巻であり、日本律が藍本とした永徽律は十二巻である点に注意したい。

次に逸文からは、本書の性質に直結する特徴を見出すことができる。まず、『令集解』賦役令4歳役条には、

名例律徒条、折除課役処附釈云、如不レ満二五十日役一、即計レ枉[44]廿日以下、各計レ日折二丁庸一。若枉卅五日并

折レ調、不レ満二五十日一、更不レ合レ折レ租者。

と逸文がみえる。これは『故唐律疏議』の場合、名例律44共犯罪有逃亡条の疏文に対応する。日本律の当該箇所は復原されていないため、次に『故唐律疏議』の疏文を掲げる。

如不レ満二五十日役一、即計二枉役一二十日以下、各計レ日折二丁庸一。若枉二二十五日并折レ調、不レ満二五十日一者、更不レ合レ折。

引用部分は、枉法によって徒刑を科されてしまった場合の課役折免に関する注釈である。逸文は唐律疏文とほぼ同文であるが、『律附釈』では田租の折免に関して明言している点が相違し、『故唐律疏議』の脱字でなければ、独自性を示していると評価できる。また、「折除課役の処の附釈に云はく」という表現からは、小林・高塩両氏が指摘するように、個別の語句に対する注釈であったことを推測せしめる。

さらに指摘できるのは、『令集解』賦役令4歳役条令釈から復原可能な養老名例律共犯罪有逃亡条に「雖レ不レ満レ年、役過二四十日一者、折二一年一」とあり、日本律では四十日を基準としていた点である。これは、まず丁庸を折免することから明らかなように歳役の留役限度に対応するが、日本では四十日を限度とする（賦役令歳役条）一方で、唐の開元二十五年令では五十日であった[45]。前掲の唐律疏文とほぼ一致することも併せて考えると、『律附釈』は唐律の注釈書であった可能性が高まってくる。さらにこれを決定づけるのは、「名例律監物」にみえる逸文である。

附釈云、若父令三子詐称二母死一、子不レ坐。父得二詐言全喪一杖一百。父令二子犯一、入二雑犯一。其子即無レ罪者、即不レ入二十悪一。有レ官除名。為不応従故九十以下、不レ得二其心一。

ここには「十悪」とあり、唐律の注釈であることは明らかである（日本では八虐）。そして、対応する『故唐律疏議』名例律6十悪条（不孝）の本注「詐称二祖父母父母死一」の疏文には「其詐称二祖父母父母死一、謂祖父母父母見在、而詐称レ死者。若先死、其詐称二始死一者非」とあり（養老律も同文）、右の逸文と一致しない。父が母の死を自ら詐称するのではなく、子をして詐らせるケースは唐律の疏文が提示しない視角であり、引用箇所は『律附釈』独自の注釈ということになろう。

独自性という点では、さらに『法曹類林』巻一九七公務五にみえる一〇二九年（長元二）十一月廿九日付の明法博士令宗道成勘文に注目したい。本勘文は、文武官の無断欠勤、そして京官・外官が任地に赴かず欠勤した際の罰則について勘申する。『律附釈』が引用されるのは、京官についての箇所である（傍線部）。

外官未レ到不レ上事

職制律云、之レ官限満不レ赴者、一日笞十。十日加二一等一。罪止二徒一年一。疏云、依レ令、之レ官各有二装束程限一。々満不レ赴者、一日笞十云々。假寧令云、外官任訖給二装束假一、近国廿日、中国卅日、遠国卌日、並除レ程。其假内欲レ赴レ任者聴レ之。若有レ事須二早遣一者、不レ用二此令一。

京官未レ到不レ上事

附釈云、京官減二外官之半一。説者云、京官未レ到不レ上者、不レ立二程限一。可レ科二無レ故不レ上之罪一者。

逸文だけを読んでも京官が外官の何の半ばを減ぜられるのかわからないが、前文に加えて、外官赴任時の装束假について定める北宋天聖假寧令不行唐6条の末尾に「若京官先在外者、其装束假減二外官之半一」とある点が注目される[46]。本条の引用箇所は、赴任者が京官であり既に畿外にいる場合は、外官の場合の半ばを減じて假を給うことを規定する。先に述べたように『律附釈』が律の語句に対する注釈であることを想起すると、小林・高塩両氏が述べるように、引用する職制律6之官限満条の「限」に附された注釈であった可能性があろう。先の假寧令の規定は日本令に存在しないから、これは唐令を念頭に置いた注釈であることがわかる。律疏にも該当する記事は見出せないので、『律附釈』独自の注釈とみてよいだろう[47]。

くわえて『律附釈』が注した唐律の年代についても、おおよその見当をつけることができる。『令集解』公式令62

受事条には「名例律覚挙条附称〔釈〕、既云案成以後、拠レ令成二制勅案一、不二別給一レ程」と逸文がみえ、対応する『故唐律疏議』名例律41公事失錯条疏文には「其制勅案成以後」とあり、養老律では「其詔勅案成以後」とする。則天武后即位後、六九〇年（載初元）に至り、武后の避諱（諱は「曌」）をうけて詔書は制書に改められることから、(48)『律附釈』は則天武后期以降の唐律を注釈したと判断できるのである。

一方で、逸文が唐律疏文と完全に一致する場合もある。例えば、『政事要略』巻八二糺弾雑事の罪名并贖銅八虐六議事にみえる次の三つの逸文は、ともに『故唐律疏議』名例律6十悪条の（a）不道・（b）大不敬・（c）不孝それぞれに附せられた疏文と同文である（いずれも養老律では削除した箇所にあたる）。

（a）附釈云、安二忍残賊一、背二違正道一、故曰二不道一。

（b）附釈云、礼者敬之本、敬者礼之輿。故禮運云、礼者君之柄、所下以別レ嫌明レ微、考二制度一別中仁義上、責下其所レ犯既大、皆无中粛敬之心上。故曰二大不敬一。

（c）附釈云、善事二父母一曰レ孝。即有二違犯一、是名二不孝一。

このほか、疏文を意訳して注釈する場合もある。『令集解』公式令42給駅伝馬条穴記に引用される逸文には、次のようにある。

職制律附釈云、駅使至レ所、在二事未一レ了者、且レ納二所司一。事了然後更請、至レ京進上輸納者。

これに対応するのは、『故唐律疏議』職制律41用符節事訖条の疏文である（日本律の当該箇所は未復原）。

乗レ駅使人所レ至之処、事雖レ未レ訖、且レ納二所司一。事了欲レ還、然後更請、至二門下一送輸。

両者を比較すると、『律附釈』逸文では言葉を補っており、また日本には無い官司である「門下」（門下省）を「京」に改変している。これは、日本の実情に配慮した可能性があり、注意しておきたい。

以上の検討から、『律附釈』は則天武后期以降の唐律を注釈した書籍であり、疏文を引用する場合もあるが、これに留まらず独自の注釈も行っていたことが判明した。またその注釈は、唐令に依拠する一方で、日本の国制に配慮した要素も見出せるのである。

これをふまえ、『律附釈』の性質について考察したい。前章で明らかにしたように、『日本国見在書目録』刑法家には漢籍と本朝書籍が混在していることから、『日本国見在書目録』に収載されていることを根拠に、漢籍と断定することはできない。また、『本朝法家文書目録』の律のグループの最後に掲載される「律疏一部卅巻」は小林・高塩両氏が明らかにしたように永徽律疏とみられるが、これも同様に『本朝法家文書目録』における混在を示すに過ぎず、『律附釈』を漢籍とする根拠にはならないだろう。

ここで注目したいのは、小林・高塩両氏が指摘した、(49)八虐に対する『政事要略』と「名例律裏書」の注釈方針である。八虐については、次のように永徽律疏を引用する場合と、律附釈の場合とに分かれている。

①謀反・②謀大逆・③謀叛・④悪逆・⑧不義　…　永徽律疏

⑤不道・⑥大不敬・⑦不孝　…　律附釈

前者は唐律の十悪と質的に大きな変化の無い諸条であり、後者は日本律で質的な変化を加えた諸条とされる。ここでの『律附釈』はいずれも疏文と同一であるが、唐律と異なる日本律の箇所のみにとりあげられている点に注目したい。唐律疏と同文である以上、わざわざ『律附釈』から引用する必要はない。唐律と異なる性質をもつ八虐のこの三項は、唐律疏ではなく、『律附釈』でなければならない理由があったのである。

右のごとく考えると、やはり『律附釈』と養老律の巻数が一致し、各巻の内容も概して対応する点を重視すべきであるように思う。矢島玄亮氏が指摘するように、『日本国見在書目録』には日本人による編纂抄録とみられる書籍が多数存在する。『律附釈』は唐で著された唐律の注釈書や永徽律疏を、日本人が編纂抄録した書籍であり、かような複雑な性質をもつゆえに、『日本国見在書目録』・『本朝法家文書目録』・『本朝書籍目録』という、性格の異なる三目録に収録されたのではないだろうか。こう考えれば、『律附釈』が『旧唐書』経籍志や『新唐書』藝文志に収載されていないのも、ごく自然のこととして首肯されよう。永徽律より後の唐律に対する最新の注釈書をもとにして、律疏も収録して日本で編まれたと考えるのである。

さらに、『本朝法家文書目録』の冒頭の目録部分における、律と令の本注に注目したい。

律〈付、律附釈・律集解・律疏〉令〈付、令釈〉令義解…（下略）

律の「付」の筆頭は『律附釈』であり、令の「付」は令釈のみである。早川庄八氏は令釈の成立について、「新令釈」「新令説」を七五七年（天平宝字元）の新令講書を契機として編まれた注釈書としたうえで、令釈も同様な講書の実施を背景にもつのではないかと推測している。(50)

推測をたくましくすれば、同様のことが『律附釈』にも言えるのではないだろうか。小林・高塩両氏は、養老律編纂の際に、『律附釈』が唐人の手による最新の唐律注釈書として参考に供されたために重視されたとみている。(51)これは、『律附釈』が日本人による編纂を経た書籍であるとしても、それが依拠した唐律注釈書の内容が反映されているものと考えれば、養老律編纂時に『律附釈』が重視されることは何ら不自然ではない。八世紀に律の講書が史料上にみえるのは七〇二年（大宝二）の一回のみであるが、(52)入唐して彼の地で律令に関する見識を深めた大和長岡などを中心として、(53)養老律の編纂のために律の研究が深められていったことは疑いなかろう。こうした養老律の編纂作業や律の講書において、大宝律の母法である唐律の理解を深めるために大いに参照された最新の唐律注釈書や新知見を、日本で律疏も複合して編集した資料集が、『律附釈』ではないかと考えるのである。(54)

それゆえに、『本朝法家文書目録』でも『律集解』や永徽律疏をさしおいて、養老律の次に挙げられるほど重要視されたと結論できるのである。

おわりに

本稿で述べてきたことをまとめると、次のようになる。

『日本国見在書目録』刑法家は中国法制書だけではなく、日本で編纂された書籍が含まれており、『日本国見在書目録』の本注の一部は、転写段階において別人によって施された可能性がある。また刑法家の（1）～（4）、（39）の書籍は後人が挿入して完成と相成ったため、統一性の取れない排列となったという試案を提示した。そして『律附釈』は、則天武后期以降の唐律を注釈した書籍であり、養老律編纂の過程において、唐律の理解を深めるために大いに参照された最新の唐律注釈書や新知見を、日本で律疏も複合して編集した資料集であると結論した。

推論を多用したにも関わらず、得られた成果は乏しく恥じ入るばかりであるが、いくつかの試案を提示してみた。中国史とは対照的に、現在の日本古代史学界では律の研究は活発とは言えないが、刑罰制度は国家の支配体制の根幹に位置する。今回は書籍の舶来と律の受容という観点から考えてきたが、『日本国見在書目録』を始めとする諸目録の性格解明や、日本律の復原研究、『律集解』の構造など、検討せねばならないテーマは数多くある。しかしこれらは全て今後の課題とし、ひとまず稿を閉じることとしたい。

註

（1）　たとえば、井上光貞「隋書倭国伝と古代刑罰」（『井上光貞著作集　第二巻　日本古代思想史の研究』岩波書店、一九八六年。初出一九七六年）、石尾芳久『日本古代法の研究』（法律文化社、一九五九年）、利光三津夫『律の研究』（明治書院、一九六一年）、林紀昭「飛鳥浄御原律令に関する諸問題」（鈴木靖民編『論集　日本歴史2　律令国家』有精堂、一九七三年。初出一九七〇年）、小林宏「日本律の成立に関する一考察」（『日本における立法と法解釈の史的研究　第一巻　古代・中世』

汲古書院、二〇〇九年。初出一九八〇年）などを参照。

（2）『日本国見在書目録』の引用にあたっては、矢島玄亮『日本国見在書目録—集証と研究—』（汲古書院、一九八四年）の翻刻に依拠しつつ、『宮内庁書陵部所蔵室生寺本　日本国見在書目録』（名著刊行会、一九九六年）の写真版もあわせて確認した。なお本稿で使用する史料の典拠であるが、養老律令は日本思想大系『律令』（岩波書店）、『日本書紀』は日本古典文学大系本（岩波書店）、『続日本紀』は新日本古典文学大系本（岩波書店）、「名例律監物」「名例律裏書」『令集解』『政事要略』『法曹類林』『日本三代実録』は新訂増補国史大系本（吉川弘文館）、『本朝法家文書目録』は続々群書類従本（続群書類従完成会）、『本朝書籍目録』は群書類従本（同上）、『故唐律疏議』は律令研究会編『譯註日本律令　律本文篇』（東京堂出版）、『晋書』『周書』『隋書』『旧唐書』『新唐書』『唐六典』『通典』は中華書局標点本を使用した。また、史料の本注は山括弧で表示する。

（3）矢島玄亮「日本国見在書目録の研究」（註（2）矢島前掲書に収載）に、研究状況が概括されている。『日本国見在書目録』の史料的性格については、矢島氏論文のほか、狩野直喜「日本国見在書目録に就いて」（『芸文』一—一、一九一〇年）、和田英松「日本見在書目録に就いて」（『国史説苑』明治書院、一九三九年。初出一九三〇年）、小長谷恵吉『日本国見在書目録解説稿』（小宮山出版株式会社、一九五六年）、太田晶二郎「日本国見在書目録　解題」（『太田晶二郎著作集』四、吉川弘文館、一九九二年。初出一九六一年）、近沢敬一「日本国見在書目録について—隋書経籍志との比較—」（『福岡大学人文論叢』十四—一、一九八二年）などを参照。

右に加え、本稿で扱う刑法家については、孫猛「『日本国見在書目録・刑法家』考（一）～（六）」（『早稲田大学法学会人文論集』四一～四六号、二〇〇二～二〇〇七年）が各書籍ごとに詳しく検討を加えており、有益である。

（4）滋賀秀三「法典編纂の歴史」（『中国法制史論集』創文社、二〇〇三年）、一九～二三頁。

（5）註（4）滋賀前掲論文、および池田雄一「秦代の律令」（『中国古代の律令と社会』汲古書院、二〇〇八年。初出一九九七年）参照。

（6）註（4）滋賀前掲論文、五六～六三頁。西晋泰始律令については、冨谷至「晋泰始律令への道」第一部・第二部（『東方学報』七二・七三、京都大学人文科学研究所、二〇〇〇年・二〇〇一年）参照。

(7) 『晋書』巻三十志二十刑法、『唐六典』巻六尚書刑部司門郎中員外郎、『隋書』巻二五志二十刑法。
(8) 張建国『帝政時代的中国法』(法律出版社、一九九九年)、一四～一五頁参照。
(9) 内田吟風「北周の律令格式に関する雑考」(『東洋史研究』十―五、一九四九年)。
(10) 鈴木靖民「倭国と東アジア」(『日本の時代史2　倭国と東アジア』吉川弘文館、二〇〇二年)参照。
(11) 榎本淳一「比較儀礼論」(石井正敏ほか編『日本の対外関係2　律令国家と東アジア』吉川弘文館、二〇一一年)参照。
(12) 註(4)滋賀前掲論文、六四～六五頁参照。『唐六典』巻六尚書刑部郎中員外郎によれば、宋・斉の律は晋律と同様であるらしい。
(13) 註(1)井上前掲論文、六～一〇頁。
(14) 梁天監律の刑罰体系は、『隋書』刑法志に詳しい(巻二五志二十)。南朝・北朝の刑罰体系については、仁井田陞「中国における刑罰体系の変遷」(『補訂　中国法制史研究　刑法』東京大学出版会、一九八一年。初出一九三九年)、九五～一〇八頁を参照。
(15) 『故唐律疏議』名例律6十悪〈問答二〉条によれば、十悪は隋開皇律に始まるとする。
(16) 註(3)太田前掲論文、六六頁。註(3)和田前掲論文、および山田孝雄「帝室博物館御蔵　日本国見在書目録　解説」(『宮内庁書陵部所蔵室生寺本　日本国見在書目録』名著刊行会、一九九六年。初出一九二五年)は、平安末期の書写とする。
(17) 抄略のない場合は、「十七　職官家〈七十巻。如レ本〉」のように表記される。
(18) 註(3)小長谷前掲書、三三頁参照。
(19) 『大中刑律統類』は、『新唐書』巻五六志四六刑法に「宣宗時、左衛率府倉曹参軍張戣以二刑律一分類為レ門、而附以二格勅一、為二大中刑律統類一、詔二刑部一頒二行之一」とあり、律や格勅を事類別に分類し、官人の実際の使用に便宜を図ったものであった。唐代の法典編纂における『大中刑律統類』の位置づけについては、梅原郁「唐宋時代の法典編纂―律令格式と勅令格式―」(『宋代司法制度研究』創文社、二〇〇六年。初出一九九三年)、七六四～七七四頁を参照。
(20) 註(3)和田前掲論文、三一五～三一六頁。
(21) 藏中進「『和名類聚抄』所引『弁色立成』考」(『東洋研究』一四一、二〇〇一年)参照。

(22) 註（3）矢島前掲論文参照。
(23) 榎本淳一「遣唐使による漢籍将来」（『唐王朝と古代日本』吉川弘文館、二〇〇八年）参照。
(24) 池田温「関于《日本国見在書目録》刑法家」（《法律史研究》編委会編『中国法律史国際学術討論会論文集』陝西人民出版社、一九九〇年）。小長谷・榎本両氏も大宝律に比定する。
(25) 註（9）内田前掲論文、四一頁参照。
(26) 『隋書』巻三三志二八経籍二、『旧唐書』巻四六志二六経籍上。
(27) 註（3）狩野前掲論文、註（3）小長谷前掲書、註（3）近沢前掲論文を参照。
(28) 『隋書』巻三三志二八経籍二。『旧唐書』巻四六志二六経籍上。『新唐書』巻五八志四八芸文二。
(29) 『旧唐書』巻四七志二七経籍下。『新唐書』巻五九志四九芸文三。
(30) 註（3）、和田・小長谷・矢島各氏の研究を参照。
(31) 註（3）孫前掲論文の「『日本国見在書目録・刑法家』考（一）」、九六～一一七頁。
(32) 『周書』巻五帝紀五武帝上、保定三年二月庚子条に「初頒二新律一」とある。
(33) 『日本三代実録』八七一年（貞観十三）十月五日条。
(34) 『隋書』巻三三志二八経籍二。『旧唐書』巻四六志二六経籍上。『新唐書』巻五八志四八芸文二。大業律の巻数は、『隋書』経籍志のみが十一巻とし、他の二書は十八巻とする。
(35) 註（24）池田前掲論文、二二一～二二二頁。
(36) 註（3）矢島前掲論文、二四〇～二四四頁。
(37) 佐藤誠實「律令考」（『佐藤誠實博士律令格式論集』汲古書院、一九九一年。初出一八九九年）、一二一～一二二頁。註（3）和田前掲論文、三一六～三一七頁。
(38) 瀧川政次郎「令集解に見える唐の法律史料」（荊木美行編『令集解私記の研究』汲古書院、一九九七年。初出一九二九年）、二二六頁。
(39) 中田薫「古法雑観」（『法制史論集』第四巻補遺、岩波書店、一九六四年。初出一九五一年）、四一頁。

(40) 利光三津夫「わが国に舶載された唐律の注釈書」（『律令及び令制の研究』明治書院、一九五九年。初出一九五八年）、八四～八五頁。

(41) 滋賀秀三「書評　小林宏・高塩博「律集解の構成と唐律疏議の原文について（一）～（三）完」」（『法制史研究』二九、一九七九年）、一七〇頁。のちに同「唐の律疏と現存の唐律疏議―日本明法家の伝えた佚文を通じて律疏の原形を考える―」（註（4）滋賀前掲書に同じ、二〇〇三年）、四六四頁で撤回した。

(42) 小林宏・高塩博「律附釈考」（国学院大学日本文化研究所編『日本律復原の研究』国書刊行会、一九八四年。初出一九八四年）。

(43) 小林宏・高塩博「律疏考―我が国における唐律継受の一断面―」（註（42）前掲書に同じ、初発表一九七九年）。

(44) 新訂増補国史大系本が底本とした国立歴史民俗博物館所蔵田中忠三郎旧蔵金沢文庫本は「程」とするが（次行も「程卅五日」とする）、宮内庁書陵部所蔵鷹司家旧蔵本では「程」ではなく「枉」につくる。「程」では意味を為さないので、ここでは鷹司本に従って本文を改めた。

(45) 北宋天聖賦役令不行唐22条。天聖令の引用にあたっては、「右並因二旧文一、以二新制一参定」とされた条文群を宋令（具体的には宋1条など）、「右令不レ行」とされた条文群を不行唐令（不行唐1条など）と呼称する。なお天聖令の本文は、天一閣博物館・中国社会科学院歴史研究所天聖令整理課題組校証『天一閣蔵明鈔本天聖令校証　附　唐令復原研究』（中華書局、二〇〇六年）の校録本に依り、本書の校訂を参考にしつつ提示した。

(46) 『唐令拾遺』では、唐假寧令十四条として復旧されている。

(47) 小林・高塩両氏はこの勘文を十一世紀まで『律附釈』が重要視されたことの一つの証左とするが、この勘文を読む限り、令宗道成が『律附釈』を自らの勘申に当該箇所で引用することは、正当ではないと考える。日本の官人制度について解説する中で、断り無しに唐制の注釈書を引用することは誤解を生み、不適切との誹りを免れないだろう。むしろ、ここで不適切に『律附釈』が引用されることは、逆に『律附釈』の内容が当時の明法家に正確に理解されていなかった可能性すら示唆するように思う。

また、同じく両氏が言及した一三七一年（応安四）六月五日の中原章世勘文（『後愚昧記』同年五月条に収載）に引用する

『律附釈』逸文は、後掲する『政事要略』所引の逸文（b）と同一である。早川庄八氏は、この勘文について詳細な検討を加え、「勘申した中原章世みずからが律・律集解・令などの原典から条文の意味内容を充分に理解したうえで引用したものであったとは、とても考えられない」と評した。『律附釈』がどの程度実質を以て重視されていたのかは、明法道の学問的な質の推移とあわせて考える必要があるだろう。早川庄八「応安四年の明法勘文」（『中世に生きる律令　言葉と事件をめぐって』平凡社、一九八六年）、二五一頁。

(48) 『旧唐書』巻六本紀六則天武后、載初元年正月条。

(49) 小林宏・高塩博「律集解と唐律疏議」（註（42）前掲書に同じ、初出一九七六・一九七八年）、六八〜六九頁参照。

(50) 早川庄八「新令私記・新令説・新令問答・新令釈―天平宝字元年新令講書についての覚えがき―」（『日本古代の文書と典籍』吉川弘文館、一九九七年。初出一九八一年）参照。

(51) 註（42）小林・高塩前掲論文、二〇三〜二〇四頁。

(52) 『続日本紀』大宝二年七月乙未条に「始講ㇾ律」とある。

(53) 大和長岡については、瀧川政次郎『律令の研究』（刀江書院、一九六六年。初版は一九三一年）の一九六〜一九八、二〇四〜二〇七頁を参照。

(54) なお蓮沼啓介「律附釈の作者」（『神戸法学雑誌』四六―二、一九九六年）は『律附釈』を山田白金の著作とするが、作者については現時点で断案が無く、後考を俟つ。

【付記】　本稿は、平成二十四年度科学研究費補助金（特別研究員奨励費）による研究成果の一部である。

『世俗諺文』注文の構成について—『蒙求』を媒介とする施注を巡って—

濱田　寛

一　問題の所在

『世俗諺文』は藤原頼通のために源為憲が編纂した俗諺集である。(1) 全三巻の内、現存は上巻のみである。その序文によれば、

世之口実、内外本文、管見所レ及、且二一百五二門・六百卅一章一。勒成二三巻一、名為二世俗諺文一。

とあり、『世俗諺文』とは、「世之口実」たる世俗の諺文「六百卅一章」と管見の及ぶ漢籍・国書の出典を、「一百五十二門」に部立した三巻構成であったことが知られるが、現存する唯一の伝本にはこの部立は失われている。また、上巻に収録されている諺文は、巻頭の目録では二二三章となるが、本文では「善従者（出典は『論語』述而篇）」の記事を欠いている。

本書の編纂の意図についても序文に詳らかである。すなわち、

夫言語者自交、俗諺者多出二経籍一。雖二釈典儒書一、為二街談巷説一。然而必不レ知二本所レ出矣。抱朴子云、所謂見二其景一而不レ識二其形一、渉二其流一不レ知二其源一者歟。

とあり、「俗諺として使用されるものには経書を出典とするものが多いが、必ずしもその出典を知っている訳ではない」と述べ、以下に同趣旨の内容を記す『抱朴子』の本文を引用、諺文の出典を理解していることの重要性を説いている。(2)これは単に諺文を記憶するということではなく、出典に戻ることで当該諺文の本意を正しく理解する、ということが含意されていることは間違いない。『世俗諺文』が、諺文を掲げ、続けて出典からの引用を注文として示すという形式となる必然性が示されているといえよう。

本稿では以下、『世俗諺文』注文の実態を、特に『蒙求』との関連という視点から分析を行い、為憲の学問の在り方について考察を行うこととする。尚、『世俗諺文』本文の書式は、諺文を掲出、行を改めて一字下げで出典ないし諺文に関連する記事を引用する形式となっている。引用する書籍は一点を原則とするが、複数の書籍から引用を構成するものの、引用原典に施された注疏の文を併せた形で引用を構成するものもある。また、注文に為憲自身の案文が付される場合もある。以下の考察において、掲出された俗諺を「諺文」、引用箇所を「注文」と呼ぶこととする。また、諺文の直下に「注文」とは異なる注が書き込まれている例が散見される。これは「注文」とは異なる位相にあるので、特に「諺文下注」と呼ぶこととする。また上巻所収の「諺文」については目録の掲出順に番号を施し、（　）内に付記することとした。

二　『世俗諺文』諺文下注と古注『蒙求』との関連性について

『蒙求』は唐・李瀚の撰、四言詩の体裁となっている。原則として一句四字の内、上二字に人名、下二字に故事を簡便に表した成語を配置している。それぞれの句は「標題」と呼ばれるが、標題は故事の内容を踏まえて二句一対で構成されており、故事の出典を引用する注文が付されている。韻文形式で配置された標題を諷誦することで代表的な故事を記憶することができる『蒙求』は、出典情報を補う注文と相俟って、初学者向けのテキストとして享受されてきた。『蒙求』は宋・徐子光の施注による「新注」とそれ以前の「古注」とに区別して扱う必要がある。李瀚は『蒙求』に自注を施しており、「古注」はこれに由来するものと考えられている。[3]『世俗諺文』の成立は寛弘四年（一〇〇七、序文に「寛治四年」に作るは誤）であるから、検討対象となるのは古注『蒙求』ということになる。平安朝における『蒙求』の講書の記録は、『日本三代実録』八七八年（元慶二）八月廿五日条[4]に見える記事を嚆矢とするが、幼学書として広く読まれたことは先行研究の指摘する所である。[5]

『世俗諺文』における古注『蒙求』との関連を検討する上で最初に確認すべき点は、為憲が掲出する諺文と『蒙求』標題との関連である。為憲が掲出した「六百卅一章」の諺文の全容は未詳であるが、上巻の二二三章の目録とは別に、中巻以下の目録の断片が巻頭に保存されており、その諺文三十三章を加算すると、都合二五六章が判明する。これらの諺文の内、『蒙求』標題と合致するものは二例、「伯牙絶絃〈118〉」「于公高門〈085〉」のみである（以下、標題には句番号を付し、『世俗諺文』諺文番号と区別するため、〈 〉に示すこととする）。「伯牙絶絃〈118〉」は諺文「鐘子期死伯牙絶絃（168）」の後半部分と一致する。「于公高門〈085〉」は『世俗諺文』中巻以下の目録の断片に見えるものである。「于公高門」は『漢書』巻七一于定国伝を出典とする、于定国の父「于公」の故事である。『世俗諺文』における『蒙求』の標題と合致するこれら二例の諺文は、「俗諺」においても『蒙求』の標題のままに用いられていたということであろう。

次に『世俗諺文』が直接『蒙求』に言及している箇所について検討を行う。川瀬一馬氏は『世俗諺文』注文の出典調査を行い、「蒙求が二箇所「去三惑」「雄飛」の注に見えるが、それは後人の追記と認められるから、為憲は少くとも上巻には蒙求を引用しなかったものと思はれる」と述べている。[6]この指摘をより正確に表現するならば、二箇所の諺文、「去三惑」「雄飛」の「注文」に『蒙求』が言及されているのではなく、「畏四知（046）」「独歩（150）」の諺文下注に

『蒙求』が言及されている、ということになる。川瀬氏が指摘する二箇所の諺文下注について検討を行う。

「畏四知（046）」について、『世俗諺文』の本文の状況を整理しておこう。まず諺文「畏四知」を掲出し、それに続けて細字で①「去三惑　蒙求云震畏四知見上注　秉去三惑」と続け、更に行末尾に細字二行で②「注云楊秉者字叔節／嘗云余去〻〻人問何／為云答酒色財〻〻也」と記している（「／」は改行箇所を示す。以下同様）。そして改行一字下げの注文が続いている。

①「去㆓三惑㆒　蒙求云、震畏四知。見㆓上注㆒　秉去㆓三惑㆒」の意味は明瞭である。最初に諺文「畏四知」に対して、同趣旨の故事として「去㆓三惑㆒」を提示している。このように掲出した諺文と同趣旨の故事を諺文下注に記す例は「俟河之清（029）」「香餌之下必有懸魚（035）」「母愛者子抱（069）」「虎着翼（108）」「割鶏焉用牛刀（122）」「涅而不緇（173）」「窮鳥入懐（177）」「青鳥使（180）」「文子数奇詩人薄命（192）」「書廚子（197）」「屋下架屋（198）」「青於藍（215）」等がある。例えば「俟河之清（029）」に続く諺文下注は「丹丘千年一焼黄河千年一清　今案云同趣也出王子年拾遺記第一」とあり、諺文と「同趣」の故事を掲げていることが分かる。このように諺文下注に同趣旨の故事を挙げることは、諺文下注を記す動機の一つであったことが推測される。

続く「蒙求云、震畏四知。見上注」は『蒙求』に直接言及する注記であるが、これは諺文が「畏四知」であるのに対し、『蒙求』の標題は「震畏四知〈185〉」である、ということを指摘し、「見上注」、「上」すなわち『蒙求』の「注」を参照せよ、ということであろう。「畏四知」の出典については「注文」に引用されているので、この「見上注」は「屋下架屋」の感を否めない。続く「秉去三惑」は『蒙求』において「震畏四知」と対になっている標題を提示しており、後続の②部はこの「秉去三惑〈186〉」の故事についての注となっている。

②部を検討する。②部の「余去〻〻」「酒色財〻〻也」の二箇所の踊り字は、それぞれ「余去三惑」「酒色財三惑也」の意であろう。「云答」の「云」字は以下の考証より「〻〻」の誤写であろうと推測される。②部は冒頭に「注云」と

あり、その「注」とは古注『蒙求』を指していることが想定される。ここで古注『蒙求』（故宮博物院蔵古鈔本、以下「故宮本」と略称）の該当する注文を引用し、[7]②部と一致する箇所に傍線を施す。

　東観漢記、楊秉字叔節。常云、余去三不惑。人周問何為三惑。答曰、酒色財三惑也。

故宮本は注文に『東観漢記』を引用している。「人周問何為三惑」の「周」字はあるいは「問」字を誤った衍字の可能性が高いが、「周」字に捨て仮名「ア」を傍書していることから、少なくとも故宮本の享受において「周く《あまね》」と訓じられたことが分かる。故宮本と②部の相違は、「常」字（故宮本）と「嘗」字（②部）ということになるが、両字は音通するので問題は無いであろう。また、②部の「人問何為云答」における「云」字は、故宮本所引『東観漢記』本文との比較によって「三惑」が相応しいということになる。字形の類似を勘案すると、すでに述べた如く「云」字は「〻〻」の誤写であろうとの推論を得る。尚、『東観漢記』は現存せず、現行本はその佚文が蒐集されたものであるが、当該記事は採録されていない。[8]以上のように、故宮本の本文と②部とは相互に本文の誤字を修正することができる程の一致を示しており、②部は、古注『蒙求』との類似性が高いということができよう。

次に「独歩（150）」について同様の検討を行う。『世俗諺文』の本文の状況は、諺文「独歩」を掲出し、細字二行の諺文下注が続く。すなわち「雄飛　蒙求云趙温〻〻丈夫当事雄飛安／能雌伏後至三公鷹楊　見毛詩跋扈」とある。冒頭、諺文「独歩（150）」と同趣旨の故事として「雄飛」という故事を挙げている。「雄飛」は『蒙求』の「趙温雄飛〈130〉」を踏まえていること、「蒙求云趙温〻〻」から明らかであるから（「〻〻」は「雄飛」の反復を表す）、「丈夫」以下がその注文の引用であろうことは容易に推測される。そこで故宮本の注文を引用し、『世俗諺文』の諺文下注と一致する箇所に傍線を施す。

　後漢書。趙温為京兆郡丞、歎曰、大丈夫当雄飛、安能雌伏。後位至三公也。

両者を比較すると、『世俗諺文』の諺文下注では「大」「位」「也」の三字が脱落していることが分かる（二重傍線部）。

故宮本は注文に『後漢書』を引用している。そこで范曄撰『後漢書』の本文を引用し[9]、『蒙求』ならびに『世俗諺文』と比較検討を行うこととする。『世俗諺文』諺文下注と一致する箇所に傍線を施して示すと以下の通りである。

温字子柔、初為京兆（郡）丞、歎曰、大丈夫当雄飛、安能雌伏。遂棄官去。遭歳大飢、散家糧以振窮餓、所活万餘人。献帝西遷都、為侍中、同輿輦至長安、封江南亭侯、代楊彪為司空、免、頃之、復為司徒、録尚書事。

范曄撰『後漢書』の本文は、『蒙求』『世俗諺文』注文の引用本文とも類似性があるが、故宮本の「後位至三公也」、『世俗諺文』諺文下注の「後至三公」と合致する表現は見えない。故宮本が『後漢書』を引く場合、その『後漢書』が直ちに現行の范曄撰『後漢書』であると断定することはできず、所謂「八家後漢書」の佚文との関連の有無を確認する必要があるが、当該箇所については『八家後漢書』において検討すべき佚文は見出せない。この「後位至三公也」という記述については、むしろ『太平御覧』巻二五三「郡丞」条所引の『東観漢記』佚文の方が一致する。該当記事を『世俗諺文』諺文下注と一致する箇所に傍線を施して引用すると、

趙典兄子温、初爲京兆郡丞、嘆曰、大丈夫生当雄飛、安能雌伏。遂棄官而去、後官至三公。

となる。「独歩（150）」諺文下注の「丈夫当事雄飛安能雌伏後至三公」についても、先の「秉去三惑〈186〉」の例と同様に、『世俗諺文』諺文下注に見える引用は古注『蒙求』との類似性が高いと判断することはできよう。

諺文下注は続けて「鷹楊　見毛詩跋扈」とある。この「鷹楊」の「楊」字は「揚」字が正しいが、この部分は同趣旨の故事を示したものであろう。続く「見毛詩跋扈」は「見毛詩」と「跋扈」に分けて理解し、「見毛詩」は、「鷹揚」については『毛詩』を見よ、ということであろう。実際「鷹揚」の出典は『毛詩』大雅「大明」の「維師尚父、時維鷹揚、涼彼武王、肆伐大商、会朝清明」にあることが確認できる。そして「跋扈」は諺文「独歩」と同趣旨の故事を示したものと考えるべきであろう。

諺文「独歩（150）」に対して諺文下注に「鷹揚」と記すのは、『世俗諺文』注文にも引用されている「与楊徳祖書」

の「昔仲宣独歩於漢南、孔璋鷹揚於河朔」という本文を踏まえていると考えられるが、『世俗諺文』注文では「孔璋」以下を省略している。そのために諺文下注に補足したということであろう。[10]

以上をまとめると、諺文「独歩」の諺文下注は、「雄飛」「鷹揚」「跋扈」という三つの類似する故事を補足し、「雄飛」については『蒙求』「趙温雄飛〈130〉」の古注を引用、「鷹揚」については出典たる『毛詩』を注記し、「跋扈」については特記事項無し、という構成になろう。為憲は自身の見解などを記す場合、注文に「今案云々」という形で示しているため、本項で検討を加えた「諺文下注」はすでに引用した川瀬氏の「後人の追記」という理解は正鵠を射ていよう。従って、諺文下注は「後人の追記」ではあるものの、『蒙求』古注から引用を行っていることは確認することができたといえよう。

三　『世俗諺文』注文と古注『蒙求』との関連性について

本節では『世俗諺文』注文に古注『蒙求』を所謂「孫引き」している問題を検討する。この点については夙に早川光三郎氏の指摘がある。長文になるが以下に引用する。[11]

世俗諺文は恐らく日本で蒙求の注文を引いた文献としては最古のものであろう。源為憲の編に成り、世上よく行われている熟語成語を列挙、その典拠を示した。寛弘四年（一〇〇七）成立とあれば、蒙求が初めて日本で読まれた元慶二年（八七八）より僅か一三〇年程の隔たりがあるに過ぎない。今、これと蒙求とを比べてみるのに、いろいろな点で両者の関係の深いのに気付く。まず、その熟語を見ると、戴星・非熊非羆・弾冠・膠漆・一諾・下帷・草聖・国器等蒙求標題と一致する語多く、又、それらの出典もほぼ古注にかない、語句も割合によく一致している。例示すれば、蘇章負笈に当たる「不遠千里」の箇所は謝承後漢書から出ており、元来は万里だったのを諺文が千里としたのは蒙求との関係深きを思わせるものがある。郤詵一枝（四五）に当たる「折桂枝」の原拠は晋書であるが、それには今詞場折桂始於此矣の語はない。これも蒙求に拠ると推定される一つである。

早川氏の右の指摘は、若干の整理が必要である。すなわち傍線部「戴星・非熊非羆・弾冠・膠漆・一諾・下帷・草聖・国器等蒙求標題と一致する語多く」とある『蒙求』標題との関連である。早川氏の挙げる「熟語」は確かに『蒙求』の標題を構成する成語と一致するものであるが、それがそのまま『世俗諺文』と『蒙求』との関係の深さを保証する証拠とはならない。すでに述べたように、『世俗諺文』の諺文と『蒙求』の標題が一致するのは「于公高門」の一例のみである。『世俗諺文』諺文が『蒙求』標題と部分的に一致することと『蒙求』の古注との問題は切り離しておく必要がある。序文の所謂「世之口実」が必ずしも『蒙求』標題を介していた成語ではなく、直接出典から成立した成語であっても、それが結果的に『蒙求』標題と一致したに過ぎないということもありえるからである。『世俗諺文』の注文には、『蒙求』を出典として明示した例は無い。それは序文に「然而必不レ知二本所一レ出矣」と述べているように、諺文の出典に対する正しい理解の必要性を説いていることと無関係ではない。しかし『世俗諺文』注文に古注『蒙求』の注文を転載したとしても、諺文の出典を示すという目的を果たすことは可能であるから、問題となるのはこの転載という手法が実践されていることを確認した上で、その手法を巡る「評価」ということになろう。この「評価」の問題は、『蒙求』が幼学書として享受されていたことを重視する場合はより低い評価となり、為憲の学問の質的な問題として議論することになろう。また、『世俗諺文』の方法論の観点からは、それは為憲における「施注」という営みを探求するという問題意識を与えることになろう。

『世俗諺文』注文が古注『蒙求』を孫引きしていることを保証するためには、単に『世俗諺文』注文が『蒙求』の古注と類似していることを示すだけでは不十分である。両注文が出典とするその原典との比較検討が必須の作業となるのは勿論であるが、引用原典の本文の状態によっては、『蒙求』成立期と同時代の本文を伝える他書の引用本文との比較、あるいは『世俗諺文』成立の同時代の、すなわち十一世紀前後の、日本における他書の引用本文との比較検討も必要となる。この点については波線を施した「郤詵一枝」の注文を巡る早川氏の指摘は極めて重要である。以下に丁寧な検討を行いたい。

まず、『世俗諺文』の本文を掲げよう。

折桂枝

晋書云、郤詵字広基、挙賢良射策、為天下第一。武帝問、卿自以為何如。詵曰、猶桂林之一枝、崑崙之片玉。今詞場折桂始於此也。

注文は『晋書』からの引用によって構成している如きである。ここで『晋書』巻五二郤詵伝を引用し、注文と一致する表現に傍線を施す。

郤詵字広基、済陰単父人也。父晞、尚書左丞。詵博学多才、瓌偉倜党、不拘細行、州郡礼命並不応。―中略―累遷雍州刺史。武帝於東堂会送、問詵曰、卿自以為何如。詵対曰、臣挙賢良対策、為天下第一、猶桂林之一枝、崑山之片玉。帝笑。侍中奏免詵官、帝曰、吾与之戯耳、不足怪也。詵在任威厳明断、甚得四方声誉。卒於官。子延登為州別駕。

両者はほぼ同等の内容であるが、『世俗諺文』注文の二重傍線部「今詞場折桂始於此也」が『晋書』に見えない異文であり、また『晋書』本文の波線部「挙賢良対策、為天下第一」が郤詵の言葉であるのに対して、『世俗諺文』注文では地の文のように見えるという相違がある。『世俗諺文』の諺文が「折桂枝」である以上、二重傍線部「今詞場折桂始於此也」を欠く注文は「注」として意味をなさないことに留意したい。

ところで現行の『晋書』は唐代に太宗の命を受けて房玄齢・李延寿らが、晋から六朝の間に成立した数十家の「晋史」から、特に有名な十八家の「晋史」を参照し、特に臧栄緒の『晋書』に拠って編纂したものであることは広く知られている。従って、『世俗諺文』の注文に見える『晋書』からの引用を現行の『晋書』と比較するのみで判断するのは性急である。為憲が見ることができた可能性のある『晋書』を確認する必要があろう。

まず日本に将来されていた「晋史」の状況を確認しておこう。それには『日本国見在書目録』に当たるのが一般的な手法であろう。以下の三点の将来が確認される。(12)

・晋書百卅巻　唐太宗文皇製
・晋書七十六巻　王隠撰
・晋書評一巻

「晋書百卅巻　唐太宗文皇製」とあるのが所謂正史『晋書』であるが、王隠撰『晋書』も将来されていたことが知られる。『日本国見在書目録』に著録された漢籍は、確実に日本に将来された漢籍ということになるが、勿論、これがすなわち為憲が参照可能な漢籍であったと見做すことはできない。また、類書などを介して知り得る情報も視野に入れる必要があろう。(13)因みに類書に収載されている郤詵に関する記事を挙げると以下の二例になる。これも同様に『世俗諺文』注文と一致する表現に傍線を施して引用する。波線部は『世俗諺文』注文と位置が異なる箇所を示している。両例とも「今詞場折桂始於此也」に相当する表現は見られない。

・王隠撰『晋書』郤詵伝／『芸文類聚』巻二五「嘲戯」所引

王隠晋書曰、武帝問郤詵、卿自以為何如。詵対曰、臣挙賢良対策、為天下第一。猶桂林之一枝、若崑山之片玉。帝笑。侍中奏免詵、詔曰、吾与戯耳。

・臧栄緒撰『晋書』郤詵伝／『太平御覧』巻五七「林」所引

臧栄緒晋書曰、郤詵為雍州刺史、帝於東台餞之。問曰、卿自以為何如。詵対曰、臣挙賢良対策、為天下第一。猶桂林之一枝、崑山之片玉。世祖笑。侍中奏免詵、詔曰、吾与之戯耳。

以上のように、『世俗諺文』注文が引用する『晋書』の本文は、正史『晋書』ならびに王隠撰『晋書』の佚文とも合致しない箇所が二点あるということになる。

ここで故宮本の「郤詵一枝〈045〉」の注文を引用したい。『世俗諺文』注文と合致する表現には傍線を施す。

晋書、郤詵字広基、挙賢良対策、為天下第一。武帝問之、卿才自以為何如。詵対曰、臣挙賢良、冊為天下第一。猶桂林之一枝、崑山之片玉。今詞場折桂、始於此也。

『世俗諺文』注文「射策」「崑崙」と故宮本注文「対策」「崑山」との相違はあるものの、概ね合致している点は早川氏の指摘の通りである。より積極的な評価をするならば、少なくとも為憲は故宮本系統の古注『蒙求』の注文を参照して『世俗諺文』の注文を構成したと推測することが可能な状況にある、ということである。

また、故宮本とは異なる古注『蒙求』として、甘粛蔵敦煌文献に見える古注『蒙求』断簡（以下「敦煌本」と略称(14)）に「郤詵一枝」が残されているので、併せて検討を行いたい。同様に『世俗諺文』注文と合致する表現には傍線を施す。

晋書、郤詵字広基、挙賢良対策、為天下第一。武帝問、卿自以為何如。詵曰、猶桂林之一枝、崑山之片玉。今詞場折桂、自此始也。

『世俗諺文』注文と敦煌本の注文との一致の状況は、先に検討した故宮本よりも優れている。『世俗諺文』注文「始於此也」に対して敦煌本注文「自此始也」とあって微妙に異なるが、「始於此也」「自此始也」という表現は、新たな名称・組織・習慣・状況となったその転換点を述べる際に用いられる常套句として両者とも卑近の表現であることを勘案すると、『世俗諺文』「折桂枝（217）」の注文は、古注『蒙求』の注文（現存する古注の中では敦煌本の注文）との合致度が高く、現存する佚文を含めた原典考証の結果からも、古注『蒙求』からの「転載」と考えるのが妥当する、という結論に至るのである。

以上の検討により、『世俗諺文』注文に古注『蒙求』の注文が転載されている箇所が存在する強い例証を得たと言えよう(15)。

四　『世俗諺文』注文の構成法の一斑

『世俗諺文』注文と古注『蒙求』注文との関連が深いと目される全ての箇所について、前節と同様の考証を行う余裕は残されていない。そこで本節では前節の考察を踏まえて、『世俗諺文』注文所引古注『蒙求』の別の側面について言及したい。

本節で取り上げる諺文は「非熊非羆（049）」である。これは『蒙求』標題の「呂望非熊〈004〉」と関連する箇所となる。まず『世俗諺文』注文を引用する。

非熊非羆

史記云、太公望呂尚、東海上人。以魚釣好。周西伯昌将出猟、卜之。曰、所獲非龍非鱗、非虎非羆。所獲覇王之輔。西伯猟、果遇太公渭水之陽。載与倶帰也。

六韜云、文王卜田。史扁爲卜。田渭水之陽、将得。非熊非羆。天遺汝師。文王斎戒三日。田于渭浜。卒見呂望坐茅以漁。遂載而帰(16)。

『世俗諺文』注文は、『史記』と『六韜』を並記している。一方、故宮本『蒙求』の注文は以下の通りである。引用本文中の□は虫損等により判読が困難な文字を示している。

呂望非熊

六韜曰、周文王卜畋。史扁爲□。兆曰、所獲非熊〻〻。乃天遺汝師。文王、乃斎戒七日。畋于渭浜之陽。果

卒見呂望坐□□釣。与論道徳。遂同載而帰。(17)

また、徐子光注は『六韜』を引用し、引き続き「旧本」の考証を行っているので、ここに全文を引用し、その考証に関わる記述部分に傍線を施す。

呂望非熊

六韜曰、文王将田。史編布卜曰、田於渭城、将大得焉。非龍、非彲、非虎、非羆。兆得公侯。天遺汝師、以之佐昌、施及三王。文王曰、兆致是也。史編曰、編之太祖史疇為舜占得皐陶。兆比於此。文王乃斎三日、田於渭城、卒見太公坐茅以漁。文王労而問之、乃載与帰、立為師。旧本作非熊非羆。疑流俗承誤、後世莫知是正耳。按後漢崔駰達旨辞曰、或以漁父見兆於元亀。注云、西伯出猟、卜之。曰、所獲非龍非螭、非熊非羆。所獲覇王之輔。所謂非熊、蓋本諸此。

早川氏はこの傍線部の箇所について、以下のように述べている。(18)

古注蒙求（書陵部本）では「非熊ミミ」と記しているが、上の「熊」に「ヒ」の振り仮名があるので、「非羆非熊」だったのであろう。然るに、準古注本では「非熊非羆」としている。徐子光は恐らくこの系統本を見て「旧本云々」といったのであろう。次に、徐子光は「非熊」は後漢崔駰の達旨の辞の注に本づくといっているが、これも誤りで、古注蒙求や『文選』劉越石贈盧諶注所引の『六韜』や、『文選』答賓戯等の注所引の『史記』も、『宋書』符瑞志（金三俊本所引）にもすでに「非熊」の語が存するのである。

右の所説について、問題点を確認しておきたい。まず、「古注蒙求（書陵部本）」であるが、これは故宮本の忠実な影鈔本で、奥書によると寛政六年（一七九四）に法眼謙宜によって写されたものである。池田氏の解題に「稀に故宮本の虫損の穴を点に誤ることもあるが、逆に故宮本がその後摩滅し、見えなくなった箇所を写しとどめている場合もある。4呂望非熊の注「果卒見呂望坐石茅釣」の「茅」の如きがそれであり、書陵部本は故宮本の模本ながら、若干の缺を補う役割を有している」とある⑲。

次に「非熊〻〻」について。書陵部本は早川氏の指摘通り「非熊〻〻」となっている。故宮本の当該箇所の振り仮名は判読できない状態となっているが、両本とも表題には読み仮名が施されており、「呂望非熊《レウハウヒイユ》」となっており、「熊」の振り仮名は「イユ」である。より精密な故宮本の影印⑳によれば、「非熊《イユ》〻〻」に読めなくもないが、断定することはできない。但し、早川氏が書陵部本の振り仮名を根拠にして「非熊〻〻」を「非羆非熊」であったと推測するのは不審である。徐子光が「旧本」すなわち古注が「非熊非羆」に作っているのを誤りであると記している以上、批判されている「旧本」の本文は「非熊非羆」となっていなければなるまい。ここで敦煌本の本文を検討したい。敦煌本は状態が悪く、また本文の乱れも多いが、以下に当該箇所の注文を引用する。

呂望非熊

六韜曰、周文王卜田、吏（史）扁為卜田渭之陽。曰、将得。吏（史）曰、非熊非羆、天遣我師天門。文王斎三日。田于渭陽。果見呂望坐茅。又云、坐磻石、以魚。遂共車載而帰也。王師也。

故宮本所引の『六韜』の本文が「非熊〻〻」となっていることはすでに確認した通りであるが、徐子光が引用した『六韜』では「非龍非彲非虎非羆」に作っている。早川氏は徐子光の「所謂非熊、蓋本諸此」という案文を「徐子光は「非熊」は後漢崔駰の達旨の辞の注に本づくといっている」と解釈したため、「古注蒙求や『文選』劉越石贈盧諶注所引の『六韜』や、『文選』答賓戯等の注所引の『史記』も、『宋書』符瑞志（金三俊本所引）にもすでに「非熊」の語が存するのである」と批判されているが、徐子光の問題意識とは異なってしまっている。徐子光は標題の「呂望非熊」の「非熊」の出典として「旧本」が『六韜』にありとする点を批判しているのである。繰り返しになるが徐子光が引用する『六韜』は「非龍非彲非虎非羆」であり、標題の「非熊」の注とはならない。徐子光の案文の主旨は、『六韜』には見えない「非熊」の出自を考察するところにあり、後漢の崔駰の「達旨辞」から「或以漁父見兆於元亀」という本文を引用し、その本文に付された注文が「西伯出猟、卜之。曰、所獲非龍非螭、非熊非羆。所獲覇王之輔」となっていることを指摘していると理解すべきである。徐子光はこの注文が何に拠っているのかという考証に及んではいないが、『史記』の本文との類似性がうかがわれる。現行本『史記』巻三二斉太公世家には、

　以漁釣奸周西伯。西伯将出猟、卜之。曰、所獲非龍非螭、非虎非羆、所獲覇王之輔。

とあり、徐子光の「所謂非熊、蓋本諸此」と述べる「非熊」の出典としては合致しないことになる。従って、徐子光は「呂望非熊」の出典として『史記』を掲げないという判断をしたのであろう。しかし、この点については早川氏が指摘されるように、『文選』巻四五「答賓戯（并序）」李善注所引『史記』の本文は現行本とは異なる本文で、以下のように「非熊非羆」となっていることが注目される。

　史記曰。太公望、以漁釣奸周、西伯将出、占之。曰、所獲非龍非虎、非熊非羆、所獲覇王之輔。西伯果遇太公渭浜。

これは要するに徐子光が「非熊」の出典として『史記』斉太公世家を引くことで説明できない状況にあった、すなわち、徐子光の見た『史記』は現行本と同じく「非虎非羆」となっていたと考えられるのである。そのため徐子光は後漢の崔駰の「達旨辞」に付された注文を掲げたのであろう。この理解が正しければ、徐子光は『文選』李善注所引『史記』が「非熊非羆」とする本文を認めていなかった、ということになろう。

　ここで再び故宮本の注文に戻りたい。故宮本が「非熊〻〻」となっていることは繰り返し確認してきたが、『世俗諺文』注文が古注『蒙求』を転載したとすると、為憲が参照した古注『蒙求』は故宮本とは異なる「異本」であることが断定できる。それは故宮本に「乃斎戒七《イ三》日」とあり、『世俗諺文』では「文王斎戒三日」とあり、故宮本の異文注記と一致するからである。ともあれ前掲の『世俗諺文』注文所引の『六韜』の本文を改めて確認すると、問題の箇所は「非熊非羆」とあり、徐子光が批判する「旧本」所引の『六韜』の本文の在り方と一致している。では一体何が問題なのであ

ろうか。それは故宮本『蒙求』注文所引の『六韜』のみが「非熊非熊」という本文を持たないことに他ならない。これは、元来「非熊非罷」となっていた本文の「罷」を「熊」と誤読したため、「非熊非熊」と反復した本文と理解した書き手によって「非熊〻〻」と表記を簡略化した本文となってしまったと考えるのが最も合理的であろう。これは以下に掲げるように、『蒙求』成立時の唐代における『六韜』の引用状況を踏まえることで、その妥当性は高まるであろう。

・『文選』巻二五「重贈盧諶」李善注所引『六韜』

六韜曰、文王卜田、史扁為卜田於渭之陽、将大得。非龍非彲、非熊非羆、非得公侯、天遺汝師。文王斎三日。田於渭陽、卒見呂尚坐茅以漁。

・『文選』巻五一「非有先生論」李善注所引『六韜』

六韜曰、文王卜田、史扁為卜曰。於渭之陽、将大得焉。非熊非羆、非虎非狼、兆得公侯、天遺女師。文王斎戒三日、田於渭陽、卒見呂望坐茅以漁。心合意同、謀無不成、計無不従、誠得其君也。

・『文選』巻五三「運命論」李善注所引『六韜』

六韜曰、文王卜田、史扁為卜曰。於渭之陽、将大得焉。非熊非羆、非虎非狼、兆得公侯、天遺汝師。王乃斎戒三日、田於渭陽、卒見呂尚坐茅以漁。

・『芸文類聚』巻六六「田猟」部所引『六韜』

六韜曰、文王卜田于渭陽、諸大得。非熊非羆。天遺汝師、以之佐昌、施及三王。大吉。王乃斎三日。乗田車、駕田馬。于渭之陽、見呂尚坐以漁。

個々の用例における本文の当否を個別に判定するのは困難であるが、右のように四例を横並びに概観することで、唐代の『六韜』は「非熊非羆」という本文であった可能性が高い、と評価することができよう。これはつまり『蒙求』成立期における『六韜』の本文の状況であり、古注『蒙求』所引の『六韜』が「非熊非羆」に作っていたとする「仮定」

と矛盾しない、といえよう[21]。

以上、『蒙求』所引『六韜』を巡る問題について検討を行ってきた。徐子光は「呂望非熊」の「非羆」の出典を『六韜』とし、「非熊」については後漢の崔駰の「達旨辞」の注を出典として、「非熊非羆」とある『六韜』の本文を認めない、という立場であったことを確認した。徐子光の問題意識に従えば、『蒙求』標題「呂望非熊」の出典は『六韜』ではないということになる。一方で唐代に引用された『六韜』の本文では「非熊非羆」に作っており、徐子光は「流俗承誤」であろうと疑義を呈するが、古注『蒙求』所引『六韜』ならびに『世俗諺文』注文所引『六韜』の本文とは符合する。『世俗諺文』が掲出する諺文は「非熊非羆」であるから、その注文は『六韜』を引用することで、換言すれば古注『蒙求』所引『六韜』を転載することで、注文としては責任を果たしているといえる。しかし、『世俗諺文』注文は、『史記』を引用して「非羆」の用例を示し（現行本の『史記』と一致する）たが、諺文の「非羆非熊」の出典とはならないため、改めて古注『蒙求』から『六韜』を転載して「非熊非羆」の用例を示したことになる。この『世俗諺文』注文の在り方については、為憲が研鑽に努めた紀伝道の学問が一つの規範を構成していることは間違いない。また『六韜』という「兵書」を扱う問題としては、菅原道真の「請秀才課試新立法例状」（『菅家文草』巻九）の「律文所レ禁可二試問一否事」の議論が想起される。職制律は「凡玄象器物・天文図書・讖書・兵書・七曜暦・太一雷公式。私家不レ得レ有。違者徒一年私習亦同」とあり、所有ならびに「私習」すら禁止とする器物・図書を明記している。その「兵書」については注に「兵書、謂、太公六韜・黄石公三略之類」とあることも注意すべきであろう[22]。古注『蒙求』と『世俗諺文』注文との関係を巡る問題は、古注『蒙求』の転載という手法によってもたらされる、古注『蒙求』並びに『世俗諺文』注文の相互補完の利点も大きいが、為憲の『世俗諺文』注文の構成方法の探求にも大いに活用すべきであろう。

五　まとめ

古注『蒙求』との関連を検討すべき『世俗諺文』注文について、早川氏の指摘箇所を含めた全体像を示しておきたい。前節に引用した如く、早川氏は『蒙求』標題と一致する例として「戴星・非熊非羆・弾冠・膠漆・一諾・下帷・草聖・国器等」を指摘されたが、本節では一覧表形式で示そう。尚、一覧表の「備考」には参照すべき古注『蒙求』の諸本を、「故（故宮本）」・「敦（敦煌本）」・「真（真福寺本）」・「書（書陵部本）」で示した。[23]

左頁に掲出した一覧表については、若干の補足が必要である。以下にその一例を示しておこう。

『蒙求』に「鍾離委珠〈406〉」という標題に作る鐘離意の故事がある。当該箇所は、故宮本・敦煌本・真福寺本などの古注では逸しているが、新注は『後漢書』巻四一鍾離意伝を引いている。収賄罪に伏罪した張恢の財産を群臣に分かった時に、鐘離意は下賜された「珠璣」を「委地（地に捨てた）」した。帝はこの行動を不審に思いその理由を尋ねたところ、鐘離意は「孔子忍渇於盗泉之水、曽参回車於勝母之閭、悪其名也。此贓穢之宝、誠不敢拝」と答えた、という故事である。『世俗諺文』諺文「不飲盗泉（175）」はまさにこの鐘離意の言葉に合致する。しかし「不飲盗泉」の故事は『後漢書』鐘離意伝が出典ではなく、『後漢書』李賢注に「説苑曰、邑名勝母、曽子不入、水名盗泉、仲尼不飲、醜其名也。尸子又載其言也」とあるように、『説苑』談叢篇であり、『尸子』にも同文の記事がある、ということである。『世俗諺文』諺文「不飲盗泉（175）」の注文は、『漢書』・『文選』巻二八「猛虎行」ならびに李善注所引『尸子』によって構成されている。『漢書』からの引用は「関中有盗泉。孔子過之、忍渇不飲。悪聞其名」となっているが、現行本『漢書』に該当する本文は無く、『後漢書』の誤であるとしても、范曄撰『後漢書』鐘離意伝の本文と見做すことは困難であり、現状では未詳とせざるを得ない。『世俗諺文』注文が続けて『文選』巻二八陸士衡「猛虎行」から「渇不

表 『世俗諺文』における『蒙求』関連箇所

『世俗諺文』諺文		『蒙求』標題		出　　典	備　考
037	温樹不語	354	孔光温樹	『漢書』孔光伝	
041	載星	241	巫馬戴星	『呂氏春秋』察賢篇	故・書
046	畏四知	185	震畏四知	『東観漢記』楊震伝	故・書
	去三惑（諺文下注）	186	秉去三惑	『蒙求』→『東観漢記』楊秉伝	故・書
049	非熊非羆	002	呂望非熊	『六韜』(別途『史記』)	故・書・敦
103	国器	452	安国国器	『史記』韓安国伝	真
130	老馬智	413	管仲随馬	『韓非子』説林篇上	真
150	独歩	383	仲宣独歩	『三国志』王粲伝	
	雄飛（諺文下注）	150	趙温雄飛	『蒙求』→『後漢書』趙温伝	故・書
160	弾冠	290	王貢弾冠	『漢書』蕭育伝	故・書
161	膠漆	105	陳雷膠漆	『後漢書』雷義伝	故・書
162	竹馬之友	499	郭伋竹馬	『後漢書』郭伋伝	真
168	鐘子期死伯牙絶絃	118	伯牙絶絃	『列子』湯問篇	故・書
174	一諾	109	季布一諾	『史記』季布伝	故・書
176	道不拾遺	419	黄向訪主	『後漢書』黄向伝	真
189	不遠千里	394	蘇章負笈	『後漢書』蘇章傳	
209	下帷	258	董生下帷	『史記』董仲舒伝	故・書
217	折桂枝	045	郤詵一枝	『晋書』郤詵伝	故・書・敦
219	草聖	320	伯英草聖	『後漢書』張芝伝	
223	折角	288	五鹿岳岳	『漢書』朱雲伝	故・書
*	于公高門	085	于公高門	『漢書』于定国伝	故・書

飲盗泉水、熱不息悪木陰。悪木豈無枝、志士多苦心」を引くが、これは「不飲盗泉」の出典ではなく、その故事を用いた作品の例である。しかし、李善注所引『尸子』を併せて引用したことで、先の『後漢書』李賢注に示された出典の一つに辿り着くことになるのである。

『世俗諺文』「不飲盗泉（175）」における注文は、李善注を介して『尸子』をその出典と示す構造になっている。一方、『蒙求』「鍾離委珠〈406〉」は、鍾離意が「珠璣」を「委地」したことに基づく故事であり、『後漢書』に記された鍾離意の言葉に「不飲盗泉」の故事が用いられているとはいえ、その出典ではないことは明らかである。しかし、『後漢書』の当該記事の李賢注を介すれば、『説苑』あるいは『尸子』

に辿り着くことになり、出典に至るステップとしては、李善注を介する『世俗諺文』注文と、構造的に同一であろう。つまり、為憲は「不飲盗泉（175）」に施注する際に、二つの選択肢があり得たことが分かる。すなわち、

①『蒙求』「鍾離委珠〈406〉」→『後漢書』→李賢注→『説苑』『尸子』

②『文選』「猛虎行」→李善注→『尸子』

の選択肢である。為憲は右の番号②を採択した訳であるが、施注の在り方について、為憲は『蒙求』を徹底的に援用するのではなく、この例にうかがわれるように、『文選』および李善注を援用する別の手段を持っていたことが分かる。『世俗諺文』注文と李善注『文選』の関連については、すでに渡邉美由紀氏の考察があり[24]、私に検討を行っている[25]。

本稿は『世俗諺文』注文を巡る考察を行う際に必要となる視点・材料・問題点の一端を、古注『蒙求』の援用の問題を介して示してきた。『世俗諺文』の注文の構造分析と為憲の学問の在り方を探る一助となれば幸いである。

註

（1）『世俗諺文』の本文については、『続群書類従』雑部に翻刻されているが、誤りが少なくない。本稿における本文の引用に当たっては、古典保存会から刊行された複製本『観智院蔵世俗諺文』（一九三一年）を参照し、適宜返り点・句読点を施した。尚、この複製本を翻刻したものとして、山根対助・リラの会「〈翻刻〉観観智院本『世俗諺文』の研究—本文篇」（『学園論集』三五号別冊・一九七九年）がある。

（2）『世俗諺文』の本文については誤字・脱字・衍字が散見されるが、対校すべき別本が存在しないために校訂することは不可能である。引用した箇所については、『抱朴子』からの引用と理解される「所謂」以下「其源」に至る一文が現行本『抱朴子』に見えず、あるいは「抱朴子云」と「所謂」の間に脱文が疑われる。また、「然而必不レ知二本所一レ出矣」の「必」字の位置が不審である。更に冒頭の一文「夫言語者自交、俗諺者多出二経籍一」については、序文全篇を駢儷文で構成していることに注目すればこの一文は「言語者自交□□、俗諺者多出経籍」という長句構造であったと考えるべきであり、文意を踏まえると、「言語者

自交俗諺、ミミ者多出経籍」という本文であった可能性が高い。

（3）『蒙求』古注が李瀚の自注そのものであるかは未詳とせざるを得ない。後に触れる故宮博物院蔵本の古注蒙求の注文と、『甘粛蔵敦煌文献』巻一に収録された古注蒙求の断簡と比較すると異同が甚だしい。本稿は古注『蒙求』の探求が目的ではないので、徐子光注以前の『蒙求』の注文を広く「古注」と捉えるに留めたい。尚、『甘粛蔵敦煌文献』所収の古注『蒙求』については張娜麗『西域出土文書の基礎的研究』（汲古書院、二〇〇六年）を参照されたい。

（4）『日本三代実録』元慶二年八月廿五日条に「是日。皇弟貞保親王、於披香舎、始読蒙求。従四位下行民部大輔兼美濃守橘朝臣広相侍読。小会置宴。右大臣（基経）特喚従五位上左少弁巨勢朝臣文雄、文章博士従五位下兼行大内記越前権介都朝臣良香、従五位下行大外記嶋田朝臣良臣、正六位上行少内記菅野朝臣惟肖等数人、令賦詩。管弦間奏、夜分而罷。賜禄有差。」とある。また、この折の詩宴で執筆された都良香の詩序「八月廿五日第四皇子於飛香舎従吏部橘侍郎広相始受蒙求便引文人命宴賦詩」は『本朝文粋』巻九ならびに『扶桑集』巻九に収載（『扶桑集』は詩一首をあわせて収載）する。

（5）早川光三郎『蒙求』上（明治書院、新釈漢文大系、一九七三年）の「蒙求解説」ならびに「蒙求関係主要文献目録」を参照されたい。

（6）川瀬一馬『古辞書の研究』（大日本雄弁会講談社、一九五五年）。引用は『増訂　古辞書の研究』（雄松堂出版、一九八六年二月）、一六五頁。

（7）古注蒙求は、池田利夫編『蒙求古註集成』上巻（汲古書院、一九八八年）より、零本ながら（上巻のみ存）李瀚自注に最も近い最古写本とされる台湾故宮博物院蔵本の影印より翻刻して引用する。故宮本については同『蒙求古註集成』下巻、五七四頁以下の解題を参照されたい。

（8）呉樹平校注『東観漢記校注』（中華書局、中国史学基本典籍叢刊、二〇〇八年）七四九～七五〇頁に楊秉伝の佚文一条を載せるも、「秉去三惑」の故事は検出し得ない。当該故事については徐子光注は『後漢書』巻五四より「秉性不飲酒、又早喪夫人、遂不復娶。所在以淳白称。嘗言曰、我有三不惑、酒色財也」に作る。また、『北堂書鈔』巻三八・政術部「廉潔」条に「三不惑」の項を立て、「張璠漢記云、楊秉字叔節、為太尉。嘗曰、我有三不惑。酒色財也。故天下称為名公」とあり、張璠『後漢記』の佚文を伝えるが、『世俗諺文』の諺文下注の出典としては適合しない。

(9) 『後漢書』の引用は中華書局標点本『後漢書』による。以下、正史からの引用は全て標点本に拠る。但し、本文の比較を容易たらしむために句読点を改めた箇所がある。

(10) 『世俗諺文』「独歩」に対する注文は、まず『三国志』巻二一王粲伝を引用し、続けて曹植の「与楊徳祖書」の引用する構造になっている。諺文「独歩」は後者がその出典である。曹植の「与楊徳祖書」は『三国志』巻一九「陳思王植伝」注、並びに『文選』巻四二に見える。為憲が本注文を構成する際に「与楊徳祖書」を『三国志』注に拠ったのか『文選』に拠ったのかについては分からないが、為憲が「与楊徳祖書」の引用を「昔仲宣独歩於漢南」に留めて諺文「独歩」の注として足れりとしたことは十分に理解できる。諺文下注に成語「鷹揚」を掲出したのは「与楊徳祖書」の後続の句「孔璋鷹揚於河朔」を想起したことに拠ると推測されるが、その出典を『毛詩』と注記したその人物の学識にも注目する必要があろう。

(11) 註(5)早川前掲書、四三〜四四頁。

(12) 藤原佐世撰『日本国見在書目録』は、『古逸叢書』所収の影印を参照した。『続群書類従』「雑部」に翻刻されており、先行研究に小長谷恵吉『日本国見在書目録解説稿』(小宮山書店、一九五六年)矢島玄亮『日本国見在書目録―集証と研究―』(汲古書院、一九八四年)がある。

(13) 『世俗諺文』の編纂に当たり、為憲が何らかの類書を参照した可能性を指摘する先行研究は以下の通り。註(6)川瀬前掲書一六五頁に「本文は「祭如在」「神不享非礼」に初まつてをり、諺文より一字下げて出典原義を注記してある。(かかる様式は、太平御覧並びに幼学指南鈔のそれと相似してゐるから、本書とも何等かの関聯がありさうに思はれる。)」とある。註(1)山根前掲書に「右大臣藤原道長は、長男頼通(春宮権大夫)のために、前三河守藤原挙直撰の本朝古来の七言詩の秀句集一巻をあたえ、この集の遺漏を補う書をまとめるよう、朝散大夫源為憲に命じた。為憲は、挙直の撰句に新たに加うる詩句を撰ぶことは困難であるとして拝辞したが、その後も、老爛、視力衰え、心懶く、写役の事にしたがう労に気が進まなかった。しかし、頼通が撰進を期待して待っているとの伝聞に接して、怱怱―たぶん、ひと月かふた月か。あるいは、参照した類書があったのかも知れない。―一五二門、六三一章より成ることわざ集『世俗諺文』三巻を編録した」とある。また、大曽根章介「源為憲雑感」(『日本漢文学論集』二、汲古書院、一九九八年。初出は『リラ』八号、一九八〇年)に「当時の作品に引用されている漢籍の故事熟語が直接原典に基くものではなく、簡便な類書からの孫引きであることは先学の指摘する所である」とある。確かに『世俗諺文』「老将智而耄及之文（131）」の注文に『白氏六帖』から引用する例がある。『世俗諺文』と類書の関係については、諺文の蒐集作業における類書の利用と、注文における類書の援用に分けて考察すべきである。但し、『芸文類聚』『初学記』『北堂書鈔』等の唐代類書と諺文・注文との関係は殆ど見出し得ないというのが論者の見解である。

（14）甘粛省文物局編『甘粛蔵敦煌文献』巻一（甘粛人民出版社、一九九〇年）の影印より翻刻。本断簡は「薦蒙求表」の冒頭十六字を欠いて始まり、「士龍雲間 <050>」の注文までを残す。

（15）以上の検討において「折桂枝（217）」の出典は『晋書』とは考えにくいことが明らかとなった。『世俗諺文』注文に『晋書』を挙げる例は他に「五月生子（066）」と「書廚子（197）」の二例がある。「五月生子（066）」における『晋書』からの引用箇所は現行本の『晋書』と合致せず、むしろ『宋書』巻四五王鎮悪伝の本文と合致する。『晋書』は『宋書』の誤である可能性がある。また「書廚子（197）」について、その注文は「晋書云、書簏」とある。現行本『晋書』巻六一劉柳伝に「柳字叔恵、亦有名誉。少登清官、歴尚書左右僕射。時右丞傅迪好広読書而不解其義、柳唯読老子而已、迪毎軽之。柳云、卿読書雖多、而無所解、可謂書簏矣。時人重其言」とあり、『晋書』に「書簏」の出典があることは確認できるが、注文から故事の具体的な内容を理解することは不可能であり、また諺文の「書厨子」の出典を示したことにもならない。「書廚（子）」という故事は『南斉書』列伝巻二十陸澄伝の「澄当世称為碩学、読易三年不解文義、欲撰宋書竟不成。王倹戯之曰、陸公、書廚也」が出典である（『南史』陸澄伝も同文）。以上のことから、『世俗諺文』注文に出典として『晋書』が言及されていても、為憲は実際に『晋書』を繙いていない状況が推測される。これは起家であった為憲の蔵書に『晋書』が無かったのではないかと推測も成り立つ。勿論、『晋書』には「折桂枝（217）」という諺文を説明する本文が欠落しており、古注『蒙求』の本文が諺文の出典として相応しく、そのために古注『蒙求』から転載したと見ることも可能である。その場合、為憲が正史『晋書』を参照し、諺文の出典とはなり得ないことを確認した上で古注『蒙求』所引の『晋書』をもって「折桂枝（217）」の原典と判断したという可能性もあり得るが、上述のように、そもそも『晋書』を参照することができず、古注『蒙求』注文を「転載」せざるを得ない物理的な事情も存在した可能性についても留保しておく必要があろう。

（16）『世俗諺文』注文所引『史記』を「以魚釣好。周西伯昌將出猟」と提示したが、現行本『史記』の「以漁釣奸周西伯。西伯將出猟」を踏まえると、「好」字を「奸」字の誤とし、句読点を修正する必要がある。しかし、『世俗諺文』注文では「好」字に送り仮名「ム」を施しており、誤字を抱えた享受の痕跡を留める。本文の誤字の問題と本文享受の問題は区別しなければならないが、本稿では『世俗諺文』注文の現状に従って「以魚釣好。周西伯昌將出猟」という本文を掲出した。

（17）故宮本の本文の不審な箇所については、『世俗諺文』注文との比較によって本来の姿を推測し得る。具体的には、故宮本の「下畋」は「卜畋」に、「為□」は「為卜」に、「坐□□釣」は「坐茅以釣」に、それぞれ推測できる。また『世俗諺文』の不審箇所については逆に故宮本との比較によって、例えば『世俗言文』注文の「将得」は「所得」ではなかったかと推測できる。

（18）註（5）早川前掲書、一五二頁、「余説」より引用。

（19）註（7）池田前掲書下巻、五七六～五七七頁を参照されたい。同書上巻には書陵部本の影印を収めている。

（20）相田満・岡部明日香・堀誠・三田明弘・濱田寛「台湾故宮博物院蔵本『蒙求』—影印・翻刻・訓釈・簡注—自：王戎簡要（1）至：田横感歌（20）」（大学共同利用機関法人人間文化研究機構国文学研究資料館、二〇〇七年）。

（21）故宮本「非熊〻〻」には「切点」が付されており、この点に注目するとこの箇所は「所獲非熊。〻〻。乃天遺汝師」となり、「獲る所は熊に非ず。熊に非ざるは乃ち天汝に師を遺らん」という解釈も成り立つ。「呂望非熊」という標題に対する注としては十分な内容といえよう。

（22）菅原道真「請秀才課試新立法例状」並びに「職制律」については、濱田寛『平安朝日本漢文学の基底』（武蔵野書院、二〇〇六年）第三章第二節および第四章第五節を参照されたい。

（23）真福寺宝生院藏下巻古鈔本。真福寺本『蒙求』については註（7）池田編前掲書上巻所収の影印ならびに下巻の解題、五七七頁以降を参照されたい。「李札掛剱〈407〉」から「東哲竹簡〈576〉」までを伝える。

（24）渡邉美由紀「『世俗諺文』引用書目の研究—『文選』を中心に—」（『水門　言葉と歴史』二三、水門の会、二〇一一年）。

（25）濱田寛「『世俗諺文』注文の構成について—李善注『文選』を媒介とする施注を巡って—」『和漢比較文学』五〇号、二〇一三年。

平安貴族子弟の寺院生活と初等教育
―藤原為房一家の書状を中心に―

野田有紀子

はじめに

平安貴族子弟の初等教育については、日本史・教育史・国語史・漢文学史などさまざまな分野から研究されてきた。(1) 平安中後期の貴族子弟は、一般的に元服前の幼少期にはおもに各家庭において初等教育を受け、仮名・真名を習得し、『千字文』などの幼学書や漢籍を学び、さらに貴族官人として必要な有職故実や教養を身につけた。

ところで平安貴族子弟のなかには、幼少期から寺院に預けられ、そこで初等教育を受け、やがて出家して僧となる者もいた。平安末期になると、寺院において稚児の教育体制が整備されつつあったことが知られる。(2) さらに鎌倉期以降は武家子弟が預けられて初中等教育を受けることが慣習となり、(3) やがて近世には「寺子屋」として庶民教育機関に位置づけられていった。(4) 以上のような教育機関としての寺院の役割については、おもに教育史の分野で豊富な研究が存在する。

ただし平安貴族社会において貴族子弟が入山した場合の寺院生活の実態や意義については、史料上の制約もあり、これまで十分に研究されてきたとはいえない。また出家後の動向や実家とのやりとりは古記録等の史料に残されることも少なくないが、稚児時代については稀である。こうした平安貴族子弟の稚児生活の実態を少しでも明らかにしうる史料が、延暦寺青蓮院旧蔵仏典の紙背文書として残された、藤原為房（一〇四九～一一一五）とその妻（源頼国女、一〇四五～一一三二）および息子（比叡山の稚児）の一連の書状である。

延暦寺青蓮院旧蔵『不空三蔵表制集』『灌頂阿闍梨宣旨官牒』『諸仏菩薩釈義』[5]は、文書類を反古として貼り継ぎ、一〇八七年（寛治元）から嘉保年間にかけて書写されたものである。紙背文書類のうち、『不空』『灌頂』紙背書状は一〇八五年（応徳二）ごろ、『諸仏』紙背書状は一〇九二～九四年（寛治六～八）に執筆されたと推測されている。このなかには藤原為房と妻、および息子である稚児から、稚児の師である比叡山某僧に宛てた書状が数多く含まれる。このうち『不空』および『灌頂』紙背書状群は、稚児入山直前から約一年間にわたって執筆されたものである[6]。なかでも為房妻による仮名書状は夫執筆分を遙かに上回る計四〇通にも及んでおり、かなり頻繁に某僧と書状を交わしていたことがわかる[7]。

本書状群は写真版および翻刻が久曽神昇氏により紹介され[8]、また語釈および現代語訳が都留文科大学のグループによって試みられている[9]。本稿ではこれらの研究成果を参考にして、入山した稚児がどのような初等教育を受け、どのように寺院生活を送ったのかを考察し、平安貴族社会において貴族子弟が入山することの意義を明らかにしたい。まず第一章では、教育機関としての寺院について、入山の年齢と初等教育の内容を考察し、貴族社会におけるその意味を探る。ついで第二章では、入山した稚児と実家との関係、および実家と寺院との関係から、平安貴族子弟の入山の意義を検討する。

一　入山時期と初等教育

1　入山の時期

藤原為房が我が子を比叡山某僧に預ける話は、一〇八四年（応徳元）中から進んでいたようであるが、翌年正月、いよいよ正式な依頼状を送っている。

請禅札事
右、欲令申案内之処、遮有此仰。且恐且悦。愚息、有所思給、可令付申給之由、頻令啓和尚御房侍也。殊施教訓者、本懐可足。事々期拝謁耳。為房敬白。
正月九日　左衛門権佐為房　（不空四一図）

為房と某僧とは、応徳元年中に交わされた書状の内容から、稚児を預ける以前からかなり親密な関係だったことが推測できる。おそらく両者は父系（勧修寺流）の親族関係にあったのではないだろうか。たとえば「煙鬱之処、此散蒙霧了。平産之由、又以承了。一家之悦侍」（不空四三図）のように、出産に際し「一家之悦」という表現を使っている。また「手本二巻、殊所悦申也。就中、曩祖御手跡見給感無極」（不空四二図）のごとく、某僧が為房の「曩祖御手跡」を所有していたということは、両者が父祖を同じくする近親者であることをうかがわせる。

摂関期の例だが、藤原実資は幼い息子（良円）を比叡山に託したが、その師慶円（のち第二四代天台座主）は実資生母の兄であり、「就中大僧正慶円甚能人也。論道理傍無人耳」（『小右記』一〇一四年〔長和三〕一〇月五日条）として尊敬し、終生かなり親しい間柄であった。我が子を稚児として預ける際には、こうした近親者に付託することが少なくなかったのであろう。

一方、稚児の母である為房妻は、以前はこの比叡山某僧と直接書状を交わす間柄ではなかったと思われるが、幼い我が子を預けることになったためか、夫留守中に届いた某僧からの書状に自ら返信する。「出で侍りぬるほどにて、御返は申させ侍らぬになむ。今よりは同じ心に思しめして、のたまはせよ。……あまた侍れど、これはなかにいと心苦しう思給へならはして侍れば、幼なう侍める。（夫は出かけておりますので、御返事は申し上げられません。いまからは夫と同じ気持ちで、私にもお手紙をください。……子どもは大勢おりますが、この子はとくにかわいがって育ててきましたので、幼いようです）」（灌頂二図）。そしてこれ以後、為房妻は比叡山某僧と頻繁に直接書状を交わすようになった。

さてこの為房妻の返状中に「幼なう侍める」とあるが、このとき稚児は何歳ぐらいだったのだろうか。時代は下るが『世鏡抄』（室町末期）「第十六・児垂髪之法儀事」には、「上ハ七ツ、中ハ九ツ、下ハ十ヲ限テ入寺也。十三ハ下山ノ年。七ヨリ上レバ七年ノ出家。九ツヨリ登ハ五年ノ出家。十ヨリ上ハ四年ノ出家也」とあり、七歳から一〇歳の間に入寺すると見える。平安中後期の貴族子弟の場合も、たとえば藤原実資男の良円は、「今良円従七歳住叡岳、久不染俗塵、又頗学真言之道、時々依公家仰、行別尊秘法等」（『春記』一〇三八年〔長暦二〕一〇月二二日条）とあるように、七歳で入山した。また『参天台五台山記』で知られる成尋は、父は藤原貞叙（実方男）、母は俊賢女（源高明孫）だが、「成尋阿闍梨之事。寛弘八年辛亥誕生。……七歳時、岩蔵之法印（文慶）入室」（『大雲寺縁起』）のごとく、一〇一七年（寛仁元）七歳のとき大雲寺に入ったとある。さらに守覚法親王（後白河天皇皇子。仁和寺六世門跡）は、「保元元丙子年十一月廿七日、甲午申刻、入御南院七歳」（『仁和寺御伝』）とあって、一一五六年（保元元）七歳で仁和寺に入室した。また得度した例ではないが、平清盛の甥経正は八歳で仁和寺に入り、稚児として覚性法親王（鳥羽天皇皇子。仁和寺五世門跡）に六年仕え、一三歳で元服している（『平家物語』巻七・経正都落）。

以上のように平安貴族子弟の入山年齢は、七歳から数年間の例が多いようである。ところでこの年齢は、天皇・東宮以下の皇族・貴族子弟が「読書始[10]」を行う時期と重なる。「読書始」とは、公的な初等教育開始を告げる儀式で、博士の指導のもと、『孝経』『史記』といった漢籍をはじめて読むものである。初見は『続日本後紀』八二三年〔天長一〇〕四月二三日条に皇太子恒貞親王が「始読孝経」とある記事で、参議以上が東宮に会集し宴が催されたという。このとき皇太子は九歳であった。平安中期の例では七歳が最も多く、『源氏物語』桐壺でも光源氏が「七つになりたまへば読書始などせさせたまひて」と見える。平安末期の後鳥羽天皇の時も、「兼又今年可有御書始之年也、一条院七歳有此事又代々例、十二月有此事」（『玉葉』一一八六年〔文治二〕一〇月二八日条）のように、一条天皇の七歳の例に則って挙行された。摂関家では、藤原頼通が七歳、師実が一三歳、師通が一一歳、忠実が一一歳とみえる（『江家次第』巻二〇・摂関関白家子書始）。

この読書始において子弟は、「時刻出御。御年九歳着織物御直衣給。不結御鬢頰給。只垂髪云々」（『本朝世紀』一〇八七年〔寛治元〕一二月二四日条、堀河天皇読書始）のごとく、垂髪や角髪（みづら）といった子どもの髪型のままであるが、童直衣もしくは束帯という貴族社会における男子の正装、もしくは準じた装束で出席する。そのような服装で、貴族社会で必要とされた教養である漢籍を学習するということは、「大人の準備を開始する第一歩[11]」を意味した。またこの儀式は、摂関・大臣・公卿・殿上人などが参列して見届けるのであり、貴族社会構成員に将来のメンバーとして披露される意味合いが強かった。

すなわち七歳から数年間のこの時期は、貴族社会の子弟がこのまま実家で育ち元服して貴族社会の一員となるか、入山してやがて出家し僧として身を立てるかを選択する重要な時期にあたる。当時、貴族子弟が入山を選択するのは、信仰心のほか、このまま貴族社会で立身をはかるには不利な条件があり、僧として身を立てた方が栄達が望め、実家にも政治的・宗教的な利益をもたらすとみなされた場合が多い。たとえば関白藤原隆家男の隆円は同母兄に伊周・隆家がいたためか幼くして出家し、その後わずか一五歳で権少僧都に任じられた。為房男の場合も、為隆・顕隆ら多くの同母兄がいたことが入山の大きな要因であろう。また良円は藤原実資の唯一の実子である男子であったものの、母の身分が低かったためか入山させられ、実資は甥資平を養子に迎え、娘千古に財産を継がせた。良円はのちに権少僧都にまで昇っている。

なお読書始より以前に、手習いが始められていた。この時期の手習いは、まず仮名一文字一文字を習得する「放ち書き」を習得し、そのあと手紙や歌を書くための「続け書き」（連綿体）を練習するという二段階で行われており、前者のためには「あめつちの詞」、後者には「難波津」「浅香山」の歌や古今集が手本として用いられたという。[12]『源氏物語』若紫で光源氏は、まだ「十ばかりやあらむと見え」る幼い若紫に対し返歌を求めたので、祖母の尼上が「まだ難波津をだにはかばかしうつづけはべらざらめれば」（まだ続け書きもできない子どもなので、御返事はさしあげられません）と光源氏をたしなめたが、光源氏はなおも、「かの御放ち書きなむ、なほ見たまへまほしき」（その一文字一文字書いたものでも拝見したいのです）と迫っている。[13]さて為房男の稚児は、入山まもない時期の帰省中に比叡山某僧に宛てて仮名書状を送っているが（不空三四図）、『書状集』の写真によればまだ仮名の続け書きができない、放ち書き段階であることがわかる。このことからも、おそらく七歳から数年間の、まだ幼い子どもであると推測できよう。

2　寺院における初等教育の内容

平安貴族家庭においては、元服前の幼い子どもにどのような初等教育が行われていたのだろうか。藤原師輔は子孫への訓戒として具体的で詳細な生活規律『九条殿遺誡』を書き残したが、[14]そのなかで少年時代の勉学についても触れている。「凡成長頗知物情之時、朝読書伝、次学手跡。其後許諸遊戯。但鷹犬・博奕、重所禁遏矣。元服之後、未趨官途之前、其所為亦如此」。すなわち成長して物心がつく頃には、書物を読み、つぎに習字を学ぶべし、とある。『源氏物語』夕霧でも、夕霧と雲居雁の幼い息子たちが「文読み手習いなど」をしていたと見える。
平安貴族家庭において幼学書として使用された教科書は、『蒙求』『千字文』『李嶠百詠』などであり、これらは「内容的な理解を必要とせず、只世間百般の事象に関する単純な文句を、誦し易い様に韻語で連ねたもの」である(15)。たとえば三善清行八男の僧浄蔵は「僅及四歳、読千字文」(『扶桑略記』九六四年〈康保元〉一一月二一日条)と見え、藤原為光の長男松雄君(誠信)は「左親衛相公殿下第一小郎小名松雄君、年初七歳、天性聡敏、毎至耳聴目視、莫不習性銘心。及今年秋、以門下書生為師、読李嶠百廿詠矣。学而不厭、門人皆以為能瑩岐嶷之性焉」(『口遊』序、九七〇年〈天禄元〉)のごとく七歳にして『李嶠百廿詠』を読んだという。またこのとき松雄君には源為憲から、経籍の文章や古老の教えの中から朝廷および民間で役立つものを集成した『口遊』が献上されている。幼少期から将来役立つさまざまな一般教養を身につけたことがわかる(16)。のちには『蒙求』『千字文』『李嶠百詠』に加え、藤原公任撰『和漢朗詠集』が幼学書として広まった。

これに対し、寺院での初等教育はどのように行われていたのだろうか。為房は比叡山某僧に「殊施教訓者、本懐可足」(不空四一図)と稚児への教訓を依頼しているが、その後の為房妻の書状によれば、実際に稚児は比叡山某僧からさまざまな初等教育を受けていることがうかがえる。「いと久しう京に慣らひ侍りてぞ、おぼつかなうのみ思給へられ侍る。ありつき侍りなば、なほものを習はさせ給へ(稚児が比叡山に落ち着きましたら、ものを習わせてください)」(不空九図)、「やうやうものなども習ひ、手習ひもせよと教へさせ給へ(少しずつ物事なども習い、手習いもしなさいとお教えください)。……紙九本参らす。軽じもやし侍るとて、いと少なくぞ」(不空一四図)のごとく、稚児は「もの」を習ったり、字を練習したりしている。送った「紙九本」は習字用であろう。具体的な「もの」の内容としては、「三巻習ひ果ててと侍らん、いといとよき事に侍なり」(不空三図)とあり、これは稚児の書状に「さて京にて倶舎をえならはぬぞ、いとわびしうおもたまへらるる」(不空三四図)と見える仏典『阿毘達磨倶舎論』のことであろうか。また「稚児夏越とか侍らむもの、習ひ侍らむ、なほよくよく教へさせ給へ」（不空一〇図）のごとく、仏教儀礼も学習している。

菅原文時（八九九～九八一）撰『教童指帰抄』（『右記』引用）には、寺院生活をおくる稚児の戒めとして、「硯面不可書文字事。書写之時不可置小刀於書上事。以飲残湯及水不嗽口事。以帷帳并幔幕不拭手事。不踏畳縁事。不踏筵裏事、又不居事。以箸不用楊枝事。以白水不用硯水事。以酒不用硯水事。以諸箱不用枕事。内典・外書并和漢抄物及手本等、直不可打置畳上事」と規定されている。これによれば当時の稚児は、手本を見ながら習字の練習をし、また内典（仏典）・外書（仏典以外の書籍）・和漢抄物（書籍の抜き書き）などを読み学んでいたのであろう。

平安末期には寺院において稚児の教育体制が整備されたようだが、仁和寺門跡守覚法親王はその著『右記』「童形等消息事」において、仁和寺での稚児の初等教育について詳細に規定する。稚児は「左聚螢雪於窓中、不倦編柳之勤。右設紙墨於案頭、可専入木之業」のごとく、まずは勉学と習字に励むべきとされる。ただし勉学の内容については、「相構其程競寸陰而学外典。緇襟之後可嗜内典也」とあって、稚児のときは外典（仏典以外の典籍）を学び、出家したのちに内典（仏典）を習うべきとする。鴨長明『発心集』十二「松室童子、成仏の事」でも、朝夕法華経を読んでいた稚児に対し、師の僧が「幼き時は学文をこそせめ」と叱っている。これに対し、時代は下るが、再興した大覚寺のために後宇多法皇自ら撰述した『御手印遺告』[17]の「童子成立及可令習誦五悔等縁起」には、「先教俗教、次暗誦悉曇字母・内典要文。外教則千字文・百詠・蒙求・和漢朗詠、世俗常、宛幼学也。其後、一史・一経・文選、必可学習之」とあって、まず仏典以外を教え、そのあと仏典を読むのに必要な梵字や仏典の重要な文章を暗唱させるとある。仏典以外とは、『千字文』『李嶠百詠』『蒙求』『和漢朗詠集』といった世間一般で初等教育に充てる教材であり、そのあと史書・経書・『文選』に進むとするのである。

以上のように寺院における稚児の初等教育の内容は、時代や寺院ごとの方針の違いも多少みとめられるが、基本的には一般の貴族家庭での教育とほぼ同様の、典籍の学習と習字を基本としていたと思われる。さらに「粤半慕翰林五七言之風、半習籛河卅一字之俗、尤相応之態也矣」（『右記』）、「為知文章、連句・賦詩、尤為要枢」（『御手印遺告』）とあるように漢詩や和歌も習うべきものとされた。また『右記』には「囲碁・双六等、諸遊芸・鞠・小弓等事」「管弦音曲等事」についても適度に嗜むべきとあって、[18]稚児は一般的に貴族男性が備えるべき教養や遊芸を身につけたのである。

次章でも述べるが、稚児として入山し、さらに出家して僧侶となっても、貴族社会と密接な関係が続いた。『年中行事絵巻』には俗人にまじって僧形が蹴鞠に興じている姿が描かれている。また『明衡往来』には、御八講講師の依頼・受諾（第二七条）、三十講説法を賞賛・礼状（第二八条）、仏事の捧げ物を依頼・受諾（第八〇条）といった、僧と俗人とが交わした書状が収められている。すなわち稚児や僧は何らかの形で貴族社会と交流しつづけるのであり、そのため稚児は僧になるための仏典や仏教儀礼の学習だけでなく、貴族社会の一員としての教育をも受ける必要があったのであろう。

二　稚児の寺院生活における意義

1　稚児と実家との関係

本章では、稚児と実家、および実家と寺院との関係を考察し、実家・寺院双方にとっての稚児入山の意義について明らかにしたい。

一〇八五年（応徳二）正月、稚児は比叡山某僧に連れられて山に登ったようだが（灌頂三図）、実家との関係は決して疎遠になったわけではなかった。入山後しばらくはいわば「お試し期間」であったようで、短期間比叡山に滞在しては帰省することを繰り返し、山での生活に慣れさせている。入山当初、為房妻は我が子の様子を気遣って、「まことにや、稚児は下りなましげに思て侍らば、この程に下ろさせ給てよ」（不空二図）、「かく下りまほしがり侍らぬこそ、まことに返す返す嬉しう思給へられ侍れ。稚児の下りまほしがり侍らむ折ぞ、下ろさせ給へ」（不空三図）としきりに下山を促す書状を送り、いよいよ初めての下山が決まると、「さらば明日下させ給へ。……車に人乗せて、翌朝とく参り侍るべし」（不空四図）と迎えの者と車を遣わした。幸い稚児は山の暮らしに合っていたようで、帰省後も「稚児は山をば、いみじうありつき侍りて、『とく上りなむ』などぞ言ひ侍めれど、『暫しありて』と言ひ侍れば、難かしげにぞ思て侍める」（不空七図）と早く比叡山に帰りたがるほどであった。このあとも稚児はしばしば帰省しているが、「やうやう日数多う為しつつと思給ふるになむ」（不空一一図）と山での生活期間を次第に長くしている[19]。

平安貴族子弟は、成長して出家し僧となっても、しばしば下山し実家や親族を訪問している。たとえば藤原実資の男良円は「申剋許内供（良円）自天台来、為訪申老尼（実資姉）腫物」（『小右記』一〇一八年（寛仁二）三月一九日条）、「此両三日小女（藤原千古）頭打有悩気、呼良円令祈」（一〇二七年（万寿四）三月二九日条）、「内供良円下山、為訪宰相中将（藤原資平）妻事」（同年七月五日条）のように、親族の病平癒祈祷のためにたびたび比叡山から実家を尋ねている。また関白藤原道隆の男隆円は、幼少期に比叡山に登り一五歳にして権少僧都に任じられたが、その後も姉の一条天皇中宮定子のもとを親しく訪ねている。『枕草子』にも「僧都の君」として登場し、清少納言が藤原行成からもらった書状を「いみじう額をさへつきて」もらっていったり（一三〇「頭弁の、職にまゐりたまひて」）、妹の東宮（三条天皇）妃原子の笙と自分の琴を交換しようともちかけ定子にたしなめられたりしている（八九「無名といふ琵琶」）。このように稚児や僧は入山・出家したあとも、しばしば実家を訪問し、親族と親しく交流した[20]。

また為房妻は稚児が比叡山滞在中も、生活や勉強について尋ねる書状を某僧にさかんに送り、さらに「さて、あやしう侍れどはこびつ侍なり。柿、ひだぐりなどをぞ食い侍る。……紙九本参らす。軽じもやし侍るとて、いと少なくぞ」（不空一四図）、「袷の衣参らす。いと見苦しげに侍めり。これをば夜々着せさせ給へ。昼は単衣どもを着せさせ給へ」（不空一一図）のごとく、稚児のために食料や衣服、勉学に必要な紙などを送り届けた。また遊び相手の子どもについても、「童の事は、殿に申して許さんとぞ侍める」（不空一三図）と関白藤原師実に人選を頼んでいる。

藤原実資も比叡山僧良円にさまざまな物品を送り届けた。たとえば「入夜伯耆守資頼志雑物……紙四百帖、……又紙送内供（良円）許」（一〇二三年（治安三）八月四日）、「朴皮十枚・蓮葉百枚遣内供許」（一〇二七年八月一九日）、「入夜式光従辛島牧来、牽進駒三疋、一疋内供料、一疋給貞親」（一〇二八年（長元元）年九月一日）、「鉄百廷与律師、為令充房造作料」（一〇三一年七月二八日）、「石見牧牛三頭頒布人々、律師（良円）・宰相中将・知道朝臣」（同一一月一一日）、とあるように、紙・薬・馬・鉄・牛などを援助した。

もちろん平安貴族子弟のなかには入山・出家後に実家や世俗と隔絶した生活を送った者もいただろうが、為房男や実資男良円のように、たびたび実家を訪問して親族と交流したり、実家からさまざまな物品を援助されたりと、密接な関係を維持する者が少なくなかったであろう。さらに為房男が入山してから七～九年を経た時期にも、母親から実家の荘園経営に関すると思われる情報が伝えられているようである(21)。入山・出家はしても彼らはあくまでも貴族家庭の一員であり、実家の情報は共有化され、実家との結びつきが維持されていった。

2　寺院と実家との関係

為房と比叡山某僧とは以前から書状を交わしあう親しい関係だったが、稚児入山後はさらに為房妻も某僧と緊密に連絡を取り合った。為房妻は稚児が帰省中にも稚児の様子を逐一報告し感謝を述べている。また一〇八五年（応徳二）一〇月、稚児が疱瘡に罹患した際には、「あやしう侍るぞ、恐しう侍る。返す返すぞ、この稚児は、温みだに、今まで冷め侍らで、いといと心苦しう思給へ乱れ侍りてぞ」（不空一七図）などと病状の経過報告を行い、「さて、『疱瘡の稚児よ』と祈らせ給へ」（不空一六図）と平癒の祈祷を依頼。それに応えて某僧は下山し、稚児のために祈祷・授戒した（不空一八・一九・二〇図）。

そして為房妻は稚児が世話になっている礼として、「例のあやしう侍めれど、果物六つ参らす」（不空三図）、「あやしう侍めれど、御帷子の布、二つ参らす。やがて縫はせてと思給ふれど、長さなど思し召さんにこそはとて。……まことや、筍つゆ参らす」（不空七図）、「例の、あやしの瓜、二籠、参らせさせ侍り」（不空一一図）、「さて例の、珍しからぬものに侍れど、瓜参らす」（不空一二図）のごとく、果物・帷子の布・筍などさまざまな品物を某僧に贈っている。[22] また稚児から某僧が面皰と聞けば見舞状とともに「御口の薬」（不空二二図）を届け、旅に出ると聞けばその必要品を送った（灌頂六図）。

ただし為房夫妻と比叡山某僧とが交わした書状は、単なる稚児の親と師匠という内容にとどまらない。優秀な実務官僚として活躍し、五位蔵人で摂関家家司でもあった為房は、比叡山某僧から政治的な依頼も受けている。一〇八四年末には稚児を預ける話が進んでいたが、同時期に為房はこの比叡山某僧から、別の僧の阿闍梨申請の斡旋を頼まれていた。[23]「解文内覧已了。此間可奏侍」（不空三九図）、「阿闍梨事、人々解文数多之間、半分ハ今夜、半分ハ正月御斎会に可被下之由、所被仰也。彼君御事、御斎会之次□、殊雖令言上、何為如此所望。且又宿報事歟。正月必令叶給歟。謹言」（不空四〇図、一二月三〇日付）と経過報告をしている。解文とは師僧から申請される推薦状であり、ここでは「座主御解文四人之内、二人と被仰也」（不空四十条袖書）とあるように天台座主良真から申請されたものと思われる。[24]

しかし正月に行われた阿闍梨申請は、白河天皇を不機嫌にさせてしまい、結果として失敗に終わった。為房妻は「阿闍梨の宣旨の事に思給へ嘆かれて、申し侍らねど、又さりとて侍るべきにやはと思給へてこそ。いといとあさましう、ただの事には侍らざめり。かく大事に思あつかひ侍る折に、かなふまじき契りの侍るなめりとぞ思給へらる」（不空一図）と平身低頭で謝罪し、夫から聞いた経緯を説明する(25)。そしてさらに「その御事を疎かに思て、余所の人の事を大事に思侍らんやは。稚児を思て侍めれば、父もまめやかに、この度は必ずと思て侍めりつる」と、稚児のことがあるので父為房も真剣に、今回は必ず成功させるつもりでいたと記す。このとき為房は関白藤原師実に対しても、「殿はこの度は、御心に入れさせ給て侍りけり。『かく稚児なども侍れば、大事に思給ふる』など、細かに申し侍りければ、『愛ほし』など侍りけり」（不空二図）と、稚児のこともあるので今回の阿闍梨申請の件は大事に思っていると述べ、師通も「気の毒」だと語ったという。すなわち稚児を預けるかわりに、比叡山側からのこうした政治的な依頼にも、よりいっそう真剣に応えなければならないと認識していたのである(26)。

逆に、為房の職務に関する依頼を比叡山某僧に行うこともあった。為房は「くさ合(27)」の方人(28)となり、妻にも出品物を探すように言った。そこで為房妻は比叡山僧に宛てて、「さて折あやしき事に侍れど、くさ合の物、さりぬべき侍らば、求めて賜はせてむや。蔵人が、人の方に寄せて侍ると、求めさせ侍り」（不空二三図）と書き送る。このなかで夫のことをとくに「蔵人」と称しているのは、五位蔵人として方人に任じられたからであろうか。さらに続けて、「悪しかるまじう侍らば、座主などにも聞こえさせ給へ。かく若の申すとて。十三日ばかりの事に侍り。如何なる所にもとかく尋ねさせ侍ればなん。まめやかに、よく侍らんものをとぞ思給ふる。『律師の許になん、さやうの物おほかる』とこそ人言ひ侍めれ。まことや」のごとく、座主良真をはじめあらゆる所に広く声をかけて探して頼んでほしいと依頼している(29)。

さて、ここで座主に「かく若の申すとて」と伝えてほしいとあるが、入山して間もないころ、「座主も『ありつきたる様にてなんありし』と宣はせて侍りき」（不空一四図）のごとく、稚児は山に住み慣れた様子だったと座主が為房に知らせたという。つまり稚児は入山当初から、為房男として座主からも目を掛けられていたのである。稚児の入山は、直接の師である比叡山某僧だけではなく、比叡山全体と為房家との結びつきを強化し、双方に利益をもたらすものと認識されていたからではないだろうか。だからこそ稚児の実家と比叡山某僧は頻繁に書状を交わし合い、実家は某僧にたびたび物を送り、稚児の病気の際には某僧が下山して祈祷・授戒するなど、双方とも細やかな配慮を心がけたのだろう。

こうした有力官僚の子は、出家して僧となったあとも、実家と寺院とを結びつける役割を果たし続ける。七歳で比叡山に登った実資男良円は、父実資と師慶円との「パイプ役」(30)を務めた。たとえば実資は、「呼内供（良円）、達案内於大僧正（慶円）」（一〇一四年〔長和三〕一二月二〇日条）、「昨日内供良円言送云、依綱所廻文、十九日可奉童一人」（一〇一七年〔寛仁元〕一二月一六日条）、「内供消息状云、座主（慶円）猶重被悩、今日被辞大僧正了」（一〇一九年八月一三日条）のごとく良円を通じて慶円や比叡山側と連絡を取り合ったり、比叡山内部事情を収集したりしている。

以上のように稚児や僧は入山・出家したあとも、しばしば実家を訪問して親族と親しく交流し、実家からもたびたび援助を受けるなど、あくまでも貴族家庭の子弟として実家との関係が維持された。そして稚児入山は寺院と実家との結びつきを強化し、双方に利益をもたらすものとして認識されており、僧となっても寺院と実家とのパイプ役を務めたのである。

おわりに

以上、本稿では藤原為房一家の書状を中心に、入山した稚児がどのような初等教育を受け、どのように寺院生活を送ったのかを考察することで、平安貴族子弟が入山することの意義を明らかにした。

平安貴族子弟は七歳から数年の間に入山したが、この時期は貴族社会子弟がこのまま実家で育ち元服して貴族社会の一員となるか、入山してやがて出家し僧侶として身を立てるかを選択する時期である。寺院における稚児の初等教育の内容は、基本的には一般の貴族家庭での教育とほぼ同様の、典籍の学習と習字を基本としていた。さらに漢詩・和歌・諸遊戯・管弦音曲についても嗜むべきとされ、稚児は一般の貴族男性が備えるべき教養や遊芸を身につけた。稚児や僧は何らかの形で貴族社会と交流しつづけるため、稚児は僧になるための仏典や仏教儀礼の学習だけでなく、貴族社会の一員としての教育を受ける必要があったのである（第一章）。また貴族子弟の稚児や僧は入山・出家したあとも、しばしば実家を訪問して親族と親しく交流し、実家からもたびたび援助を受けるなど、あくまでも貴族家庭の子弟として、実家との関係は維持され、情報も共有化された。実家と寺院との関係について見ると、稚児の入山は師僧だけでなく寺院全体と実家との結びつきを強化し、双方に利益をもたらすものと認識されており、稚児・僧は寺院と実家とのパイプ役を務めた（第二章）。

当時、寺院で生活する子どもには、天皇や皇族・貴族の子弟から、中下級官人や坊官の子、さらに身分が低い者まで、あらゆる階層出身者がおり、寺院のなかの位置づけや役割が異なっていた[31]。また皇族・貴族の子弟であっても、本稿でとりあげた藤原為房の子や、藤原実資の子良円、藤原道隆の子隆円のように、実家が裕福で権勢もあり、父親の地位が高く健在な場合と、そうではない家庭環境の出身者とでは、寺院での生活実態や、稚児と実家との関係および実家と寺院との関係が大きく異なっていただろうと予想される。本稿で研究対象としたのは、寺院生活を送る子どものうち、ごく一部の政治的・経済的に恵まれた環境にある者に限られている。ただし彼らはそうした政治的・経済的環境を背景として、稚児時代から寺院と貴族社会とを結ぶ重要な役割を果たし、寺院内でも重きを置かれた存在であったのである。

註

（1）代表的な研究として、桃裕行『上代学制の研究』（吉川弘文館、一九四七年）がある。そのほかについては後述。

（2）たとえば守覚法親王（後白河天皇皇子、一一五〇～一二〇二）『右記』には仁和寺における稚児の初等教育規定が記されている（後述）。往来物『釈氏往来』『垂髪往来』は、門跡や院家を支える、とりわけ坊官の子弟教育を目的として作られたという（三保サト子『寺院文化圏と古往来の研究』笠間書院、二〇〇三年）。院政期は「童」の時代といえるほど、寺院の法会や芸能などの場で童の活躍の場が広がったという（五味文彦ほか『日本の中世七　中世文化の美と力』中央公論新社、二〇〇二年）。なお寺院に預けられ教育を受ける少年は「童」「児」「垂髪」などとも呼ばれるが、本稿では「稚児」に統一する。

（3）結城陸郎編『日本子どもの歴史2乱世の子ども』（第一法規、一九七七年）。

（4）高橋俊乗『日本教育史』（教育研究会、一九二九年）、同『近世学校教育の源流』（永澤金港堂、一九四三年）、石川謙『日本学校史の研究』（小学館、一九六〇年）、世界教育史研究会編『世界教育史大系1日本教育史Ⅰ』（講談社、一九七六年）ほか。

（5）以下、『不空』『灌頂』『諸仏』と略記する。研究史は、加藤静子・高橋宏幸・中川美和・竹村志津子「『藤原為房妻仮名書状』試解」（Ⅰ）（『都留文科大学大学院紀要』四号、二〇〇〇年。以後、「試解」と記す）参照。

（6）書状受信者の比叡山僧については、伊東卓治「青蓮院蔵表制集及び灌頂阿闍梨宣旨官牒の紙背文書について」（『美術研究』一八四号、一九五六年）および久曽神昇『平安時代仮名書状の研究』（風間書房、一九六八年。増補改訂版一九九二年）では「良祐」と推定されている。ただし「試解」（Ⅰ）では、「座主良真の配下にある僧というのは動かぬと思われるのだが、固有名詞を確定する決め手に欠ける」と考察する。よって本稿でも受信者について特定せず、「某僧」と表記する。

（7）為房には多くの妻がいたが、稚児や長男の年齢などから、為隆・顕隆・重隆・長隆らの母である源頼国女と推定されている（註（6）伊東前掲論文、久曽神著）。一〇八五年（応徳二）には数え四一歳、父の源頼国は文人としても知られ、その子女にも六条斎院宣旨（『狭衣物語』作者とされる）をはじめ歌人として活躍した者が多い。一方、夫為房は三七歳、正五位下・左衛門権佐・蔵人であった。優秀な実務官僚として、また蔵人・院司・摂関家家司としても活躍し、一一一一年（天永二）には参議にまで昇って「勧修寺流中興の祖」とされ、日記『為房卿記』を残す。また息子のうち為隆・顕隆もそれぞれ政治的に重要な役割を果たし、参議および権中納言にまで昇り、日記『永昌記』『顕隆卿記』を残した。すなわち為房妻（頼国女）は実家・婚家とも文才に恵まれた人物が多く、「己が思いを十分に伝えることのできる筆力を持ち合わせていた」（伊藤博「藤原為房妻の仮名書状について」『国文学　言語と文芸』九〇号、一九八〇年）。そのため当時最高水準の学問レベルにあった比叡山僧とも頻繁に書状を交わし、政治的な手続きをも理解した上で、夫の代わりに返信を書くことが出来たと思われる。

（8）註（6）久曽神前掲書、および『平安仮名書状集』（汲古書院、一九九二年）。『平安仮名書状集』は以後、『書状集』と記す。なお本稿の書状番号は『書状集』による。

（9）加藤静子・高橋宏幸・中川美和・竹村志津子「『藤原為房妻仮名書状』試解」（Ⅰ）～（Ⅳ）（『都留文科大学大学院紀要』四～七号、二〇〇〇～〇三年）。なお為房妻および稚児の仮名書状は原文のままでは難解なため、本稿では「試解」解釈に準じ、できるかぎり漢字に起こした引用文を用いる。

（10）読書始については、尾形裕康「就学始の史的研究」（『日本学士院紀要』第八巻第一号、一九五〇年）、中村義雄「書始の儀について（上）」（『日本文学研究』第七号、一九六八年）、註（3）結城編著、加藤理『「ちご」と「わらは」の生活史―日本の中古の子どもたち―』（慶応通信、一九九四年）参照。

（11）註（10）加藤前掲書。また同書によれば、宮中など公の場で見習い修行をさせる「童殿上」も七歳以上の子どもが行うものであり、七歳は子どもに大人の社会を垣間見させる節目と考えられていた、とする。

（12）吉澤義則「王朝時代の手習に就いて」（同『国語国文の研究』所収。岩波書店、一九二七年）、犬飼隆『木簡から探る和歌の起源』（笠間書院、二〇〇八年）。なお『堤中納言物語』「虫めづる姫君」によれば、姫君は「仮名はまだ書きたまはざりければ、片仮名に」て返歌をしたためており、平仮名より片仮名を先に習得したらしい。

（13）中世以降は手習いが尊重されるようになり、「手習始」が儀式化される（註（3）結城前掲編著、註（10）加藤前掲書）。平安中期以前も手習始は行われていたと考えられるが、史料にほとんど残っていない。これについて註（10）加藤前掲書では「読書始の方は単なる文字を読む学習から一歩踏み込んで、将来の国の政治を担う天皇や官僚貴族の養成という、公的な性格を有していたのである。一方、手習始の方にはそのような性格は付随しておらず、私的に学習を開始したため、記録に残りにくかったのであろう」と述べる。たとえば『御堂関白集』には、外孫の若宮（敦成親王〔後一条天皇〕）もしくは敦良親王（後朱雀天皇））が初めて書いた文字を送られた藤原道長が、「千歳経て澄む川霧に書き初むる君ぞみづくきながれてを見む」（これから千年の長い年月住むあなた様がはじめて文字を書いたその筆跡は、これから年々上達してゆかれることでしょう。私も生き長らえて、その様を見ようと存じます）と喜びの返歌を送っているが、ごくごく内輪の祝い事であったらしい（和歌の解釈は、平野由紀子『御堂関白集全釈』風間書房、二〇一二年）。

（14）詳しくは、久木幸男編『日本子どもの歴史1夜明けの子ども』（第一法規、一九七七年）。

（15）註（1）桃前掲書。

（16）『口遊』序文については、高橋忠彦・高橋久子『日本の古辞書—序文・跋文を読む—』（大修館書店、二〇〇六年）参照。本文内容は、幼学の会編『口遊注解』（勉誠社、一九九七年）に詳しい。なお源為憲は一〇〇七年（寛弘四）にも、一六歳の藤原頼通に対し、故事成語と典拠を記した『世俗諺文』を進呈している。また三善為康は一一〇九年（天仁二）、一二歳の藤原忠通のために、漢詩作成に必要な韻を記した『童蒙頌韻』を編纂した。

（17）解釈は『詳解　後宇多法皇宸翰御手印遺告』（大本山大覚寺、二〇〇七年）による。

（18）ただし『御手印遺告』「可禁遏条事縁起」では、蹴鞠・射弓・歌舞などは固く禁じられている。

（19）稚児の下山はしばしばあったことのようで、たとえば時代は下るが鎌倉時代初期の『新十二月往来』にも、息子の稚児今若がたびたび京中に戻っていることについて、父親が「常令経廻洛陽給之条、不便之事也。為学問、早可令登山給之状、如件」と学問のために早く登山するように戒め、それに対し今若は「住京之条、存外之事候。阿闍梨為貴所御祈、数日不被登山候之間、自然令経廻候。於学問者、雖為住京不懈怠候也」と、京中でも勉学を怠っていないと述べている。

（20）親が子の僧側に移住することもある。成尋母は幼くして入山した二人の息子成尋・成尊に「年月あつかはれ過ぐしてはべるに（長い年月の間、世話をしてもらってきたが）」、老後は成尋から「そこに入りて念仏もせよかし」との誘いを受け、成尋が別当を務める岩倉大雲寺に移り住み、「近き所にて見かよはして」暮らした。

（21）「ただいま、これより人まいらせむと思たまへつるほどに、もりしげにいひはべれば、わがしるさとのことはまいしらせども、いりこみてげすひとりもなく、にげかくれてはべるとぞまうすめる」（諸仏一図）、「さてくにのかたは、このころひとつかはしたりとも、さらにはかばかしきことさふらはじ」（諸仏二図）。『書状集』は、「山にいるわが子の若僧などに宛てた書状であるので、反故紙としてその師僧の許にまとめられていたのであろう」として、「当時の事情は全く不明であるので、この文面のみから見る限りでは、極めて難解である」が、一〇九二年（寛治六）九月に為房が延暦寺衆徒から訴えられて阿波に配流され、翌年七月に赦されて帰京するまでの間、荘園経営がうまくいかなくなった状態を伝えたものと推測する。

（22）ほぼ同時代成立の『明衡往来』にも、多種多様な物品の贈状とそれに対する礼状が数多く収載されている。たとえば第三条は雉子の贈状と礼状、第八条は絹三疋の贈状と礼状、第四四条は柿の贈状と礼状、第八〇条は仏事用の筆百管の贈状と礼状である。贈状と礼状は当時の貴族社会において、男女問わず頻繁に交わされていた。

（23）『書状集』では「この有様は林豪律師には聞こえさせ侍りにけり」（不空一図）とあることにより、林豪の阿闍梨申請とする。これに対し「試解」（Ⅰ）では、林豪はすでに阿闍梨より高位の律師であるので、書状受信者たる比叡山某僧の阿闍梨を申請した人事とする。ただし為房の書状には「彼君御事」（不空四〇図）とあるので、書状受信者でない別の僧の申請ではないだろうか。

（24）阿闍梨任命に際しては、たとえば「阿闍梨宣旨八人、増智〈一身阿闍梨、前僧正（覚円）解文〉・林慶・澄禅・厳算〈已上三人座主（仁覚）解文〉・勝源〈良覚解文〉・公観〈範俊解文〉・実意〈定賢解文〉」（『後二条師通記』一〇九六年〔永長元〕一二月二九日条）のごとく、座主などの高僧から解文が奉られた。

（25）「一夜、阿闍梨どもついでに、殿（関白藤原師実）にも内（白河天皇）にも申し侍りければ、『それも皆下せ』と仰せられて嬉う思て侍りけるに、この度のみぞ解文どもを賜はせて、『とく下せ』とて侍りければ、又かの解文と策は、賜はりて下さんと申し侍りければ、うち憤らせ給ひて、『え知らず』とて、解文も賜はせずなりはべりにければ、東宮の大夫（藤原実季、白河天皇生母茂子の兄）の宰相中将（藤原公実、実季男）して申させ侍りけれど、『憤らせ給ふ』と侍りければ、『あさましき心地し侍りて』とぞ語り侍りし。まことにこの人も、いみじうこの度は心憂き事と嘆き侍めり。この有様は林豪律師には聞こえさせ侍りにけり。推し量り思しやらせ給へ」。すなわち為房が白河天皇に、解文とともに宣旨を下して欲しいと申し上げたところ、白河天皇が急に不機嫌になり、藤原公実の取りなしも聞き入れられなかったらしい。

（26）帰省中の稚児にも、比叡山某僧あての書状で「母の心地はおこたりにて侍り。阿闍梨の宣旨の事こそ、尽きせず嘆かしう侍れとぞ」（不空三四図）と弁解させている。

(27)　平安時代、貴族社会で行われた遊戯「物合（ものあわせ）」のひとつ。物合には歌合・絵合・扇合・貝合・草合・前栽合などたくさんの種類がある。人々が左方・右方に分けられ、それぞれを応援する念人も定められる。当日、双方が持ち寄った物を比べて優劣を競う。なお本状「くさ合」について、『書状集』は「種合」とする。一方、「試解」（Ⅲ）は「草合」「種合」両面から考察を加えており、「種合」は実例が少ないため「草合」として読みをすすめている。

(28)　たとえば「今昔、後一条ノ院ノ天皇ノ御代ニ、殿上人・蔵人有ル限員ヲ尽クシテ、方ヲ分テ種合セ為ル事有ケリ」（『今昔物語』巻二八・右近馬場殿上人種合語第三十五）、「寛治五年（一〇九一）十月六日、殿上人・所の衆・滝口・小舎人、左右をわかちて小鳥合せの事ありけり」（『古今著聞集』巻二〇・魚虫禽獣）、「嘉保二年（一〇九五）八月二十八日、上皇（白河）、鳥羽殿にて前栽合せありけり。兼日に方人をわかたれけり。公卿・殿上人・蔵人所の衆・御随身にいたるまで、左右をわかたれけり」（同巻一九・草木）などのように、あらかじめ左右それぞれの方人が定められた。

(29)　左右の方人に定められた者たちは、「而ル間、方人共各世ノ中ニ難有キ物ヲバ、諸宮ノ諸院、寺々、国々、京、田舎ト無ク、心ヲ尽クシ、肝ヲ迷ハシテ、求メ騒ギ合タル事、物ニ不似ズ。殿上人蔵人ニノミ非ズ、蔵人所ノ衆、出納、小舎人ニ至ルマデ、分チタリケレバ、其レモ皆世々ノ敵ノ如ク、行合フ所々モ書分テ後ニ物ヲダニ不云合ズゾ有ケル。何況ヤ殿上人蔵人ハ、兄弟、得意ナル人ナレドモ、左右ニ別ニケレバ、挑ム事只思ヒ可遣シ」（『今昔物語』巻二八・右近馬場殿上人種合語第三十五）、「『男女方分きて五月五日庚申に持て参らむ』と、定めさせためるに、所からあやしき人々の、心のうちに、すさまじう思ふべかめれど、さすがに我も劣らじと、浦々にあさりをし、男女、老いたる若き、出でて、数を選りまさむといどみかはして」（『斎宮良子内親王貝合日記』、長久元年（一〇四〇）五月六日）と、方々に出品物を求めて回った。また『堤中納言物語』「貝合」（天喜・康平年間〔一〇五三〜六五〕ごろ成立）でも、異母姉妹間の貝合わせのために、それぞれの女房が女御や内大臣妻など、あちらこちらに声をかけ必死に貝を集めている様子が描かれる。

(30)　『平安時代史事典』（角川書店、一九九四年）「良円」項目（関口力執筆）。

(31)　なお中世寺院で生活する子どもの生活実態や存在意義・役割などについては、中世史・民俗学・教育史などの分野で盛んに研究されてきた。研究史は、伊藤清郎「寺社にみる『童』」（同著『中世日本の国家と寺社』高志書院、二〇〇〇年）参照。

［付記］本稿は平成二四年度文部科学省科学研究費若手研究（B）による研究成果の一部である。

執筆者一覧（五十音順）

会田大輔（あいだ・だいすけ）
一九八一年生
明治大学大学院文学研究科在籍中
現在、国士舘大学非常勤講師・明治大学博士後期課程
〔主要著作論文〕
「日本における『帝王略論』の受容について―金沢文庫本を中心に―」『アジア遊学一四〇旧鈔本の世界 漢籍受容のタイムカプセル』勉誠出版、二〇一一年。「『紫明抄』所引『帝王略論』について」『国語と国文学』第八七巻第三号、二〇一〇年。

柿沼陽平（かきぬま・ようへい）
一九八〇年生
二〇〇九年、早稲田大学大学院文学研究科史学（東洋史）専攻博士後期課程終了。博士（文学）
現在、早稲田大学文学学術院助教
〔主要著作論文〕
『中国古代貨幣経済史研究』汲古書院、二〇一一年。「晉代貨幣経済の構造とその特質」『東方学』第一二〇輯、二〇一〇年。

河内春人（こうち・はるひと）
一九七〇年生
二〇〇〇年、明治大学大学院文学研究科博士後期課程退学
現在、明治大学・立教大学兼任講師
〔主要著作論文〕
「『晋書』に見る魏と倭の関係」『ヒストリア』二三三号、二〇一二年。「遣隋使の「致書」国書と仏教」『遣隋使がみた風景―東アジアからの新視点―』八木書店、二〇一二年。

小林　岳（こばやし・たかし）
一九五五年生
一九八八年、早稲田大学大学院文学研究科博士後期課程単位取得退学。博士（文学）
現在、早稲田大学高等学院教諭
〔主要著作論文〕
『後漢書劉昭注李賢注の研究』汲古書院、二〇一三年。

小林春樹（こばやし・はるき）
一九五二年生
一九八五年、早稲田大学大学院文学研究科博士後期課程（東洋史専攻）単位取得満期退学
現在、大東文化大学東洋研究所准教授
〔主要著作論文〕
『「天文要録」の考察［一］』共著、大東文化大学東洋研究所、二〇一一年。「『漢書』「董仲舒伝」の述作目的」『東洋研究』一八六号、二〇一三年一月。

塚本　剛（つかもと・つよし）
一九七〇年生
一九九四年、早稲田大学第一文学部史学科東洋史学専修卒業。
一九九八年、早稲田大学大学院文学研究科史学東洋史専攻修士課程修了。二〇〇四年、日本大学大学院文学研究科東洋史学専攻博士後期課程満期退学
現在、工学院大学グローバルエンジニアリング学部非常勤講師、日本大学文理学部非常勤講師
〔主要著作論文〕
『全訳後漢書（4）志（二）礼儀志』汲古書院、二〇〇二年。「前漢における皇后（皇帝嫡妻）の政治介入」『研究紀要』第七四号、日本大学文理学部人文科学研究所、二〇〇七年。

野田有紀子（のだ・ゆきこ）
一九七〇年生
二〇〇一年、お茶の水女子大学大学院人間文化研究科より博士（人文科学）取得修了
現在、エジプト国立アインシャムス大学外国語学部客員講師
〔主要著作論文〕
「日本古代の鹵簿と儀式」『史学雑誌』一〇七編八号、一九九八年。「行列空間における見物」『日本歴史』六六〇号、二〇〇三年。

濱田　寛（はまだ・かん）
一九六九年生
一九九三年、早稲田大学教育学部国語国文学科卒業。二〇〇〇年、早稲田大学大学院教育学研究科単位取得退学。
現在、聖学院大学人文学部日本文化学科准教授

〔主要著作論文〕
『平安朝日本漢文学の基底』武蔵野書院、二〇〇六年。

吉永匡史（よしなが・まさふみ）
一九八〇年生
二〇〇三年、九州大学文学部史学科卒業。二〇一一年、東京大学大学院人文社会系研究科博士課程修了。博士（文学）。
現在、日本学術振興会特別研究員（ＰＤ）
〔主要著作論文〕
「律令軍団制の成立と構造」『史学雑誌』一一六―七、二〇〇七年。「律令制下における関剗の機能」『日本歴史』七七四、二〇一三年。

跋

三年間の研究成果を、研究期間内に、こうして一書にまとめることができたことに安堵するとともに、感謝の気持ちでいっぱいである。

本研究は編者一人ではなし得ないものであり、学内外十人の研究者による共同研究として行われた。多忙の中、研究会に参加し、論文を執筆して下さった九人の諸先生には心よりお礼申し上げたいと思う。また、校正にあたり、会田大輔氏と吉永匡史氏には大変お世話になった。お二人の献身的なご協力にも深謝する。

最後になるが、工学院大学総合研究所の関係各位、そして採択にあたり的確な評価・助言を頂いた愛知県立大学教授丸山裕美子氏、厳しい状況の中、本書の出版をお引き受け頂いた（株）同成社山脇洋亮氏に謝意を表したい。

二〇一三年一月十三日

編者識す

古代中国《こだいちゅうごく》・日本《にほん》における学術《がくじゅつ》と支配《しはい》

■編者略歴■

榎本　淳一（えのもと・じゅんいち）

1984年　東京大学文学部卒業
1991年　東京大学大学院人文科学研究科博士課程単位取得退学
1991年　日本学術振興会特別研究員
1992年　工学院大学工学部講師
1994年　工学院大学工学部助教授
2004年　工学院大学工学部教授
2008年　博士（文学・東京大学）
2011年　工学院大学基礎・教養教育部門教授

〔主要著作〕

『唐王朝と古代日本』（吉川弘文館）2008,「天平宝字元年十一月癸未勅の漢籍について」（『史聚』第45号）2012,「日本古代における金の朝貢・貿易と流通」（『歴史と地理』第655号）2012,「隋唐朝の朝貢体制の構造と展開」（『唐代史研究』第15号）2012ほか

2013年 2月28日発行

編　者　榎　本　淳　一
発行者　山　脇　洋　亮
組　版　㈱富士デザイン
印　刷　モリモト印刷㈱
製　本　協栄製本㈱

発行所　東京都千代田区飯田橋4－4－8
（〒102-0072）東京中央ビル内
TEL　03-3239-1467　振替00140-0-20618
㈱同成社

ISBN978-4-88621-629-8 C3021